行動と学習の心理学

日常生活を理解する

伊藤正人 著
Ito Masato

昭和堂

はしがき

　本書は，学習心理学の初級・中級編テキストとしてまとめたものである．これまでの学習研究の基本的な成果とともに，最近の研究から得られた新しい研究成果についてもできるだけ盛り込むように努めた．特に，オペラント条件づけ研究の最近の話題である，刺激等価性，ベイズ推論，概念弁別，人工言語習得，価値割引，選択行動，自己制御，ゲーム理論，行動経済学，行動生態学などの問題を取り上げた．ただし，初級編として使用する場合には，これらをすべて取り上げる必要はないので，序章，第6章および第7章は省略し，また，第4章の項目も教授者の判断で取捨選択してほしい．

　本書の特徴は，実験室の中の学習（第1部）と，日常生活の中の学習（第2部）に分けたことである．従来の多くの心理学のテキストが，実験室から得られたさまざまな実験事実の紹介（もちろん，このことは，重要ではあるが）を専らにして，それらの事実と私たちの日常生活を関連づけるという視点に欠けていることが気になっていた．特に，学習研究は動物実験にもとづいて発展してきたので，動物実験のデータが私たちの日常生活の出来事とどのように結びつくのかを明らかにすることは，学習研究や動物実験の意義を理解してもらうためにも必要であると考えている．このような意図が読者に少しでも理解されたら，本書の目的は達成されたことになろう．

　また，本書の内容に偏りがあることも，最初に明記しておかなければならない．たとえば，レスポンデント条件づけとオペラント条件づけの扱いが，本書の分量の上では，かなり違っているが，このことは，学習心理学においてレスポンデント条件づけの重要度が低いということを意味しているわけではない．私自身の研究歴からくる偏りのためである．

　そのほか，本書をまとめるにあたって留意したいくつかのことについて，ここで述べておきたい．まず第1に，この種のテキストは，ほとんど欧米の研究者たちの研究をもとに作られるのが通例である．しかし，学習の研究分

野は，日本の心理学において，欧米の研究レベルと遜色ない，いやそれ以上のレベルにある数少ない研究分野のひとつである．したがって，私自身の研究とともに，できるだけ日本人研究者の論文を引用するように努めた．第2に，学習心理学の内容を容易に理解できるようにするために，文章表現をやさしくするとともに，図や写真を多くし，視覚的にわかりやすくした．第3に，学習研究の背景となる話題を，研究の現場だけではなく，映画や文学，あるいは新聞記事から採録し，コラムとして随所に挿入することで，読者の息抜きとともに，興味をも喚起することを目指した．以上の試みが少しでも読者の学習心理学への理解を助けることになれば幸いである．

　なお，草稿段階で，内田善久，佐伯大輔の両氏に目を通してもらい，その結果いくつかの誤りや不明確な点を訂正することができた．また，妻道子には読みやすい文章表現という観点から有益なアドバイスを受けた．それぞれに深く感謝したい．

平成17（2005）年3月

伊藤正人

行動と学習の心理学
日常生活を理解する

目次

行動と学習の心理学──日常生活を理解する●目次

序章　心理学の中の学習 　　　　　　　　　　　　　　003
ヴントの心理学体系／ヴント心理学に対する様々な批判／機能主義から行動主義へ／新行動主義／方法論的行動主義と徹底的行動主義／行動の重要性／**コラム** 映画「男はつらいよ寅次郎の青春」：車寅次郎は行動主義者である／読書ガイド／課題

第1部　実験室の中の学習 　　　　　　　　　　　　　015

第1章　学習とは何か 　　　　　　　　　　　　　　017
学習の定義／学習の研究法／行動の説明／**コラム** 初期の実験制御用コンピュータ／学習研究の被験体／読書ガイド／課題

第2章　学習研究の歴史 　　　　　　　　　　　　　029
学習研究の始まり／擬人論とモーガンの公準／行動生物学／学習心理学／20世紀中葉までの学習研究／**コラム** 賢い馬ハンス／現代の学習研究／**コラム** 動物の知能観／読書ガイド／課題

第3章　反射の原理 　　　　　　　　　　　　　　　041
生得的反射の仕組み／**コラム** 定位反射を用いた聴感度曲線の測定／条件刺激と条件反射／CSとUSの時間関係／条件反射形成の様々な手続き／対呈示の随伴関係と統制条件／条件反射の分化と般化／複合条件づけ／感性予備条件づけと高次条件づけ／情動条件づけ／レスポンデント条件づけの理論／読書ガイド／課題

第4章　行為の原理 　　　　　　　　　　　　　　　057
ソーンダイクの先駆的研究／スキナーによる行為の原理の体系化／

コラム スキナーから日本に贈られた2つの実験箱／試行反応場面と自由反応場面／ コラム 科学的発見は如何に成し遂げられたか／強化の概念／負の強化と罰／間欠強化と強化のスケジュール／ コラム オペラント条件づけ事始め／新しい反応の形成／自動反応形成／スケジュール誘導性行動／プレマックの強化原理／ コラム 映画「2001年宇宙の旅」：強化随伴性の壮大な実験／刺激の弁別と般化／移調／継時弁別と同時弁別／行動対比／正の特色価効果／無誤反応学習／複合刺激弁別と注意／条件性弁別／条件性強化と高次条件づけ／観察学習と観察反応／読書ガイド／課題

第5章　複雑な学習　　095

人工言語習得と記号によるコミュニケーション／洞察／学習セット／刺激等価性／概念弁別／ コラム 映画「心の旅路」：手がかりは文脈の中で機能する／推論／選択行動と対応法則／自己制御と衝動性／価値割引／選択行動の数理モデル／ヒトの選択実験／社会的行動／読書ガイド／課題

第6章　学習研究の学際的領域　　131

動物心理物理学／行動薬理学／選択行動と行動経済学／選択行動と行動生態学／ コラム 最適採餌の古典モデル／読書ガイド／課題

第7章　学習の基礎にある動機づけと情動　　149

動機づけと情動

動機づけと情動の生理学的基礎

ホメオスタシス／飢えと渇き／性行動／情動

動機づけと情動の行動的基礎

生得的動機／学習性動機／情動の表出／内受容刺激／生得的情動と習得的情動／読書ガイド／課題

第2部　日常生活の中の学習　165

第8章　日常場面にみる反射の原理　167

ディスコの騒音／地震の恐怖／梅干しとだ液分泌／坊主憎くけりゃ袈裟まで憎い／好き・嫌い／牡蠣が嫌いなわけ／単語を覚える／ コラム 映画「時計じかけのオレンジ」：複合条件づけ／読書ガイド／課題

第9章　日常場面にみる行為の原理　175

やる気・意欲・欲望／ コラム 映画「羊たちの沈黙」：内なるものは外にあり／行為としての好き・嫌い／なぜブランド品を求めるのか／目的の手段化／見る・まねる／よいニュースは何度でも聞きたい／学ぶ・わかる／ほめる・しかる／叱責と刑罰／ コラム ガリバー旅行記：信賞必罰／「一罰百戒」は有効か／行動原理にもとづく違法駐車(駐輪)対策／ コラム 日本の若者は他人を殺さない／選ぶ・決める／遊びと勉強のかねあい／選択の自由／「朝三暮四」の心理学／自己制御と社会的ジレンマ／ コラム イソップ物語「北風と太陽」とゲーム理論の帰結／自己制御を確立するには／ギャンブルにはまる／ガンの診断／ コラム ガンの可能性／群れる／癒す／ コラム ペットとコンパニオン・アニマル／治す／読書ガイド／課題

引用文献　211
索引　233
著者略歴　241

行動と学習の心理学
日常生活を理解する

はじめに

人はしばしば，動物が話をしないのは彼らに精神的能力が欠けているからだという．これは「彼らは考えない．故に話さない」という意味である．実はそうではなく，動物は話さない．ただそれだけである．あるいは，むしろ，動物は言語を使わないというだけである．

──L.ヴィトゲンシュタイン「哲学探究」より

誰でも，子どもの頃，母親から「外へ遊びに行くまえに，宿題を済ませなさい」と言われたことを覚えているであろう．これは，子どもに勉強させようとするときの親の常套句であるが，どのような心理学的根拠があるのだろうか．昼食時に，いつも決まった食堂で食事をしている人は，どうしてそうなのかを自問してみたことはあるだろうか．家で飼っている犬のラルフが「お手」や「お座り」という言葉に適切に行動できるのはなぜだろうか．このような日常場面のありふれた出来事は，すべて**学習**（learning）に関係している．

　本書の第1部では，上に述べたような日常的出来事の基礎にある学習の過程に焦点を当て，実験室の中で，主に動物を用いた研究によって発見された**学習の原理**（principles of learning）について詳しく眺めてみよう．現代の学習心理学では，学習（行動変容）の過程を，反射の原理（レスポンデント条件づけ）と行為の原理（オペラント条件づけ）の2つに大別する．ここでは，それぞれの原理について，実験室の中で行われた研究を紹介しながら，私たちの日常場面で見られる行動を理解するための学習についての基礎的事項をまとめておくことにしよう．さらに，第2部では，第1部で見てきた学習の原理が日常生活の様々な出来事にどのように関係しているのかを具体的に見ていくことにする．

序章

心理学の中の学習

新約聖書にこう書いてある.「はじめに言葉ありき」
もうここで私はつかえる. 誰か私を助けて先へ進ませてはくれぬか.
言葉というものを, 私はそう高く尊重することはできぬ.
私が正しく霊の光に照らされているなら, これと違った風に訳さなくてはなるまい.
こう書いてみる.「はじめに心ありき」
一切のものを創り成すのは, はたして心であろうか.
・・・・・・・・
霊の助けだ. 私はとっさに思いついて,
確信をもってこう書く.「はじめに行動ありき」と.

——— J. W. ゲーテ「ファウスト第一部」より

現代心理学の直接的なルーツは，19世紀後半に成立した新しい心理学の流れである．この心理学は，同時期の生理学者のウエーバー（Weber, E. H.）や物理学者フェヒナー（Fechner, G. T.）あるいはヘルムホルツ（Helmholtz, H. L. F.）らが行った感覚に関する実験的研究に基礎をおいている．この新しい心理学の流れの中で，学習の問題がどのように扱われるようになったのかを見ていこう．

◎ヴントの心理学体系

　近代心理学の出発点は，ドイツの心理学者ヴント（Wundt, W.）がライプチヒ大学の教授に就任した1875年，または，同大学に「心理学実験室」を創設した（創設というよりは公的に認められた）1879年とするのが一般的である．ヴントの心理学体系は，感覚，知覚，感情など外的な刺激により直接的に変化する過程を扱う「生理学的心理学」と，思考や意志など高次な過程を扱う「民族心理学」に分けられる．前者の生理学的心理学は，今日とは異なる，狭い意味での**実験心理学**（experimental psychology）であり，その内容は，生理学研究で用いられた実験法と，心理学の研究，特に直接経験という意識を扱うのに必要な特別な方法として彼が考案した**内観法**（introspection）を結び付けたものであった．内観法とは，外的に呈示された刺激により生じた感覚を，特別に訓練された被験者が単位となる感覚要素に分解して報告するものであるといわれているが，今日では，それが実際どのようなものであったかについて不明な点も多い．

図0-1 Wilhelm Wundt (1832-1920)

ヴントの心理学を狭い意味の実験心理学として見ると，ヴント心理学の対象は，外的刺激に対して変化する直接経験という意識であり，このためヴント心理学は，その研究対象から，**意識心理学**とよばれる．また，このような意識を扱うための方法として実験法とともに内観法を用いたことから，その方法論から，**内観心理学**ともよばれる．ヴント心理学の内容は，内観法の目的から明らかなように，意識を感覚の基本単位に分解し，それらから意識を再構成することを目指したものである．したがって，ヴント心理学は，その内容から**要素心理学**とよばれる．このヴント心理学の内容の特徴は，後に，**構成主義**（structuralism）とよばれるようになる．

◎ヴント心理学に対する様々な批判

上述のようなヴントの心理学に対して，様々な観点から批判が起き，その後の心理学研究の流れを形作ることになった．たとえば，ヴント心理学の内容，すなわち要素心理学への批判からヴェルトハイマー（Wertheimer, M.）やケーラー（Köhler, W.）らに代表される**ゲシュタルト心理学**（gestalt psychology）が生まれることになる．フロイト（Freud, S.）は，無意識の世界を強調することによって，ヴント心理学の対象（意識心理学）に対する批判を行い，やがて**精神分析学**（psychoanalysis）を確立するに至る．ワトソン（Watson, J. B.）は，ヴント心理学の対象（意識心理学）と方法（内観法）の両面について批判し，科学としての心理学を目指して，**行動主義**（behaviorism）宣言を行った．さらに，もうひとつの批判（とはいってもゲシュタルト心理学や行動主義ほどには強くはなかったが）は，ヴント心理学とほぼ同時期にダーウィン

図0-2　Charles Darwin (1809-1882)

(Darwin, C.) の進化論（1859年「種の起源」出版）の影響を受け，環境への適応，意識の働きを重視するジェームズ（James, W.）によって行われた．

ジェームズの考え方は，ヒトと動物の連続性から，方法論としての動物実験，新しい研究分野としての動物心理学，比較心理学，さらに学習心理学など，心理学に新しい潮流を生むきっかけ（第2章「学習研究の始まり」参照）となり，やがてアメリカのシカゴ大学を中心に，デューイ（Dewey, J.）によって**機能主義**（functionalism）として実を結ぶことになる．

◎**機能主義から行動主義へ**

ヴントの心理学体系の中に比較心理学や動物心理学も含まれてはいたが，ヴント自身がこれらの研究を行ったわけではなく，後で述べるように，心理学において学習の問題が取り上げられるようになるのは，機能主義の考え方の中からである．ただし，まだこの時期，大学の動物実験施設は，十分には整備されていなかったようで，ジェームズ家の地下室でソーンダイク（Thorndike, E. L.）が初めて動物実験を開始した（1896年）ことは，この辺りの事情を示している．ソーンダイクは，1898年にコロンビア大学において学位論文（「動物の知能：動物における連合過程の実験的研究」）をまとめ，心理学における学習研究の第一歩をしるすことになった．

図 0-3　Edward L. Thorndike (1874-1949)

ワトソンもシカゴ大学の機能主義の雰囲気のもと，大学院生として研究を始めた．機能主義の生物学的側面は，環境への適応，環境と生活体の対置などの考え方に現れている．このため，機能主義心理学では，ヴント心理学と比べると，学習の問題が大きな比重を占めるようになったが，ワトソンには，なお「科学」という観点からは不十分なものとして映ったのである．ワトソンは，1913年心理学評論（*Psychological Review*）誌に行動主義宣言とされる論文（"Psychology as the behaviorist views it") を発表した．この論文で彼は，心理学が純粋に客観的，実験的な自然科学の一部門でなければならないとし，このため，(1) その理論上の目標は，**行動の予測と制御**であること，(2) 研究対象を意識という直接観察できない曖昧なものから直接観察できるヒトを含む**生活体の行動**へ変えること，(3) 研究方法も内観法ではなく観察や実験という**自然科学的方法**を用いるべきであると主張したのである．

図0-4　John B. Watson (1878-1958)

　ワトソンは，学習の問題を科学としての心理学の中心においたが，学習の過程として採用したのは，ソーンダイクの研究ではなく，生理学者パヴロフ（Pavlov, I. P.）の**条件反射**（conditioned reflex）の研究であった．パヴロフの条件反射が学習の原理となったのは，おそらく，1915年に英訳されたベヒテレフ（Bekhterev, V. M.）の運動性条件反射の論文をワトソンが読んだためではないかといわれている．しかし，ワトソンがパヴロフの条件反射を学習の原理としたことは，やがてワトソンの行動主義の行き詰まりを生む遠因となるのである．1930年代になると，腺や筋などの末梢的かつ部分的な反射を基礎としたワトソンの行動主義の限界が認識されるようになり，生活体全体の行動を扱う新しい行動主義の流れが生まれてくる．これがアメリカの**新行動主義**（neobehaviorism）である．

◎新行動主義

　ガスリー（Guthrie, E. R.），トールマン（Tolman, E. C.），ハル（Hull, C. L.），スキナー（Skinner, B. F.）らを代表とするアメリカの新行動主義は，ワトソンの行動主義の限界を乗り越えるべく，ワトソンと同様に刺激と反応の関係を基礎としつつも，末梢的かつ部分的行動ではなく**全体的行動**を扱い，**科学的に洗練された体系**を目指した．さらに，学習理論という狭い範囲の体系化

から行動理論という**大理論**の構築を目指したのである．また，新行動主義の目標のひとつには，フロイト理論の科学化という企ても含まれていた．

　新行動主義の特徴は，上に述べたようにまとめられるが，4人の研究内容については，かなりの相違が見られる．たとえば，スキナーとハルは，強化の概念を重視したが，ガスリーは，強化よりも刺激と反応の時空間的接近を重視するという相違が認められる．2人の強化の考え方も，ハルは**媒介概念**（intervening concept）としての動因低下，スキナーは，行動概念としての強化という違いがある．一方，トールマンとハルは，行動の理解には，刺激と反応の他に両者の間を介在する**仲介変数**（**媒介変数**）が必要であるとしたが，スキナーは，そのような媒介変数は不必要であるとした．

　ガスリーは，学習は刺激と反応の時間的・空間的接近（**接近原理**）により，刺激と反応が結びつくことであり，これはたった1回の接近で成立する（**1試行学習**）と考えた（Guthrie, 1935）．ハルは，学習を刺激（S）と反応（R）の連合が形成され，強められる過程であると考えたが，このような刺激と反応の連合が強められるには，媒介概念としての**動因の低減**が必要であり，反応の強さ（反応強度；E）は，学習された刺激と反応の連合の強さ（H）と動因（D）の相乗的関係（$E = H \times D$）により決まるとしたのである．これを基本原理として具体的な実験条件についての予測を演繹的（第1章「学習の研究法」参照）に導出する体系を構築しようとした．このため，彼の理論を**仮説演繹理論**という（Hull, 1943）．一方，トールマンは，学習を，ある刺激のもとである反応を行うとある刺激が得られるという認知，すなわち手段—目的（S-S）関係の形成であるとした．手段は目的に対するサインとなり，このサインは，個体の内部に生まれると想定された，仲介概念としての**期待**とも関係する．言い換えると，手段—目的という体制化の成立（**認知地図**）が学習なのである．このことから，トールマンの理論を**サイン・ゲシュタルト理論**という（Tolman, 1932）．ハルとトールマンの考え方と対称的なスキナーは，学習を反応の結果に依存して反応の起こりやすさが変化することであると考えた．反応の結果とは，反応（R）に伴う環境の変化であり，この変化

を強化刺激（S）といい，学習とは，反応とその結果との結びつきを強めることであるとした．このようなスキナーの考え方は，S-R理論ではなく，**R-S理論**というべきものである（Skinner, 1938）．

◎**方法論的行動主義と徹底的行動主義**

1950年代にガスリー，ハル，トールマンが亡くなると，影響力は急速に失われていったが，彼らの考え方は，形を変えながら弟子や共同研究者たちに引き継がれていった．一方，1990年まで存命であったスキナーは，1950年代から1970年代の間に方法論として**実験的行動分析**（the experimental analysis of behavior）を確立（Skinner, 1950），行動主義をさらに発展させた，哲学としての**徹底的行動主義**（radical behaviorism）を提唱（Skinner, 1974）し，最近まで活躍の足跡を残した．ハル，トールマン，スキナーらの研究が現在までにどのような変遷をたどったかについては，佐藤（1983）の第8章「最近の学習理論」に詳しく示されている．ここでは，その大まかな筋道を示すだけにとどめよう．

トールマンの考え方は，現在の**認知心理学**（cognitive psychology）のなかにそのまま反映されているわけではないが，間接的には多くの貢献を行ったといえる．たとえば，学習研究の中で見ても，認知的体制化という枠組みに連なる研究として，第4章で詳しく述べるように，その後の弁別学習研究における正の特色価効果や自動反応形成の現象を説明するサイン・トラッキング説や，概念弁別研究の隆盛，さらに**比較認知科学**（comparative cognitive science）という新しい分野の誕生は，こうした流れの現れといえるであろう．ハルの考え方の系譜も，その後，媒介理論の展開のなかで認知的傾向を強め，トールマンの流れに合流しているように見える．第3章で紹介する条件づけのレスコーラ・ワグナーモデルもこのような流れの産物といえるであろう．

このような認知論的研究の背景にある哲学はどのようなものなのであろうか．それは，基本的には，行動主義であり，スキナーの徹底的行動主義との相違を強調するとすれば，**方法論的行動主義**（methodological behaviorism）

ということになろう（佐藤, 1983）．方法論的とは，ワトソンが主張したように，心理学を「科学」とするためには，意識という目に見えない曖昧な対象を棚上げにして，その代わり目に見える行動を対象にすることである．つまり，研究上の必要性から行動主義の立場をとり，内的過程を扱うための手段として行動を扱うことを意味している．現代の認知心理学も基本的に**行動データ**を扱っているが，皮膚の内側で起きていると想定される内的過程を再構成する手段として行動を扱っているのである．一方，スキナーの徹底的行動主義は，行動の説明においては，内的過程より外的な過程を重視している．外的過程とは，個体の置かれた環境のことを指している．意識も棚上げにするのではなく，知覚や内言化された言語行動として扱うのである（佐藤, 1976；Skinner, 1969）．

　このように現代の心理学は，いずれも行動主義をその哲学的立場としているといえるが，そこには，様々な行動主義が存在しているのである．最近では，**目的論的行動主義**（Rachlin, 1994）や**理論的行動主義**（Staddon, 2001）の提唱などが行われており，現代心理学の哲学的基礎づけについては，様々な試みが行われている．

◎行動の重要性

　現代心理学は，どのような立場をとるにせよ，行動データを扱うという点では一致している．したがって，心理学の研究においては，行動データこそが唯一，客観的な資料であるといえる．行動データとは，実験室の場合には，**どのような刺激条件のもとで，どのような方法により測定されたものであるかが明確なもの**である．もしこのような測定の条件が不明確であるとしたら，それを行動データとして扱うことはできない．この意味で，実験や観察の条件，手続きを明確にすることが心理学の研究にとってきわめて重要なのである．日常場面の場合には，**いつ，どこで，何をしたのか**，という行動的事実が行動データである．このような行動データが，さまざまな心理現象の理解に重要な役割を果たしていることは，心理学の研究の中だけではなく，私た

ちの日常場面の中にも見つけることができる．

　日常的な犯罪捜査における行動データの重要性は，米国連邦捜査局（FBI）の行動科学課が開発した犯人像特定のための方法（**プロファイリング**）の基礎になっている．このプロファイリングを主導した元FBI捜査官の手記「FBI心理分析官」（1994）では，1970年代に米国で多発した猟奇的連続殺人事件の犯人像の特定には，過去に逮捕された犯人たちの面接尋問（なぜ人を殺したのかという殺人の理由や動機に関する質問など）から得られた証言データ（言語報告）よりも，犯人たちが，いつ，どこで，何を行ったかという行動データの方が重要であることを指摘している．

　ある新聞の，ニュータウンに住む子どもたちの姿をルポした「寄る辺ない子どもたちへのメッセージ」と題する記事（Asahi Evening News, 1999）の写真に添えられた一文にも，私たちがいかに行動を重要視しているかを見ることができる．記者がさるニュータウンの中にある小さな公園のクスノキに登っている少年たちに，「そこに登って楽しいの？」と聞いたところ，1人の少年から，「そうでもない」という返事が返ってきたという．これに対して，この記者は，「私はその言葉を信じることはできなかった．なぜなら，彼らは，急いで木から下りようとはしていなかったからである」という説明文を付けて，少年たちは木に登っていることが楽しいということを彼らの行動から理解したのである．

　文学の世界にも，行動の重要性を教えてくれる事例を見つけることができる．たとえば，文豪ゲーテも行動を重視した1人であり，彼の「色彩論」の前書きには，人の性格を知りたければ，その人の行為・行動を見ればよい旨の主張を書き残している．また，「晩年の詩」の中のエピレマと題する詩でも，「内にあるものは外にある」という一行を加えている．ゲーテと同時代のフォフマンスタールも「友の書」の中で，「深層は隠さなければならぬ．どこに？表層に」という一文を寄せている．

コラム

映画「男はつらいよ寅次郎の青春」：
車寅次郎は行動主義者である

　47作も続いた山田洋次監督の「男はつらいよ」シリーズの第45作（1992年制作）の本作品では，主人公車寅次郎が意外にも行動主義者であることをかいま見ることができる．

　旅に出た寅さんが立ち寄ったのは，九州・宮崎のとある町．そこで寅さんは，知り合った床屋の女主人（風吹ジュン）宅に「髪結いの亭主」の如くに居候を決め込んでいた．ある日，寅さんは，友人の結婚式で宮崎に来ていた甥っ子満男のガールフレンド泉に偶然出会う．その時，運悪く，女主人に見られ，あわててその場を取り繕おうとして，足を捻挫してしまう．泉が東京の「くるまや」に電話をすると，話が大きくなり，「くるまや」では，妹さくらをはじめ，義弟博，おいちゃん，おばちゃん，隣のたこ社長を巻き込んで，てんやわんやの騒ぎとなってしまう．妹さくらの一人息子満男は，泉に会いたい一心で宮崎に駆けつける．ところが，迎えにきた泉は床屋の女主人の弟（永瀬正敏）と一緒であった．心中穏やかでない満男は，すねてしまう．寅さんは，すねた態度の満男を見かねて，ガールフレンド泉とのことを訊ねるのである．「立ち入ったことを聞くようだけど，接吻はしたのか？」と満男に語りかける．そんな詮索はやめてくれという満男に，「それじゃあ，おまえ，泉ちゃんのこと愛してないのか」とさらに追い打ちをかける．「今のぼくの気持ちを，愛してるなんて簡単な言葉でいえるもんか」と満男が答える．ここから，寅さんおきまりの講釈が始まるのである．

　「ああだめだ．それじゃあ，愛してないのと同じだよ．思っているだけで何もしないんじゃ，愛していないのと同じなんだよ．おまえの気持ちを相手に通じさせなきゃあ．愛しているんだったら態度でしめせよ」と寅さんが雄弁に語る．

態度でしめせというのは,「愛してる」という言語行動や「抱きしめる」という行為, つまり行動でしめせということである. この台詞にみられるように, 実は, 寅さんは行動主義者だったのである.

読書ガイド

- 今田 恵『心理学史』岩波書店　1962
  古代から近代のこころの捉え方, 心理学に関する諸説を詳しく解説した労作である.

- 南 博『行動理論史』岩波書店　1976
  心理学にとどまらず, 社会科学全般にわたった行動研究の歴史をまとめたものである. マルクスやウエーバーの著作の中に現れる人間行動の心理学的側面の分析, 最終章の展望では行動としての意識を論じるなど, 著者の独自の視点からまとめられていて大変参考になる.

- 末永俊郎（編）『講座心理学Ⅰ：歴史と動向』東京大学出版会　1971
  近代以降の心理学の歴史をかなり詳しく紹介している. 日本における心理学の歴史についても詳細な紹介があるので参考になる.

課題0-1：機能主義心理学の考え方がその後の心理学の研究に果たした役割について説明しなさい.

課題0-2：現代心理学は, どのような立場をとるにせよ, 行動データを扱うが, 行動データの扱い方の違いを説明しなさい.

第1部 実験室の中の学習

人間は物を見るだけに止まってはいない．観察がその存在を知らせてくれた現象について，今度は，その意味を考え，これを知ろうと思うのである．このため，我々は推理を下し，事実を比較し，或いは質問を発し，そこから引き出す答えによって更に相互を吟味する．真の意味で実験と呼ばれるものは，推理と事実との方法によるこの種の吟味を指すのである．

———C. ベルナール「実験医学序説」より

学習の研究は，初期には知的機能の進化の問題を実証しようとして始まったといえる．主にダーウィンの信奉者たちの間で行動観察や日常場面における逸話の蒐集が行われたが，後述するように，逸話蒐集という方法への批判から，やがて実験という方法を用いる研究へと移行していった．実験のために様々な装置が考案されたが，その背後にある実験の考え方（実験の論理）は，動物の知的機能を調べるには，解決可能なわずかな障害を設けること，すなわち問題状況を作ることであった．この実験の論理は，現代にも受け継がれているといえる．ここでは，学習研究の様々な分野において，この論理がどのように受け継がれ，発展してきたのか，そして何が明らかにされたのかを見ていこう．

学習とは何か

動物が獲物を捕ろうとして頭を向けるが繰り返し失敗していると仮定してみよう．また，この距離で獲物を捕まえるのに適した一連の運動とともに，身体のわずかに前方への動きによって成功すると仮定しよう．そうした状況が繰り返し起これば，成功に導く筋肉運動は，繰り返され易くなる．つまり，最初は複数の運動の偶然の結びつきだったものが，今やかなり確かな結びつきになるであろう．

———— H. スペンサー「心理学原理」より

学習の研究は，新しい心理学（ヴント心理学）の成立と時期を同じくして，ダーウィンの進化論を生物の姿・形（構造）へ適用するとともに，働き（機能）への適用をも目指して，知的機能の研究として始まった．ここでは，学習の定義，学習の研究法，学習研究の歴史を見ていくことにしよう．

◎学習の定義

学習の定義は，研究者により相違があるが，まずこれまでに刊行されている代表的な学習心理学のテキストにある学習の定義を見てみよう．ダミヤン（Domjan, M.）の「学習と行動の原理（*the principles of learning and behavior*）」(Domjan, 2003) では，「学習とは，ある刺激と反応に関する以前の経験による，特定の刺激と反応を含む行動のメカニズムの永続的な変化である」と定義している．メイザー（Mazur, J. E.）の「学習と行動（*learning and behavior*）」(Mazur, 1998) では，「学習とは，個体の経験の結果として起こる変化の過程である．研究者は，学習の過程だけではなく，学習という経験により生じた個体の行動の永続的な変化，すなわち，学習の産物をも研究するのである」と述べている．これらの定義は，学習とは，行動のメカニズムの変化あるいは変化の過程であって，単なる行動の変化ではないことを示している．

具体的な例で，学習の問題を考えてみよう．我が家の近所に住み着いている野良ネコの食餌行動は，様々な要因により影響を受ける．たとえば，どの程度空腹かとか，他のネコが現れたかどうかとか，いつも餌をくれる人の足音がしたかどうかなどの要因により変化する可能性がある．しかし，いつどこへいけば，食物にありつけるかを知っていることは，学習の産物そのものであるといえる．最初は，偶然ある場所で食物にありつけるという経験をすると，再びその場所を訪れるようになる．しかし，いつも餌にありつけるとは限らない．やがて夕方に訪れると餌にありつけることが多いことがわかる．

すると，その野良ネコは，夕方にこの場所を訪れるようになる．このような過程が学習なのである．このように，学習の産物として特定の時刻に特定の場所を訪れる行動が生じるのであるが，行動の変化は，学習以外の様々な要因の影響も受けるので，学習の要因とそれ以外の要因を区別することが必要である．また，学習は，何らかのテスト事態で初めて示される場合もある．たとえば，般化テストの結果，般化勾配の形状から刺激と刺激の関係を学習できたか否かが明らかになる（第3章「条件反射の分化と般化」と第4章「刺激の弁別と般化」参照）．

　以上のことから，**学習とは，経験を通して，個体が獲得する比較的永続的な行動変容の過程**と定義することができるが，行動変容とはいっても，成熟による恒久的な変容や，疲労あるいは偶然の出来事による一時的な変容は，学習とは見なされない．

◎学習の研究法

　行動の研究は，行動観察に始まり，**観察**（observation）により見いだされた要因間の関係を，さらに**実験**（experiment）によって分析し，行動に影響する要因を同定するのである．行動観察は，そのときに存在する様々な要因と行動変容の関係を見ることになるが，実験は，どのような要因により，どのような行動変容が起きるのかを明らかにすることができる．つまり，観察では，行動変容と要因間の**相関関係**（correlation）しか見ることができないが，実験は，行動変容の原因―結果の関係，すなわち，**因果関係**（causality）を明らかにすることができるのである．行動の変容を決定する要因のことを**独立変数**（independent variable），行動変容を測る変数を**従属変数**（dependent variable）という．独立変数は，実験者が操作する変数である．独立変数の効果を検出するためには，安定した行動が必要である．これを**行動のベースライン**という．行動が安定しているかどうかは，安定基準を設けることにより保証する．先に述べた学習の定義のように，行動の変容をどのような測度を用いてとらえるかにより，たとえば，課題を行うのに必要な時間（所要時間），

刺激呈示から反応が起きるまでの時間的遅れ（反応潜時），反応数，単位時間当たりの反応数（反応率），正答数などが用いられる．

　要因の効果を検出するための方法として，**個体内比較法**と**群間比較法**が用いられている．個体内比較法は，1個体について，要因を呈示する場合（A）と呈示しない場合（B）を時間順序にしたがって繰り返す方法である．たとえば，A→B→Aという順序で条件を呈示する（2度目のAは再現性を確認するためである）ので，A－B－A実験計画ともよばれる．この方法は，個体がベースラインとなるので，個体差を考慮する必要がないという利点がある．このため，実験に用いる個体数を少なくできる．一方，要因が時系列で呈示されるため，順序効果を考慮しなければならないという問題がある．群間比較法は，要因を呈示する群と呈示しない群を設けて比較する方法である．この方法では，各群は，1条件しか経験しないので，順序効果の問題はないが，2つの群間で個体差を均等にしておかなければならないという問題がある．個体差を打ち消す（相殺する）ために，ある程度の個体数を必要とする．どちらの方法を用いるべきかは，研究目的や扱う要因の性質により異なるであろう（Robinson & Foster, 1979）．

　学習の研究において，ヒトよりも動物が用いられてきた最も大きな理由は，実験における要因の統制が可能であるという点であろう．実験動物は，生物学的側面（たとえば，遺伝子）や生まれてからの生育環境を統制する（あるいは一定にする）ことが可能であり，ヒトでは困難な要因の操作を容易に実現できる対象である．また，初期の行動主義の考え方には，ヒトではなく動物を使うことで，意識の問題を避けることができるという側面もあったようである（Watson, 1913）．

　学習の実験手続きは，**条件づけ**（conditioning）とよばれる．動物実験の場合には，食物や水に反応を強める働きを付与するために，食物や水の**剥奪**（deprivation）という操作を行わなければならない．被験体が空腹でなければ，食物も反応を強める刺激としての働きを持たないからである．具体的には，実験実施に先立って，23時間の絶食（絶水）や自由摂食時安定体重の80％程度

を維持することが行われている（Ferster, 1953）．この体重を維持するため，一般に，実験終了時に付加的な給餌を行う（第6章「選択行動と行動経済学」参照）．逆に，反応を強める働きをなくすには，**飽和**（satiation）という操作を行うことになる（第4章「強化の概念」参照）．

研究には，**分析**（analysis）と**統合**（synthesis）という2つの側面がある．分析とは，研究対象となっている行動や現象にどのような要因が影響するかを実験により調べることである．一方，統合とは，要因間の関係や，各要因をより一般的な概念で統括すること，すなわち，観察や実験データに含まれる共通性や規則性を理論やモデルを用いてまとめることである．この分析と統合をつなぐものが帰納と演繹という推論の過程である．一般に，科

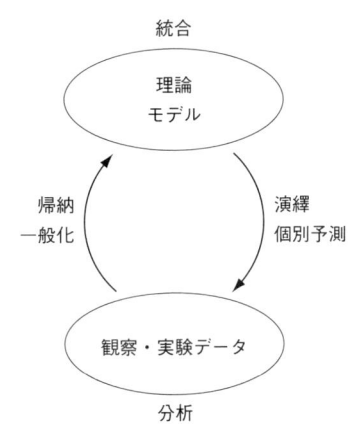

図1-1 科学の営みの2つの側面，分析と統合の概念図．

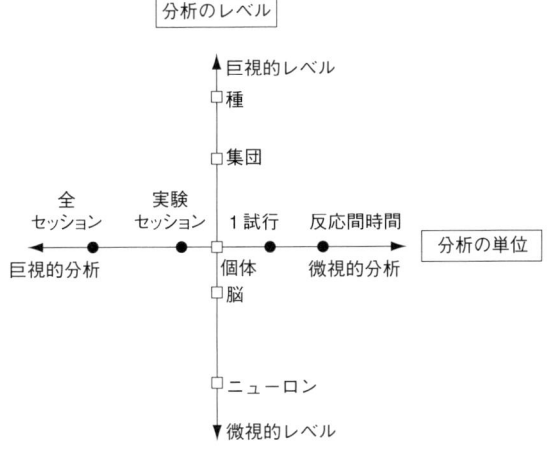

図1-2 分析の単位と分析のレベルの概念図．

学の営みは，この分析と統合の過程を，帰納と演繹という推論にもとづいて，いきつもどりつしながら，新しい現象や要因の発見，理論やモデルの構築・再構築を探求する作業なのである．

また，研究で用いる分析の単位と分析のレベルによって扱う行動も異なってくる．分析の単位については，たとえば，先の反応から次の反応の時間間隔（反応間時間）や1試行を単位とする分析が，**微視的分析**（molecular analysis），実験セッション全体を単位とする分析は，**巨視的分析**（molar analysis）として区別される．一方，分析のレベルについては，ニューロンと脳，個体と集団，あるいは個体と種という対比では，前者が**微視的レベル**，後者が**巨視的レベル**となる．これらの例から明らかなように，微視的・巨視的という区別は，分析の単位でも分析のレベルでも相対的な区別であるといえる．

あらゆる学問の基礎は**比較**であるとはゲーテの言葉であるが，学習研究においては，ヒトと動物の比較だけではなく，様々な動物種の間で比較が行われる．この場合，2つの視点が区別される．まず，比較という方法を通して，様々な動物種に共通に認められる現象を確認するという視点である．これは一般性を保証する科学の営みのひとつである．第2に，動物種による違いに注目する視点である．第2章学習研究の歴史で述べるように，学習研究は，主に学習現象の一般性を前提とした視点から研究が行われてきたが，1960年代以降には，動物種による違いを考慮する必要性の認識が高まり，学習の生物学的制約という研究を生み出すことになった．さらに，最近は，「心の進化」という枠組みから，ヒトの「心」の系統発生的起源をさぐるために，より積極的に動物種間の違いに焦点を当てた研究が生まれている（渡辺，1995a, b）．

学習実験の初期には，実験の実施は，刺激の呈示から反応の記録まで実験者自らが手動で行っていたが，やがて実験の自動化の試みが始まった．1950年代には，自動化の主役は，電磁リレー（電気でスイッチを開閉するもの）であったが，トランジスタの発明とその普及により，トランジスタ回路（トランジスタによる回路の開閉），さらに1970年代には集積化技術の進歩による集積回路を用いた論理モジュールが用いられるようになった．このような

時代にあっては，実験を行う場合には，かなりの程度の電気に関する知識が必要とされた（浅野, 1970）．1980年代には現在のパーソナル・コンピュータ（パソコン）が登場し，実験制御の道具としても格段に優れた能力を提供することになった．このため，現代は，実験者にとって電気的知識よりも，パソコンに関する知識，特に論理的思考とプログラミングの知識が必要とされるようになったのである（佐伯・内田・伊藤, 1998；伊藤・内田・佐伯・北村, 1999）．

　実験の遂行は，1または0という2値をとる論理代数（ブール代数）にもとづく論理演算として表現することができる．論理演算とは，事象AとBが「起きた（1）」・「起きない（0）」という2つの状態をとる場合，たとえば，その論理和（AまたはB）を求めることである．「ある刺激を呈示したときに，反応が起きれば，餌を呈示する」という実験操作は，刺激の呈示と反応の生起の論理積（AかつB）をとり，その結果が1（いずれもが起きた）ならば，餌を呈示するという論理演算を実行することなのである．このような論理演算を時間順序（時系列）にしたがって多数組み合わせ，これらを何らかのプログラム言語（たとえば，Visual Basic®）で記述したものが実験制御プログラムであり，これらの実験制御プログラムを，たとえば，「Windows®」というシステム・ソフトウエア上で実行することで，実験を自動的に行うことができる．

◎行動の説明

　ギリシアの哲学者アリストテレスは，4つの異なる説明を区別した．あるモノの説明は，そのモノがどのような物質からできているか（**質料因**），どのような形をしているか（**形相因**），どのように働くか（**作用因**），さらにどのような目的を持っているか（**目的因**）という4つの側面からできる．行動の説明においては，作用因と目的因が関係する．前者は，「どのように（how）」という問いに対する答えであり，後者は，「なぜ（why）」という問いに対する答えである．ルネサンス以降の近代科学は，「なぜ」という問いを捨てて，

もっぱら「どのように」という問いに対する答えを求めることで一定の成果を上げてきたといえる．ここから，科学では，厳密には「なぜ」という問いには答えられないことになる．また，「なぜ」という問いに対する答えも，「どのように」という問いに対する答え方になるのである．しかし，生物学では，特に進化論の観点からは，目的因からの説明が必要である．

　生物学では行動の説明に当たって，(1)その行動の直接的な要因，(2)その行動が進化した要因，(3)その行動の発達的要因，(4)その行動の先祖型からの系統進化要因という4つの側面を区別する（Tinbergen, 1950）．(1)を**至近要因**，(2)を**究極要因**とよんでいるが，これまでの心理学における行動研究では，もっぱら至近要因，どのようにという問いに対する答えを扱ってきたといえる．しかし，行動の理解には，進化という視点に立って，行動が個体の環境への適応の産物であり，ヒトの行動の起源とヒト以外の動物行動の多様性を見ていくことが必要であろう．

コラム

初期の実験制御用コンピュータ

　1970年代の終わり頃，今日のパーソナル・コンピュータ（パソコン）の原型となるコンピュータが登場した．パソコンの原型というのは，電源を入れると直ちにシステムソフト（オペレーティングシステム；DOS）が起動し，プログラミング言語（Basic）が使用可能になるものであった．入力装置は，キイボードとテープ読み取り・せん孔機の付いたテレタイプとよばれるものであった（写真では，パソコンの上に置いてある）．このようなパソコンでは，命令を前面パネルのスイッチのオン・オフ

により与える必要はないが，写真にあるように，米国ミッツ（Mits）社のオルテア（Altair 8800b）というパソコンは，このようなスイッチが取り付けられていた．これは，当時のミニコンピュータ（今では死語になってしまったが）の前面パネルを模倣したものであり，新しいモノの誕生にいかに既存のものが影響するかを如実に示していて興味深い．

◎学習研究の被験体

　動物実験の初期には，黒田の「動物心理学」（黒田，1936）に見られるように，ゾウリムシ，カニ，キンギョ，ハト，ネズミ，サルなど多様な動物種が用いられていたが，心理学の学習研究では，限られた種に集中していくことになった．この理由のひとつは，動物実験が学習の一般原理を探求するという目的で行われるようになったことである．この目的のためには，動物種が異なるよりも，同じ種でデータの再現性を検討することが重視されたからである．後述する条件反射の研究では，イヌが被験動物であったが，オペラント条件づけでは，ハトやネズミが主に用いられるようになった．どのような動物種を用いるかは，実験目的により決まる．たとえば，学習の現象を検討するための視覚刺激を用いた実験では，ラットよりも視覚に優れたハトを用いた方がより適切であろう．1999年に刊行された欧米の学術雑誌，「実験心理学：動物の行動過程」(Journal of Experimental Psychology: Animal Behavior Processes)，「実験的行動分析」(Journal of the Experimental Analysis of Behavior)，「学習と動機づけ」(Learning & Motivation)，「動物の学習と行動」(Animal Learning & Behavior) に掲載された論文で用いられた動物種を調べて見ると，被験動物の全体平均は，ラット（ネズミ）39％，ハト27％となり，この両種で全体の66％を占めていた（伊藤ほか，1999）．ちなみに，第3位はヒトであった．日本動物心理学会大会の研究発表で見ると，1990年から1999年の10年間で最も多いのは，ラットやマウスなどの齧歯類，次いで，ニホンザルやチンパンジーなどの霊長類，第3位はハトやヒヨコなどの鳥類であった（川合，2000）．

このように霊長類が多いのは、日本の特色であろう。最近は、少数ながら、ウマ（Miyashita, Nakajima, & Imada, 2000），ブタ（上野・谷内，2004）や希少種である猛禽類（Yamazaki, Yamada, Murofushi, Momose, & Okanoya, 2004）についての研究も行われている。

　動物実験の第一歩は、実験動物の飼育と管理であるが、現代では、動物実験を行うためには、米国国立衛生研究所（NIH）の実験動物の飼育と管理に関するガイドラインに準拠することが求められている（浅野，1993）。このガイドラインは、動物愛護・福祉の観点から、飼育環境から実験動物の扱い方に至る、かなり細かい指針が示されている（NIH, 1978）が、現在は、さらに「心理学的幸福」という新たな観点から実験動物の飼育環境の改善も求められている（松沢，1996; 森村，2000）。この「心理学的幸福」については、さまざまな内容が提案されているが、研究機関ごとにバラバラでは、実験データの評価に影響するので、一定の基準（基準化）が必要であろう（渡辺，1998）。このガイドラインに準拠した動物実験施設の具体例は、伊藤（1995, 1996）に詳しい紹介がある。写真は、このガイドラインに準拠した飼育施設の例である（図1-3）。

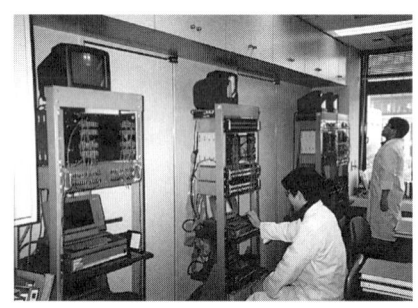

図1-3　米国国立衛生研究所（NIH）のガイドラインに準拠した動物飼育施設（右）と実験室（左）。飼育室は、飼育者側から動物へという一方向気流方式による換気を行っているので、人獣共通感染症から研究者を守ることができる。飼育ケージの前面は、多数の通気口のあいた透明アクリル板の引き戸になっている。実験室では、実験者と動物が置かれている実験箱とは隔離されており、実験箱内部の動物の様子は、モニターを通して見ることができる。実験は、パソコンにより自動制御されている。

読書ガイド

- 伊藤正人　経験から学び，行動を変えること　金児暁嗣(編)
『サイコロジー事始め』第6章　有斐閣　2003
  心理学の入門書の1章として学習の基礎的事項について簡略に解説している．

- 実森正子・中島定彦『学習の心理：行動のメカニズムを探る』
サイエンス社　2000
  学習心理学の初歩的な入門書として薦められる．

- Mazur, J. E. *Learning and behavior (4th ed.).* Prentice-Hall. 1998
（磯 博行・坂上貴之・川合伸行（訳）『メイザーの学習と行動』二瓶社 1999）
  現代の学習心理学がどのようなトピックスを扱っているかを知ることのできる概説書．上記の2つの入門書の後に読む中級編という位置づけになる．

- 佐々木正伸(編)『現代基礎心理学5　学習Ⅰ 基礎過程』東京大学出版会 1982
- 佐藤方哉(編)『現代基礎心理学6　学習Ⅱ その展開』東京大学出版会　1983
  この2つのテキストは，1970年代までの研究成果をまとめたものであり，メイザーのテキストの後に読む上級編という位置づけになる．

- 内井惣七『科学哲学入門：科学の方法・科学の目的』世界思想社　1995
  科学とは何かについて書かれた概説書．研究をする際には，一度はこうした科学論を考えてみてほしい．

- 八木 冕 （編）『心理学研究法 5 動物実験Ⅰ』東京大学出版会　1975
- 八木 冕 （編）『心理学研究法 6 動物実験Ⅱ』東京大学出版会　1975
  この2つのテキストは，心理学における動物実験という方法について体系的に解説したものである．また，動物の飼育管理の仕方についても解説があり参考になる．

課題1-1：行動の説明における「なぜ」と「どのように」という2つの
　　　　　問いの相違について述べなさい．

課題1-2：研究における分析と統合について述べなさい．

第2章 学習研究の歴史

　ロマネスの収集した逸話について，私は，比較心理学という科学がそのような逸話にもとづいて成り立ちうるとは思わなかった．そのほとんどの逸話は，心理学の素養のない行きずりの観察者の素人判断による気まぐれな報告にすぎなかった．したがって，私は，人が（逸話にもとづく）動物のこころから科学に必要なデータを取り出すことができるのかという疑念を懐かざるを得なかったのである．

　————C. ロイド・モーガン「自伝」より

学習研究の動機となったのは、ダーウィンの進化論にもとづくこころの働き（心的機能）における動物とヒトの間の連続性という考え方であった．とりわけ知的な働き（知性）を動物の中にいかに見いだせるのかということが最大の関心事だったのである．つまり，19世紀後半の当時の研究者たちの関心は，単なる学習とは異なる知的な働きの証拠を集めることに向けられていたといえる．

◎学習研究の始まり

　学習の研究が，現代心理学の中心的課題のひとつになったのは，20世紀の初頭にワトソンが，これまでのヴントの心理学に決別する行動主義宣言（1913年）を行って，彼の新しい心理学体系（「一科学としての心理学」）の中心に学習の問題を据えたことに始まる．ただし，「行動主義宣言」時には，条件づけについてはほとんど言及していなかったが，1919年版の「行動（Behavior）」において，ワトソンは，学習の原理として，生理学者パヴロフの発見した条件反射の原理を採用した．彼は，動物実験という方法により学習の基礎研究を行うとともに，基礎研究の成果を積極的にヒト（幼児）に適用した（Watson, 1930）．このように，学習の研究に動物や幼児が被験体（者）として用いられるようになったのはなぜだろうか．このことを理解するには，心理学の歴史をワトソンの行動主義宣言よりも少し前に戻さなければならない（序章「機能主義から行動主義へ」参照）．

　心理学における学習研究の始まりは，ダーウィンの進化論にあるといってよい．ダーウィンの「種の起源」（1859年）は，いま私たちが見る生物の姿・形という仕組み（構造）の多様性が「突然変異」や，「自然淘汰」という過程によって生み出されたことを様々な標本や観察をもとに明らかにした労作であるが，生物のもつ多様な働き（機能）も同様の過程によって生み出されたものであると彼は確信していた．機能におけるヒトと動物の連続性という

考え方は，1872年に出版された「ヒトと動物における情動の表出」によく示されている．

◎擬人論とモーガンの公準

　進化論の発表以降，多くの人々が，調査や観察あるいは実験という方法を用いて，進化論を実証しようとしたが，機能の問題，特に知的機能（知性）についても同様な研究が始まった．よく知られているファーブル（Fabre, J. H.）の「昆虫記」（1879年）もこのような機運の産物といえる（彼はむしろ本能行動の定型的な複雑さを強調していたが）．この時期には，動物行動の研究に**逸話蒐集**（anecdotal method）にもとづいて**擬人的解釈**（introspection by analogy）や説明を用いた，イギリスの生物学者ロマネス（Romanes, G. J.）や，逸話蒐集にもとづく，行き過ぎた擬人的解釈を戒めたモーガン（Morgan, C. L.）の研究が現れる．擬人とは，動物の示した巧妙な行動（たとえば，ビーバーの堰堤構築）や，問題場面における解決などの逸話から，ヒトの持つ推理能力と同様な能力を持つと考える見方である．つまり動物の行動をヒトの行動になぞらえて理解することである．しかし，この見方の前提にはヒトの行動の理解が完全にできていなければならないはずである．しかし，今なお，ヒトの行動の理解が完全とはいえない以上，擬人論には曖昧さがつきまとうことは否めない．

　このような擬人論の問題に対する批判として，モーガンは「**心的発達において低次の心的過程で説明できるときは，より高次の心的過程の所産として動物の行動を解釈すべきではない**」とする**モーガンの公準**（Morgan's canon）を提案したが，これはその後の動物を用いた学習研究の指導原理となった．このような擬人論と非擬人論の対立は，生物学においても見られた．心的用語を用いて行動の説明をすべきではないとする，ドイツのロエブ（Loeb, J.）の機械論的見方と，ある条件を満たせば，心的用語を用いて，たとえば，アメーバの行動を説明しても良いとするジェニングス（Jennings, H. S.）の非機械論的見方は，こうした例である．また，ロエブは，ヒトを含むあらゆる動

物の行動を心的用語を用いることなく説明すべきであるとし，**走性**（tropism）の概念を提案したのである．

こうした研究の中から，生物学には，主に，種に特有な生まれつきの行動（生得的行動）を扱う行動生物学が生まれ，一方，心理学には，主に，経験を通して獲得される行動（習得的行動）を扱う学習心理学が機能主義心理学の中から生まれてくるのである．

◎行動生物学

生物学における行動の研究は，種に特有な行動に向けられた．やがてこのような研究は，**行動生物学**（ethology）とよばれるようになった．そこでは，ある種に属する個体に見られる，かなり複雑ではあるが定型的な行動が注目された．これを**本能行動**（instinctive behavior）というが，様々な動物に見られる求愛行動や攻撃行動などは，こうした本能行動の例である．ドイツの生物学者ローレンツ（Lorenz, K.）は，これらの行動がその種に属する個体に共通して見られるのは，そのような行動を生じさせるメカニズムがあるからだと考えた．彼は水力学のモデルからヒントを得て，本能行動が機械的に起こる生まれつきの仕組み，すなわち，**生得的解発機構**（innate releasing mechanism）という概念を提案した．この仕組みを働かせるには，特定の刺激が必要で，この刺激が呈示されると自動的にこの仕組みが働いて行動が生じることになる．この刺激を**解発子**（releaser）または**鍵刺激**という．オランダ生まれの生物学者ティンバーゲン（Tinbergen, N.）は，野外で様々な実験を行い，本能行動の様々な側面を明らかにし，生得的解発機構の概念が本能行動をうまく説明できることを示した（Tinbergen, 1950）．図2-1は，彼の行った野外実験の一例で，淡水にすむ魚，トゲウオの攻撃行動（本能行動）がどのような刺激により解発されるかを模型を用いて明らかにしている．それは，模型の本物そっくりな外観ではなく，実際の姿とは全く異なる模型の下部に塗られた赤い色であった．

本能行動のなかにも，経験を必要とするものもある．たとえば，鳥類でよ

く見られる**すり込み**または**刻印づけ**（imprinting）とよばれる現象は，こうした例である．刻印づけとは，たとえば，鳥がふ化した直後に見た，動くものに追従する現象である．これは，自然状態であれば，最初に見るものは，親鳥であり，親鳥に追従することは，安全や餌が確保されるという適応上の意味がある．しかし，実験室という人工的環境のなかで，動く鳥の模型や機関車を見せると，これらに対しても追従行動が生じることが示されている．また，このような追従行動が起こりやすいのは，ふ化後，17時間ごろであり，24時間以上経過した後にはほとんど生じない臨界期のあること，刻印づけは，対象を一度見ただけで生じること，一度刻印づけが生じたら消去できないことなど，後で述べる学習の過程とは明らかに異なる特徴を

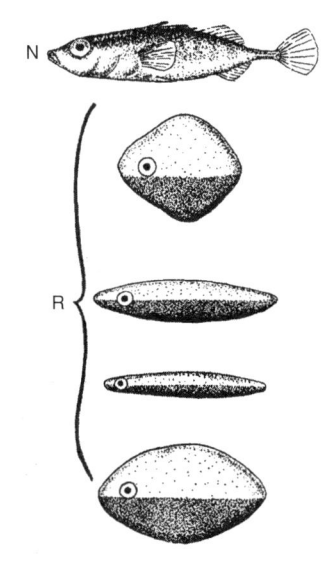

図2-1 トゲウオの攻撃行動を誘発する刺激特性を明らかにした実験で用いられた模型．下部を赤く塗られた模型はすべて攻撃行動を引き起こした．Tinbergen (1950) より．

持っている．また，追従行動そのものが，後で述べるような，行動を強める働き（第4章「強化の概念」参照）を持つことも明らかになっている．

◎学習心理学

　機能主義心理学は，適応，環境と生活体の相互作用などの新しい見方を心理学に取り入れ，心的活動（意識）の生物学的機能を重視した．この考え方の中から学習の問題が取り上げられるようになっていった．また，機能主義心理学は，後にワトソンの行動主義を生む母体になったというだけではなく，心理学の研究対象をヒト以外の動物や幼児，障害者などに広げ，動物心理学，発達心理学，臨床心理学など，今日の心理学の多様性を生んだという点で重要である．

初期の学習研究は，ソーンダイク，クライン（Kline, L. W.）の問題箱実験やスモール（Small, W. S.）の迷路実験から始まった．さらに，ヤーキス（Yerkes, R. M.）は，この迷路実験をカニ，ザリガニ，カエル，カメについて，また，ソーンダイクも迷路実験を魚やヒヨコに対して行っている．ソーンダイクの問題箱実験については，第4章行為の原理で触れるので，ここではクラインとスモールのネズミを用いた実験について見てみよう．

　クラインは，ソーンダイクの問題箱に類似した問題箱を考案した．この装置は，ソーンダイクの問題箱とは異なり，ネズミが外側から仕掛けを外して内部に置かれた餌を獲得するものであった（図2-2）．

　一方，スモールは，ネズミの実験を行うに当たって，英国のハンプトンコートにある生け垣で作られた迷路を模した装置を考案した．この装置は，図2-3から明らかなように，たくさんの選択点からなるもので，各選択点では，ネズミは，右に行くか左に行くかを決めなければならなかった．正しい選択の結果は，次の選択点に導かれ，正しい選択を続けていけば，最後には，餌の置いてある目標地点に到達することができた．一方，誤った選択は，行き止まりとなってしまうので，反対側へもどらなければならなかった．彼はこの実験の結果を以下のように記述している．

　「この装置に置かれた空腹なネズミは，最初は，動きが不確かで，偶然に餌を食べることができたが，やがて走行の早さや確からしさに示されるように，知識の確実性，あるいは，選択点で見られる逡巡・躊躇からも選択点の認識が徐々に増加していくことがわかる」（Small, 1901）．この記述に見られるように，結果の記述は，主観的かつ擬人的である．

　この例のように，この時期の研究は，実験手法としては，洗練された方法

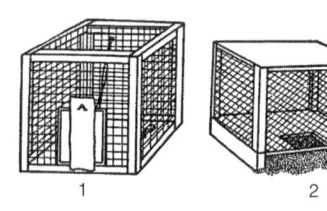

図2-2　クラインが用いた実験箱．被験体は実験箱の外から仕掛けをはずすか（問題箱1），地面に穴を掘って（問題箱2），中の餌を食べることができた．Warden et al. (1934) より．

を開発していたといえるが，なお動物の行動観察とその行動を可能にする心的操作を内観にもとづいて類推するという方法を残していたといえる．ただ，後で述べるように，ソーンダイクの研究は，むしろこのような方法とは異なる行動的方法であった．

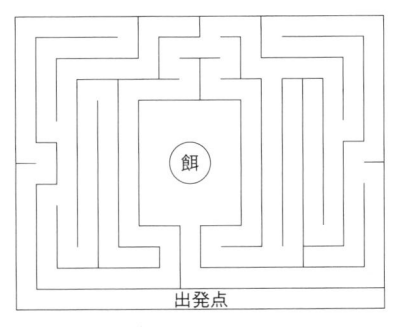

図2-3　スモールが用いたネズミ用迷路装置の平面図．お手本となったのは英国ハンプトンコートにある生け垣で作られた迷路である．Small (1901) を改変．

この時期にアメリカの大学は，1898年クラーク大学（クライン），1899年ハーバード大学（ヤーキス），1903年シカゴ大学（ワトソン）など動物実験室を開設していったのである（Warden, Jenkins, & Warner, 1934）．

◎20世紀中葉までの学習研究

20世紀初頭から中葉（1950年代）にかけて，学習の研究は，心理学の中心課題のひとつとなり，学習の原理の確立，様々な学習理論の提案など，きわめて多産であったといえる．この時期は，序章で述べたように，ワトソンの行動主義から次の，ガスリー，ハル，トールマン，スキナーらの新行動主義の時代に当たる．この時期の最も重要な業績は，パヴロフの条件反射とは異なる条件づけの発見とその定式化，すなわち，初期には，Ⅰ型とⅡ型として，後に，レスポンデント条件づけ（反射の原理）とオペラント条件づけ（行為の原理）として2つの条件づけの区別が確立したことであろう（Skinner, 1937）．さらに，学習の理論についての様々な提案と論争は，現代心理学の諸潮流へとつながるきっかけとなった（序章「新行動主義」参照）．

この時期の学習研究の特徴は，理論的側面については，**連合論の偏重**，**行動の2分観**（不随意的行動と随意的行動の区分），方法論的側面については，**生物学的側面の軽視**を挙げることができる（佐藤，1982）．連合論の偏重は，

パヴロフやソーンダイクの研究に見られる刺激と刺激の連合（結合），刺激と反応の連合（結合）という考え方のなかに現れている．行動の2分観は，レスポンデント条件づけが自律神経系の反応，オペラント条件づけが体性神経系の反応であるとして両者を区別する考え方である．生物学的側面の軽視とは，個体の系統発生的側面と個体発生的側面を軽視することである．特に，この方法論的特徴は，この時期に学習理論の検証が重要なテーマとなったことと表裏一体をなしている．このような理論と方法論の特徴は，1960年代以降にはいくつかの新しい現象の発見によって深刻な反省を迫られることになる．

コラム

賢い馬ハンス

　1900年代初期に知能の高い馬ハンスのことが西欧で広く知れ渡ることになった．この馬は，元数学の教師だった飼い主の訓練（調教？）により簡単な計算ができるようになったからである．飼い主が計算問題を黒板に書くと，その答えを足で床をたたく回数で答えたのである．馬がこれほど知的能力を持つとは考えられなかったので，大きな話題になったのである．しかし，ハンスは，本当に特別な計算能力を持っていたのだろうかという疑問がわくであろう．この疑問を解いたのは，実験心理学の厳密な方法を用いてこの問題を検討した，ベルリン大学の大学院生オスカー・フングストであった．彼は，見学者を問題の答えを知っている群と答えを全く知らない群にわけ，ハンスの答え方を調べたところ，答えを知らない見学者の前では，正しく答えられないことが明らかになった．このことは，ハンスが実験者の気づかない，わずかな見学者の表情や動作の変化を読み取ることができた結果であることを意味している．

　このエピソードは，実験的方法の重要性とともに，動物に直接相対して実験を行う場合，実験者が意図しない手がかりを与える可能性に注意が必要であることを示唆している（Schultz & Schultz, 2000）．

◎現代の学習研究

　1960年代以降の学習研究の特徴は，新しい現象の発見や学習心理学の外部からの批判によってこれまでの伝統的な考え方に修正を加えていったことである．まず，新しい現象として，オペラント条件づけにより形成した行動が，強化子に対する本能行動に似た逸脱を示す**本能的逸脱**（Breland & Breland, 1961），強化スケジュール下の行動に付随して別の行動が増加するというスケジュール誘導性行動（Falk, 1971），オペラント条件づけにおいて，ハトに対して，キイに光を呈示し，続いて餌を呈示することを繰り返し行うと，やがてキイをつつくようになる**自動反応形成**（Brown & Jenkins, 1968），条件反射の形成において，条件刺激と無条件刺激の呈示間隔がかなり離れていても条件づけが成立する**味覚嫌悪学習**（Garcia, Ervin, & Koelling, 1966）などが挙げられる．これらの新しい現象は，理論的にも方法論的にも従来の考え方に反省を迫るものであった（佐藤，1982）．一方，学習心理学の外部からの批判として，認知心理学の誕生が挙げられよう．認知心理学は，単純なS－R連合という見方に対する批判として，外部からの情報の処理を扱う認知過程という考え方を主張した（Neisser, 1967）．また，行動生物学からは，生物学的側面の軽視に対する批判が行われた（Lorenz, 1965）．

　このような新しい現象の発見と学習心理学の外部からの批判により，学習の研究は，レスポンデント条件づけとオペラント条件づけの相互作用の研究（河嶋，1982），学習の生物学的制約の研究（津田，1982），条件性強化や強化スケジュール研究などの研究（第4章「間欠強化と強化のスケジュール」参照），レスポンデント条件づけにおける刺激―刺激間連合の新しい理論化の研究（第3章「レスポンデント条件づけの理論」参照），概念弁別（第5章「概念弁別」参照），人工言語習得や推論などのより高次の認知過程の研究（第5章参照）へと展開されて行くことになった．さらに，1980年代以降には，**採餌行動の実験室シミュレーション**という生物学との学際的研究や**行動経済学**という経済学との学際的研究が展開されるようになった（第6章参照）．また，高次認知過程の研究は，これまでの**比較心理学**（comparative psychology）と**進化心理学**（evolutionary psychology）を融合した**比較認知科学**という新しい研究分野へ発展している（友永, 2000；渡辺, 2000）．

コラム

動物の知能観

中島（1992）は，動物の知能について，私たちがどのように感じているかを明らかにするために，ヒトを100として霊長類からアメーバまでの60種類の動物について大学生に評定させた．その結果，知能の高さの序列は，生物学における系統発生の序列におおむね対応していたが，いくつかの興味深い知見も得られた．たとえば，ニホンザルがゴリラやオランウータンより高く評価されたこと，イヌとイルカが霊長類と同程度に評価されたこと，ものまね鳥や，アリやハチなどの社会性昆虫が他の鳥や昆虫よりも高く評価されたこと，などである．図は，知能の平均評定値と順位を示している．

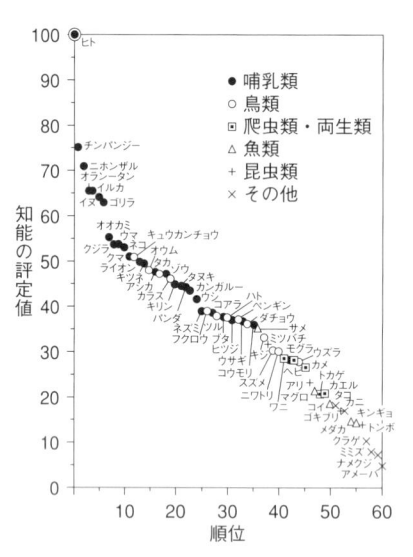

読書ガイド

- Boakes, R. *From Darwin to behaviourism:Psychology and minds of animals*. Cambridge University Press. 1984
  （宇津木保・宇津木成介（訳）『動物心理学史』誠信書房　1990）
  心理学における動物実験の黎明期から行動主義のもとで主要な研究領域として確立するまでの歴史を概説している．

- 長谷川真理子『生き物をめぐる 4 つの「なぜ」』集英社新書　2002
  生物学における 4 つの問いを鳥のさえずり，子育てなどを例に分かりやすく解説している．

- 黒田 亮『動物心理学』三省堂　1936
  動物の感覚・知覚研究から学習の問題まで扱った我が国で最初の動物心理学の概説書．内容は，上記の「動物心理学史」が扱っている時期の研究にもとづいている．

- 田中良久『動物心理学』共立出版　1956
  黒田の概説書以降の研究成果，特に行動生物学の研究成果が盛り込まれている．

- Tinbergen, N. *The study of instinct*. Oxford University Press. 1950
  （永野為武（訳）『本能の研究』三共出版　1959）
  本能行動の研究，特にティンバーゲン自身の野外実験の成果を多くの図版とともに分かりやすく解説している．1940 年代の行動生物学の到達点を知ることができる．

（ボークスと長谷川の本を除く他の本は，現在では絶版となっているが，インターネットの古書サイトを丹念に探せば見つけることができる）

課題2-1：擬人論とモーガンの公準について説明しなさい．

課題2-2：生得的解発機構の働きについて説明しなさい．

第3章 反射の原理

私は対象を純客観的に外側から，ある瞬間どういう刺激が動物に加えられ，それにひきつづいて刺激にたいする応答として，動物が何を運動や分泌（私の実験の場合がそうであるが）の形で表現するかを正確に記述して研究を進めようと決心した．

——I. P. パヴロフ
「大脳半球の働きについて：条件反射学」より

あるとき，生理学者パヴロフは，イヌを用いた消化腺の研究を行う中で，食物が口中に入っていないにもかかわらず，飼育係の運んでくる餌皿が触れあう音を聞くだけで，イヌがだ液を分泌することに気がついた．パヴロフの慧眼は，新しい反射の形成という事実のもつ重要性を見逃さなかった．彼は，直ちに，この新しい反射形成の研究に取りかかったが，それは，学習の研究というよりは，むしろ新しい反射形成を手がかりにした脳の研究であった．このことは，彼の条件反射研究を集大成した著作「条件反射」（1927年）の内容を見れば明らかである．しかし，彼の研究目的が脳の研究にあったとしても，条件反射に関する研究の成果は，学習研究に大きく貢献した．

◎生得的反射の仕組み

　ヒトや動物は，生まれつき（生得的）の反射の仕組み（反射機構）を持っている．たとえば，口中に食物が入れば，だ液が分泌されることや，明るいところに出ると，瞳孔が収縮することなどは，反射の仕組みの働きによるものである．このような反射を**無条件反射**（unconditioned reflex; UR），反射を誘発する刺激を**無条件刺激**（unconditioned stimulus; US）とよぶ．**誘発**（elicit）という言葉を用いるのは，この反射が受動的かつ自動的に引き起こされるからである．

　無条件反射のひとつに**驚愕反射**や**定位反射**がある．たとえば，動物に突然大きな音刺激を呈示すると動物が驚く．さほど大きくないときは音源に顔を向ける．前者は驚

図3-1　Ivan. P. Pavlov (1849-1936) スキナー所有のパヴロフ直筆サイン入り写真．

愕反射，後者は定位反射の例である．このような驚愕反射や定位反射を利用して情動条件づけや聴覚閾の測定を行うことができる．しかし，同じ音を繰り返し呈示し続けると，やがてこれらの反射（反応）は変化する．この変化には，2つの正反対の反応傾向が区別される．ひとつは，刺激を繰り返し呈示することで反応傾向が高まる現象を指す**鋭敏化**（sensitization）であり，もうひとつは，逆に，刺激を繰り返し呈示することで反応傾向が弱まる現象を指す**馴化**（habituation）である．この2つの現象は，適応という観点から個体にとって危険な状況を知らせ，それに対処する準備をさせるという点で重要である．また，その刺激が個体にとって危険なものではないことがわかれば，もはや刺激に対して反応する必要もなくなり，個体にとって無駄な反応をしないようにさせるという意味がある．日常場面の例で考えてみよう．寝ているネコの前で，手を打ってみると，ネコは目をさまし，身構える．続けて手を打っていくと，ネコは再び寝てしまう．つまり，ネコは，手を打つ音がそのネコにとって危険ではないことがわかったので，馴化が起きたのである．もし，ネコを目覚めさせようと考えたら，別の音を立ててみればよい．たとえば，ヤカンをたたいてみると，ネコは再び目を覚ます．この現象のように，馴化が特定の刺激に限定されることを**刺激特定性**という．この後，再び手を打ってみると，ネコは身構える．これはヤカンを打つという新奇な刺激により手を打つことに対する馴化が壊されるという意味で**脱馴化**（dishabituation）という．

コラム

定位反射を用いた聴感度曲線の測定

絶滅危惧種に指定されている日本の猛禽類の聴覚特性，特に，聴感度曲線を測定するために音の呈示に対する定位反射を利用する試みが行われている（Yamazaki, Yamada, Murofushi, Momose, & Okanoya, 2004）．山崎らは，音呈示に伴う様々な反応（定位反射を含む）をビデオに収録し，

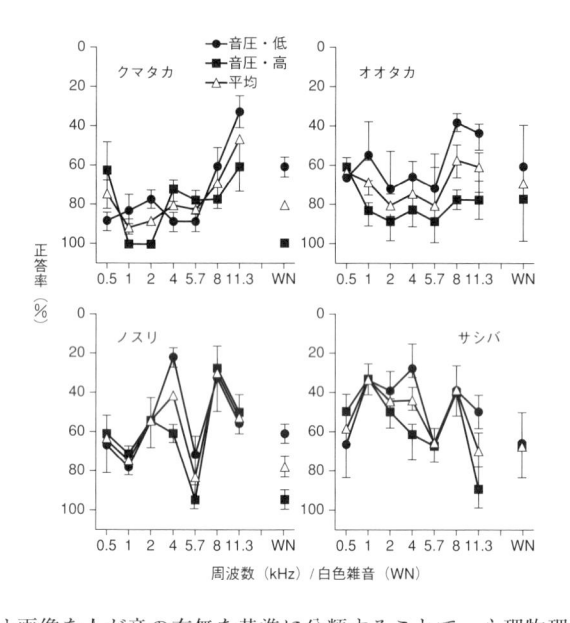

ビデオ画像を人が音の有無を基準に分類することで，心理物理学的判断を行うという新しい方法を考案した．この方法では，動物園で飼育されている猛禽類4種類（クマタカ，オオタカ，ノスリ，サシバ）に対して，0.25kHzから11.3kHzの範囲で9種類の純音と白色ノイズを2種類の音圧で呈示した．音刺激呈示時の被験体の定位反射，その他の動きをビデオで収録した．収録されたビデオ画像を3人の判断者に視覚的に音の有無を分類させた．この結果，縦軸に正答率，横軸に周波数をとってデータをプロットすると，クマタカとオオタカでは，すでにデータのある猛禽類の聴感度曲線（オーディオグラム）と類似した曲線が得られた．ここからクマタカとオオタカは，1kHzから5.7kHzの範囲の音が最もよく聞こえていることがわかった．しかし，ノスリとサシバでは，このような曲線は得られなかった．この方法は，容易に飼育できない希少種を，条件づけの様々な操作にさらすことなく扱えるという点で優れている．

◎条件刺激と条件反射

　図3-2は，パヴロフの用いた実験装置を示しているが，イヌを架台に軽くつなぎ，イヌのほおに開けた穴から管を通して，分泌されただ液をカイモグラフ（記録装置）に導くようになっている．この装置では，だ液の分泌量を正確に測定することができる．イヌの目の前には食物の入った餌皿が置かれている．

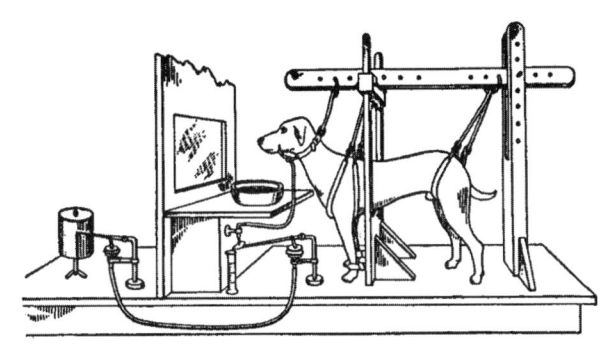

図3-2　イヌを被験体としたレスポンデント条件づけ実験のための装置．イヌの前に食物を置き，誘発されるだ液分泌を定量的に測定するために，だ液を口中から導出するための管とその先に設置された記録器（カイモグラフ）．Yerkes & Morgulis (1909) より．

　パヴロフの実験室で行われた典型的な条件反射形成の手続きでは，上に述べた反射の仕組み（反射機構）を前提に，新しい，本来無条件反射を誘発する働きを持たない中性刺激（たとえば，メトロノームの音）を導入する．この刺激を無条件刺激（食物）と対にして繰り返し呈示する．1回の対呈示を1 **試行**（trial）として，試行と試行の間に一定の時間間隔を設ける．これを **試行間間隔**（intertrial interval: ITI）という．その後，テストとして，メトロノームの音だけを聞かせると，この音に対してだ液分泌が誘発される．これを **条件反射**（conditioned reflex; CR）とよぶ．この時，メトロノームの音は，反射を誘発する **条件刺激**（conditioned stimulus; CS）となったのである．このようなCSとUSの対呈示という操作，またはこのような操作の結果，CSにより反射が誘発される事実を条件反射の形成または **レスポンデント条件づけ**

(respondent conditioning) とよぶ．レスポンデントとは，応答という意味で，この条件づけの，刺激により誘発されるという受動的な性質を表現するものとしてスキナーにより命名されたのである．条件づけられた反応の強さ（反応強度）は，だ液分泌量や回数あるいは条件刺激呈示から反応が起きるまでの時間的遅れ（反応潜時）により表される．分泌量や反応回数は，多いほど，反応潜時では，短いほど反応が強いことを表している．

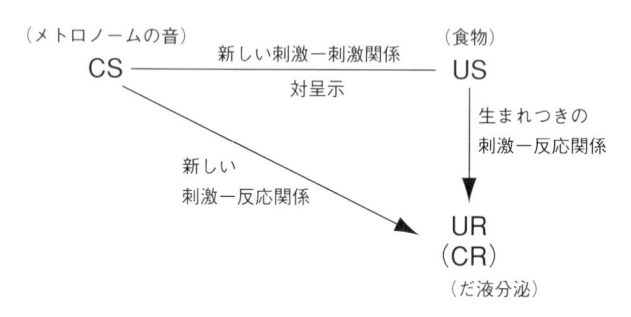

```
         （メトロノームの音）              （食物）
                  新しい刺激―刺激関係
         CS ─────────────────── US
                     対呈示
                                        │ 生まれつきの
              新しい                     │ 刺激―反応関係
            刺激―反応関係                 ▼
                      ╲               UR
                       ╲              (CR)
                                    （だ液分泌）
```

図3-3　条件反射形成の模式図．

　図3-3は，条件反射成立の模式図を示しているが，この条件づけは，生まれつき（生得的）の刺激―反応関係（US→UR）をもとに，新しい**刺激―刺激関係**（CS-US）を作ることなのである．この新しい刺激―刺激関係の成立は，新しい刺激―反応関係（CS→CR）の成立によって確かめられる．

　パヴロフは，条件反射の研究にイヌを用いたが，イヌ以外の動物を用いた実験例として，ハトの条件反射形成の研究を紹介しておこう．小美野・渡辺・伊藤・高田（1973）は，条件反射の生理学的過程を調べる研究の中で，単発閃光をCS，炭酸ガスをUS，呼吸をURとして，**痕跡**（trace）条件づけの手続きを用いてCSとUSの対呈示を行った．痕跡条件づけとは，CSの呈示終了後しばらく時間が経過してからUSが呈示される手続きであり，いわばすでに終了しているCSの痕跡とUSが対呈示されるという意味で痕跡条件づけとよばれる．その結果，単発閃光のみ呈示のテスト試行で，呼吸の変化が明瞭に認められた．図3-4の3のテスト試行で，呼吸（V）に，対呈示における無条件

反射と似た反射が起きていることがわかる．IIとIIIは脳波の，VIは心拍の記録である．

このような条件反射の形成は，イヌやハトだけではなく，ゾウリムシのような原生動物からヒトやサルなどのほ乳類まで生物全般に認められる．また，条件づけられる反応もだ液分泌や心拍だけではなく，皮膚抵抗反射（galvanic skin reflex: GSR），筋肉運動や情動など様々である．

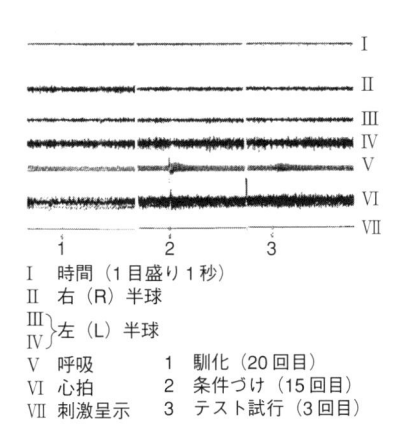

```
I   時間（1目盛り1秒）
II  右（R）半球
III
IV  左（L）半球
V   呼吸     1 馴化（20回目）
VI  心拍     2 条件づけ（15回目）
VII 刺激呈示  3 テスト試行（3回目）
```

図3-4 ハトの呼吸をURとした痕跡条件づけの結果．小美野ら(1973)より．

◎CSとUSの時間関係

条件反射の形成には，CSがUSに時間的に先行することが必要である．この関係が逆になった場合には，条件づけは困難である．ただし，最近の研究によれば，この条件づけの手続きでも，若干の学習が生じる場合のあることがわかってきている（漆原, 1999）．この手続きを**逆行**（backward）条件づけとよぶ（図3-5参照）．また，中性刺激とUSの対呈示を強化とよぶが，後で述べる行為の原理における強化とは異なることに注意が必要である．

CSとUSの対呈示を止めて，CSのみを呈示し続けると，やがてだ液分泌は，起こらなくなる．この事実を**消去**（extinction）という．しかし，消去された反応は，完全になくなったわけではない．休止期間をおいて，再びCSを呈示すると，反応がある程度回復するからである．これを**自発的回復**（spontaneous recovery）といい，消去された反応は抑制されていることを示している．このことから，パヴロフは，条件づけが脳のなかで生じる興奮過程と抑制過程の産物であると考えるようになった．

条件づけの成立には，CSがUSに時間的に先行することだけではなく，CSとUSとの時間的関係も重要である．パヴロフの実験では，最適なCSとUSと

の時間間隔は，0.5秒から数十秒とされていたが，ガルシア（Garcia, J.）は，この時間間隔が1時間以上になっても条件づけが成立することを見いだした．彼は，ネズミに新奇な味を添加した水（CS）を飲ませてから，75分後にアポモルフィンを注射（US）し，身体的な不快状態（UR）を生じさせた．このような経験をしたネズミは，新奇な味を添加した水を避けるようになったのである（Garcia et al., 1966）．このような条件づけは，**味覚嫌悪学習**（taste aversion learning）とよばれているが，食物の好き嫌いには，このような条件づけが関与している可能性がある（第8章参照）．

◎**条件反射形成の様々な手続き**

　パヴロフは，先に述べた痕跡条件づけと逆行条件づけ以外に，**同時**（simultaneous）**条件づけ**，**延滞**（delay）**条件づけ**，**時間**（temporal）**条件づけ**，**分化**（differential）**条件づけ**など様々な条件づけの手続きを考案した．図3-5に示すように，これらは，CSとUSの時間的関係により区別される．同時条件

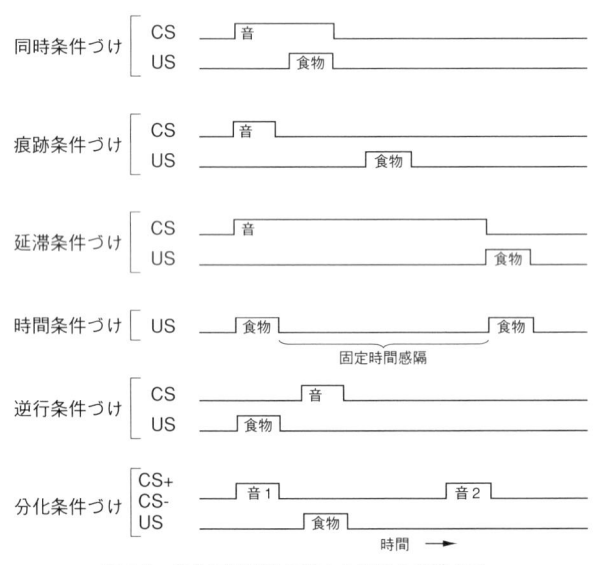

図3-5　条件反射形成の様々な手続きの模式図．

づけでは，この模式図にあるように，CSとUSが重なっているが，重なっていなくとも，CSの呈示終了から5秒以内のUS呈示であれば，同時条件づけに分類することもある．延滞条件づけでは，CSの呈示からUSの呈示までが比較的長くかつUSが呈示されるときには，CSが呈示されていて，CSとUSが同時に終了する場合から，CSが呈示されていて先にCSが終了する場合，さらにすでにCSの呈示は終了している場合まで様々である．時間条件づけは，時間経過がCSとなり，一定時間間隔後にUSが呈示される．逆行条件づけを除くいずれの手続きでもCSはUSに先行することが必要である．分化条件づけは，2種類の音のうち，音1（CS+）には，食物（US）を対呈示し，音2（CS-）に対しては対呈示しないという手続きである．この手続きは，2つの刺激を区別させる場合に用いられる．

◎**対呈示の随伴関係と統制条件**

対呈示という操作は，上に述べた模式図に示されているように，CSとUSの様々な時間的関係のもとで行われているが，これらはCSとUSの随伴関係という用語で表すことができる．この随伴関係を整理した形でまとめてみると，図3-6に示したように，CSの有無とUSの有無という2×2の表（分割表）になる．図3-6中のa, b, c, dはそれぞれ単位時間あたりの生起頻度を表している．たとえば，aは，CSとUSがともに呈示される頻度，bはUSが呈示されないときのCSの呈示頻度を表すのである．厳密な意味で対呈示というのは，aの部分を指している．aの部分の確率（相対頻度）は，$a/(a+b)$で表される．一方，cの部分

	US	no US
CS	a	b
no CS	c	d

$P(US|CS) = \dfrac{a}{a+b}$
$P(US|noCS) = \dfrac{c}{c+d}$
$\Delta P = P(US|CS) - P(US|noCS)$
$= \dfrac{a}{a+b} - \dfrac{c}{c+d}$

図3-6　CSとUSの随伴関係．

の確率は，$c/(c+d)$ で表される．これらの確率の差分（Δp）が大きいほど条件づけは成立しやすくなる．

　この条件づけは，このようなCSとUSの相対的な随伴関係により決まる．つまり，CSとUSの随伴性は，CSが呈示されるときのUSの生起確率（$p(US|CS)$）とCSが呈示されないときのUSの生起確率（$p(US|noCS)$）との相対的な関係として定義される．前者の確率が後者の確率よりも大きい場合を正の随伴性といい，CSがUSを予測するので，**興奮性条件づけ**（excitatory conditioning）が成立する．一方，前者の確率が後者の確率より小さい場合を負の随伴性といい，CSがUSの来ないことを予測するので，**抑制性条件づけ**（inhibitory conditioning）が成立する．それぞれの条件づけの程度は，これら2つの確率により決まることになる．両者の確率が等しい場合には，条件づけは成立しない．この場合が条件づけにおける**正しいランダム統制手続き**（truly random control procedure）であり，この条件下での条件づけを基準として条件づけの成立・不成立を評価することになる（Rescorla, 1967）．

　図3-7は，CSとUSの随伴性を条件付き確率の空間，すなわち随伴性空間上に表したものである．図の縦軸は，$p(US|CS)$ を，横軸は，$p(US|noCS)$ をそれぞれ表している．傾き45度の直線（対角線）は，ランダム統制手続きを表している．この対角線を境に上側は，正の随伴性を，下側は，負の随伴性を示すことになる．たとえば，図中のC点は，$p(US|CS)=0.5$，$p(US|noCS)=0.75$ の場合を表している．A点は，$p(US|CS)=1.0$ かつ $p(US|noCS)=0$ なので，条件づけは成立するであろう．B点は，対角線上にあり，$p(US|CS)=1.0$ であるが，$p(US|noCS)=1.0$ な

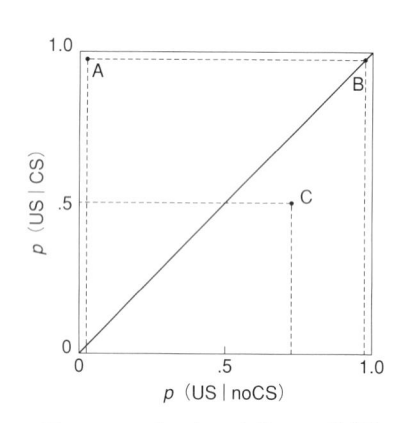

図3-7　レスポンデント条件づけの随伴性空間．すべてのレスポンデント条件づけはこの空間上の1点として表現される．Catania (1998) を改変．

ので，条件づけは成立しないと考えられる．
　このように，すべての条件反射形成の手続き（条件づけ）は，このCS―US随伴性空間上の1点として表すことができるのである．

◎条件反射の分化と般化
　複数のCSを区別させるには，分化条件づけを用いる．たとえば，音の周波数次元の刺激として，1000Hzの純音（CS+）を食物（US）と対呈示し，2000Hzの純音（CS-）には食物を呈示しないという分化条件づけの手続きをイヌに適用した後，テストとしてこの2つの刺激を呈示すると，イヌはCS+（1000Hz）に対してのみだ液を分泌することが確認される．この事実を，2つの刺激を区別できたこと，すなわち**条件反射の分化**または**レスポンデント弁別**という．CS+に対する反応は，興奮性過程を，CS-に対して反応が生じないのは，抑制性過程を表していると考えられる．また，このテスト時に，さらに周波数次元の新しい複数の刺激（たとえば，500Hz, 800Hz, 1500Hz）を加えて呈示してみると，CS+（1000Hz）を中心として，1000Hzから物理的に離れるにしたがってだ液分泌量の減少が認められる．この事実を**刺激般化**（stimulus generalization）という．

◎複合条件づけ
　条件反射形成（条件づけ）とは，新しい刺激と刺激の連合ができあがることであるが，刺激と刺激が結びつくのは，実験者の呈示するCSとUSに限定されるとは限らない．たとえば，イヌにとって，図3-2の実験装置それ自体がだ液分泌を誘発する場所（文脈）となっているので，CSの働きに何らかの形で影響する可能性がある．このような刺激のことを，刺激―刺激随伴性が働く機会を設けるという意味で，**機会設定刺激**（occasion-setter）ということがある．この刺激は，CSになるわけではないが，レスポンデント条件づけにおける刺激―刺激随伴性が作る刺激の働きのひとつである．
　2つ以上のCSを用いた条件づけでは，CS間の相互作用が問題になる．こ

のような条件づけを**複合条件づけ**（compound conditioning）という．たとえば，強い音と弱い光を同時に呈示してUSとしての食物と対呈示した後，強い音と弱い光を別々にテストすると，音に対しては大きなだ液分泌が誘発されるが，弱い光にはほとんどだ液分泌は誘発されない．この事実は，強い音が弱い光を**隠蔽**（overshadowing）した結果であると解釈できる．一方，あらかじめ条件づけられた光と同時に，過去に条件づけられたことのない音を呈示すると，新たなCSである音に対する条件づけは成立しない．この事実は，先に条件づけられた光が音への条件づけを**阻止**（blocking）した結果であると考えられる．これらの現象は，いずれも刺激間の相互作用の結果として生じているのである．図3-8は，隠蔽と阻止の現象を確認するための実験手続きを模式図で表したものである．CSとして音と光，USとして電気ショック（電撃）を用いた場合の例である．

具体的な実験として，カミン（Kamin, L. J.）の行ったネズミを用いた**条件性抑制**（conditioned suppression）の実験を見てみよう．最初に，第4章行為の原理で述べる実験箱において，ネズミにレバーを押させる訓練を行い，これをベースラインとした．ネズミのレバー押し反応が安定したら，光をCS，電気ショックをUSとした延滞条件づけ（CSの呈示時間は3分，USの呈示時間

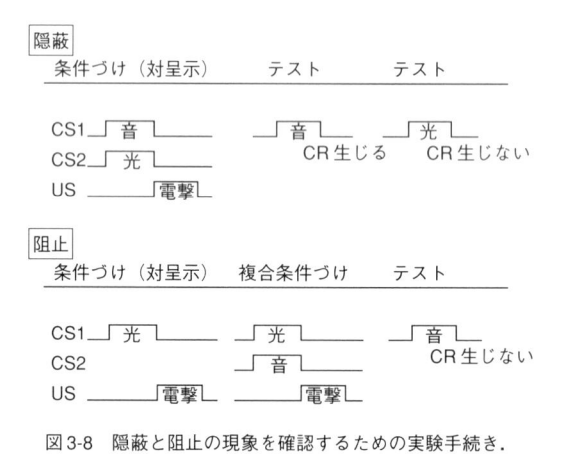

図3-8 隠蔽と阻止の現象を確認するための実験手続き．

は，0.5秒）を行った．次に，光と音をCSとした複合条件づけを行い，最後に，音のみを呈示するテスト試行を行った．条件づけが成立すると，ネズミのレバー押し反応は抑制されることから，条件性抑制とよばれるのである．音と光に対してレバー押し反応がどの程度抑制されるかを見ると，音に対しては，反応抑制の程度は小さいことが認められた（Kamin, 1969）．つまり光（CS1）が音（CS2）に対する条件づけを阻止したのである．

◎感性予備条件づけと高次条件づけ

　CSとして音や光を用いる例を挙げてきたが，これらはUSとしての働きはないのだろうか．たとえば，あらかじめ音に光を対呈示した後，光と食物（US）を対呈示した条件づけを行うと，USと直接対呈示しなかった音に対してもだ液分泌（CR）が生じる．この事実を**感性予備条件づけ**（sensory preconditioning）という．これと逆の順序で条件づけを行うと，新しい条件づけが成立する．たとえば，音をCS，食物をUSとした対呈示により条件づけが成立した後，新しい刺激，光をCSとし，音をUSとした対呈示を行うと，この光にもだ液分泌が生じるようになる．これを**2次条件づけ**（second-order conditioning）という．したがって，最初の条件づけは，1次条件づけということになる．このような条件づけは，理論上n次まで考えられるので，この手

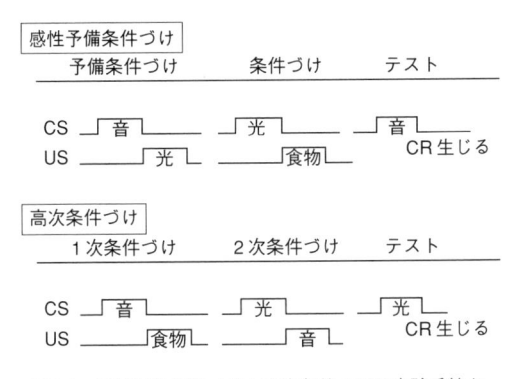

図3-9　感性予備条件づけと高次条件づけの実験手続き．

続きを**高次条件づけ**（higher-order conditioning）とよぶ．図3-9は，感性予備条件づけと高次条件づけの実験手続きを模式図で表したものである．

◎情動条件づけ

　私たちは，「梅干し」という言葉を聞くだけで，だ液が分泌される．これは，上に述べてきたように，レスポンデント条件づけの結果であるが，この他にも，怒りや恐れなどの情動反応も条件づけられることが知られている．

　たとえば，ワトソンは，経験を通して獲得される情動の例示として，幼児に**情動条件づけ**（emotional conditioning）を試みた．幼児に白ネズミ（CS）を見せると，手を伸ばして触ろうとする．その時，背後で大きな音（US）を立て，幼児を驚かせる（UR）．このような体験をした幼児は，白ネズミを見ると後ずさりして，避けようとした（CR）．この事実は，驚愕反応が白ネズミに条件づけられたことを意味している．この条件づけは，白ネズミと大きな音の対呈示というレスポンデント条件づけにもとづいている．さらに，この条件づけられた驚愕反応は，白ネズミだけではなく，白いウサギやサンタクロースの白い髭にも般化することが示されたのである（Watson, 1930）．

◎レスポンデント条件づけの理論

　レスポンデント条件づけとは，CSとUSとの連合であるが，CSがどの程度USの到来を予測できるかに依存している．レスコーラ（Rescorla, R. A.）は，先に述べたCSとUSの随伴関係により条件づけの程度が決まるとする考え方，すなわち**随伴性モデル**を提出した（Rescorla, 1967）．しかし，複合条件づけに見られるCS間の相互作用，すなわち隠蔽や阻止という現象を説明するには，より精緻な理論が必要なことは明らかであった．このため，レスコーラとワグナー（Wagner, A.）は，CSの持つ情報価という観点から新しいモデルを提案した．これが**レスコーラ・ワグナーモデル**である（Rescorla & Wagner, 1972）．このモデルは，簡単にいうと，被験体のUSに対する予期に比較して実際に起きたことが大きければ，興奮性条件づけが成立し，逆に，予期していたもの

よりも小さければ，抑制性条件づけが成立すると考える．また，予期と同程度のことが生じた場合には，学習はそれ以上生じないと考えるのである．つまりこのモデルでは，CSのUSに関する情報価により条件づけが決まることになる．

　レスコーラ・ワグナーモデルから隠蔽と阻止の現象がどのように説明できるかを見てみよう．簡単のために，USの効力を全体で100としてみよう．音と光の複合条件づけでは，音と光が同程度の強さであるとすると，それぞれの学習量は50になる．しかし，先の例のように，強い音と弱い光の場合には，たとえば，音の学習量は70，光の学習量は30となるであろう．これが，隠蔽という現象になるのである．一方，阻止の現象の場合は，最初の光の条件づけにより，光に対する学習量は100近くになるであろう．次に，光と音の複合条件づけを行っても，すでに光の学習量は，100に近いと考えられるので，音に対して学習は生じないのである．

　このモデルから新たに導出された予測に**過剰予期効果**（overexpectation effect）がある．これは，光と音をそれぞれ単独で条件づけた後，これらの複合条件づけを行い，光と音をそれぞれテストすると，以前の単独の条件づけにおける反応（CR）よりも小さくなることである．レスコーラ・ワグナーモデルによると，複合条件づけのときに，2つのCSが予期するUSは実際の2倍という，実際よりも予期の方が大きいという予期過剰状態になっているので，2つのCSの合計が100になるように各CSの学習量は小さくなると考えるのである．

　レスコーラ・ワグナーモデルは，実際には，数量的予測を行うことができるが，数式は差分方程式の形をとっているので，初級・中級編のレベルを越えている．このため，ここではこれ以上立ち入らないが，その詳しい定式化については，Mazur（1994）や今田（2003）の解説を参照してほしい．

読書ガイド

- 林 髞『条件反射（第3版）』岩波全書　1951

  条件反射研究の日本における第一人者林髞氏の慶應義塾大学医学部生理学教室を中心とした条件反射研究をまとめたものである．当時の日本における研究の状況がよくわかる．

- 今田 寛(監修) 中島定彦(編)『学習心理学における古典的条件づけの理論：パヴロフから連合学習研究の最先端まで』培風館　2003

  レスポンデント条件づけ研究の現在の到達点を解説している．関西学院大学心理学研究室の伝統から生まれたレベルの高い研究書といえる．

- 実森正子・中島定彦『学習の心理：行動のメカニズムを探る』サイエンス社　2000

  レスポンデント条件づけについて幅広い解説がある．

- 新美良純・白藤美隆『皮膚電気反射：基礎と応用』医歯薬出版　1969

  皮膚電気反射研究の日本における第一人者新美良純氏の研究をまとめたもの．嘘発見器（ポリグラフ）を始めとする応用研究についても解説がある．

- Pavlov, I. P. *Lectures on conditioned reflex*. NewYork: International Publishers.　1928
  （川村 浩(訳)『大脳半球の働きについて：条件反射学(上・下)』岩波文庫　1978）

  条件づけ研究の古典のひとつである．パヴロフの行った条件反射研究の具体的内容がよくわかる．今日の学習に関するほぼすべての基礎的事項を扱っていることに驚かされる．

課題3-1：条件反射形成（レスポンデント条件づけ）における強化について説明しなさい．

課題3-2：条件反射形成（レスポンデント条件づけ）における刺激間の相互作用について述べなさい．

第4章 行為の原理

「ヒルガードが心理学紀要に載せた私の著書『有機体の行動』についての評論を読んで，あなたの研究と私の研究が同じ流れにそったものであることに，私自身まったく認識不足であったことに気がつきました．．．．．．私は，あなたの問題箱実験を行っていたにすぎなかったのに，そのことについて著書の中で全く触れていませんでした」

——スキナーがソーンダイクに宛てた手紙より

レスポンデント条件づけにおける反応は，だ液分泌や瞬きという末梢的かつ部分的なものであり，また刺激により誘発される受動的なものであったが，動物の行動や私たちの日常行動は「**行為**」という言葉で表される中枢的，全体的なものであり，環境に働きかける自発的かつ能動的なものといえる．このような「行為」とよばれる行動は，どのように形成・維持されるのであろうか．

◎ソーンダイクの先駆的研究

　この問いへの回答を最初に試みたのは，ソーンダイクであった．彼は，1898年に，ネコやイヌ，あるいはヒヨコを被験体とした実験の結果をまとめた学位論文「動物の知能：動物における連合過程の実験的研究」を公刊したが，これは，**ソーンダイクの問題箱**（puzzle box）としてよく知られた実験装置を用いた研究であった．この装置には，いくつかの仕掛けが設けられており，それらを一定の順番で外すことで，最終的に問題箱の扉が開くことになっていた．空腹のネコを問題箱に入れ，扉の前に餌皿を置いておくと，ネコは，箱から出ようとして，最初はでたらめに動き回るが，偶然仕掛けが外れて，箱の外に出られることも起こる．餌を食べたら，再び問題箱に入れ，外に出るまでの時間を測定する．これを繰り返していくと，やがてネコは，順番に仕掛けを外して外に出られるようになり，学習が成立する．図4-1は，問題箱の一例（問題箱K）を示している．

　この問題箱では，ネコが外へ出るには，ペダルを踏む反応，ひもをひく反応，バーを上または下に押すという反応の3つを行わなければならなかった．最初，反応は，でたらめに生じるが，やがて規則的かつ迅速に起きるようになる．この過程が学習であり，この過程を，縦軸に問題箱から出るまでに要した時間（所要時間），横軸に訓練試行数をとり，分かりやすい形で示したものが図4-1の**学習曲線**（learning curve）である．訓練試行とともに，問題

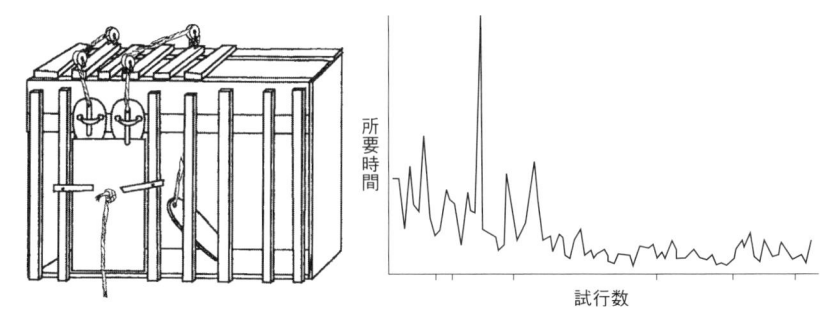

図4-1 ソーンダイクの用いたネコ用問題箱（K）とその問題箱におけるある個体の学習曲線．Thorndike (1911) を改変．

箱から出るまでの所要時間が短くなっていくことがわかる．ソーンダイクは，このような形で最初に学習曲線を示したが，同時に学習曲線の全体的なパターン，すなわち変化の仕方（オペラント条件づけに用いられる反応率の変化）にも関心を示していた．また，実験に先立ってネコを空腹にさせるという操作（動機づけ）を行っていたことも，後のオペラント条件づけ研究につながるものとして注目される．

ソーンダイクの扱った学習は，問題箱におけるネコの行動から，ロイド・モーガンによって**試行錯誤学習**（trial-and-error learning）と名付けられた．この場面では，行動が試行という単位により区切られ，試行と試行の間には行動を自発することができない．このような実験場面を**試行反応**（discrete-trial）**場面**とよぶ．

ソーンダイクは，後年，このような学習を「**効果の法則**（law of effect）」とよばれる行動の原理によって説明した．効果の法則とは，「**個体にとって満足がもたらされるような反応は，他の条件が等しいならば，その事態により強く結合する．したがって，再び動物がその事態におかれたならば，そのような反応は再び生じやすくなる**」というもので，事態と反応の結合（連合）が反応の結果により強められることを意味している．これは，後に述べるオペラント条件づけにおける強化の原理を別の言葉で表現したものといえる．しかし，このことが正しく認識されるには，スキナーによるオペラント条件づ

第4章 行為の原理　059

けの体系化まで，さらに四半世紀ほど待たなければならなかった．

◎スキナーによる行為の原理の体系化

　条件反射の枠組みから学習の研究を始めたスキナーは，やがて後に「スキナー箱」（ハルの命名による）とよばれるようになる新しい実験装置（実験箱）を考案する．図4-2にハト用実験箱の模式図を示す．ハトが背後から照明された円形の窓（キイ）をつつくと，給餌装置が作動し，餌が一定時間（通常3秒程度）食べられるような仕組みになっている．空腹なハトを実験箱に入れると，ハトは最初でたらめに動いて必ずしもキイをつつかないが，偶然キイをつつくと餌箱が呈示される．このようなことが何度か起きると，やがてハトはキイをつつくようになる．つまり，オペラント条件づけ（行為の原理）が成立したのである．この例のように，自発された反応に，餌の呈示を伴わせる（随伴させる）ことを**強化**（reinforcement）といい，キイをつつくと餌が呈示される仕組みを**強化随伴性**（contingencies of reinforcement）という．このとき，餌は，反応を強めるもの，つまり**強化子**（reinforcer）であるといえる．このように，自発された反応に強化子を随伴させる操作，または，そのような操作の結果，反応の起こりやすさ（生起頻度）が変化することを**オペラント条件づけ**（operant conditioning）とよぶ．

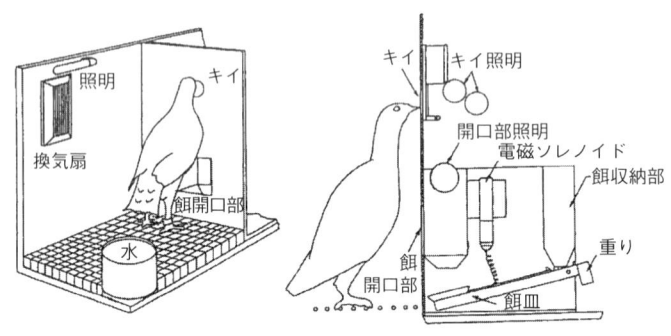

図4-2　ハト用オペラント実験箱とその側面図．前面パネルの裏側に刺激呈示用電球や強化子呈示用自動給餌器が設置されている．Ferster & Skinner (1957) を改変．

この実験装置は，行動を空間的な移動ではなく，時間的軸上で起こる出来事として捉える見方を具現化したものといえるが，ハトのキイつつきやネズミのレバー押しなどの自発反応は，時間軸上で起きる出来事である．したがって，オペラント条件づけでは，反応強度を，単位時間（たとえば，1分）当たりの反応数，すなわち，**反応率**（response rate）で表現する．また，時間軸に対して反応を累積的に表す方法を考案したことで，反応の起こり方の変化を時々刻々（on line and real time）記録することが可能になった．

図4-3　B. F. Skinner (1904-1990)

コラム

スキナーから日本に贈られた2つの実験箱

　戦後まもない1951年米国ハーバード大学スキナー研究室からハト用の実験箱とネズミ用の実験箱が日本に向けて送り出された．前者は慶應義塾大学へ，後者は東京大学へ送られ，その後の日本における本格的なオ

第4章　行為の原理　061

ペラント条件づけ研究のきっかけとなった．ハト用の実験箱は，当時米国で一般に使われていたアルミ製保冷庫（アイスボックス）の内部を区切り，キイつつき反応を検出するためのパネルとその背後に自動給餌器を置き，側面に換気用ファンを設置した防音仕様の装置であった．実験箱とは別に，木製本体の累積記録器も付属していた．写真は，実験箱と累積記録器を示している（慶應義塾大学心理学研究室提供）．なお，この装置を用いたハトのオペラント条件づけ実験の最初の報告は，小川・杉本（1953）によって行われた．

◎試行反応場面と自由反応場面

　上で述べた実験場面を**自由反応**（free-operant）**場面**とよび，自由反応場面の条件づけをオペラント条件づけという．先に述べたソーンダイクの問題箱を用いた実験のように，行動を，刺激呈示とその刺激に対する反応を1単位とする試行によって区切る**試行反応場面**の条件づけを，特に**道具的条件づけ**（instrumental conditioning）として区別することがある．この区別は単なる手続き上の相違にすぎないようにも見えるが，行動への影響が異なることが明らかになっているので重要である．

　Hachiya & Ito(1991)は，ラットを用いた継時弁別場面（「継時弁別と同時弁別」参照）において，試行反応手続きと自由反応手続きの弁別行動形成に及ぼす影響を検討した．試行反応手続きでは，正刺激または負刺激と同時にレバーを呈示し，レバー押し反応が起きると同時に刺激を停止し，レバーを引っ込め，試行間間隔に入った．一方，自由反応手続きでは，刺激呈示の方法は，試行反応手続きと変わらなかったが，レバーは常時呈示され，試行中はもちろんのこと，試行間間隔中にも反応することが可能であった（図4-4）．

　この結果，自由反応手続きでは，弁別行動は容易に形成されたのに対し，試行反応手続きでは，20セッションの範囲では弁別反応の形成が困難であった．図4-5は，弁別学習の学習曲線（実線）と試行間反応数（点線）を示し

ている．同様の結果は，ニホンザルを用いた実験でも確認されている（Asano, 1976）．

　ここで行動と反応の区別をしておこう．反応とは，行動を何らかの装置（キイやレバー）を用いて測定したものである．したがって，行動という用語は，概念的かつ抽象的であるが，反応という用語は具体的かつ操作的なものといえる．

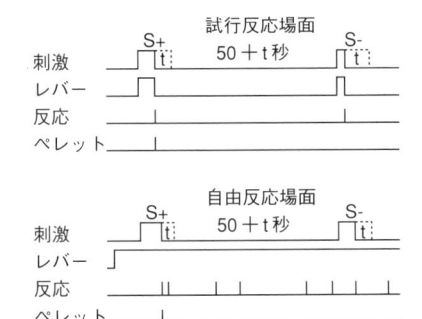

図4-4　試行反応場面と自由反応場面の実験手続きの模式図．Hachiya & Ito (1991) を改変．

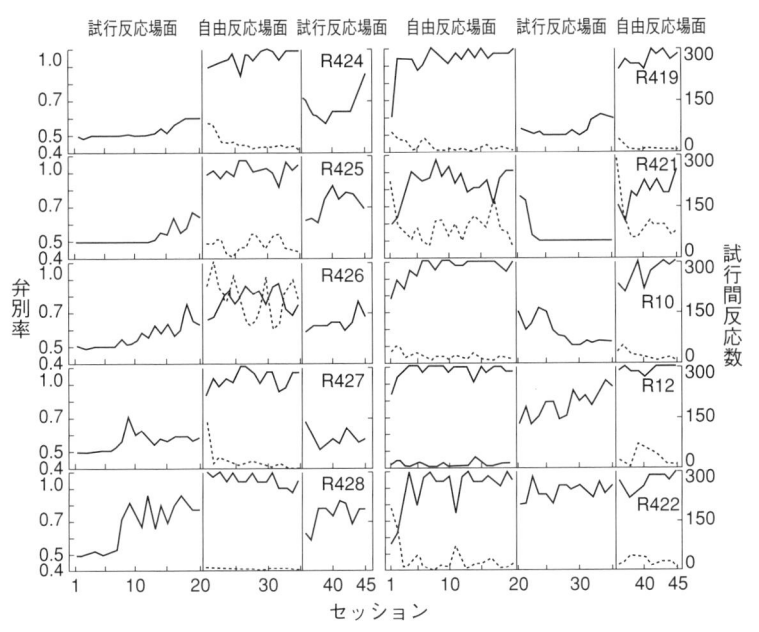

図4-5　弁別率から見た学習曲線と試行間反応数の変化．Hachiya & Ito (1991) を改変．

第4章 行為の原理　063

コラム

科学的発見は如何に成し遂げられたか

　スキナーは，アメリカン・サイコロジスト誌（*American Psychologist*）に，自身のオペラント条件づけの体系化の研究史を非常に興味深いエピソードを交えて紹介している．この論文から読み取れる，装置の工夫への優れた着想と，この装置の動作状況から得られた偶然の結果の重要性を読み取る慧眼は，研究者にとって重要な資質のひとつであろう．

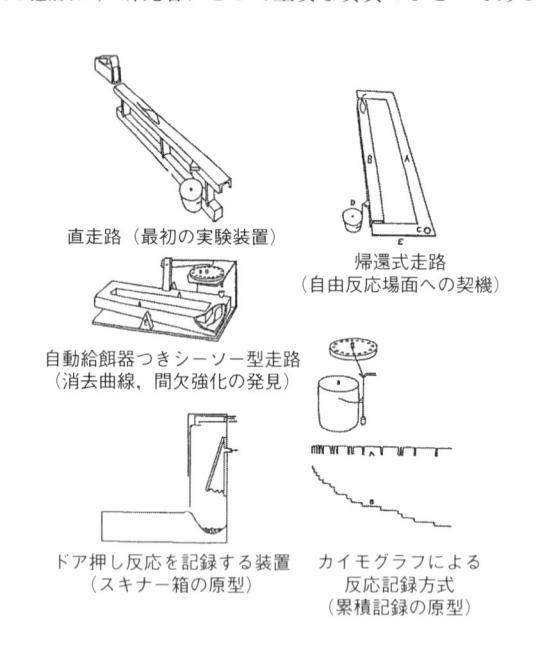

直走路（最初の実験装置）

帰還式走路
（自由反応場面への契機）

自動給餌器つきシーソー型走路
（消去曲線，間欠強化の発見）

ドア押し反応を記録する装置
（スキナー箱の原型）

カイモグラフによる
反応記録方式
（累積記録の原型）

　スキナーの研究の出発点は，条件反射の枠組みからの驚愕反射の研究であった．そのときの装置は，左上に示されている直走路であった．この装置では，ネズミが目標点に到達して餌を食べた後には，実験者が再び出発点に戻さなければならなかった．そこで，彼は，実験者が戻さなくても済むように，帰還式の直走路を考案した．帰還式走路を考案したことで，ネズミの行動は中断されることがなくなり，後の自由反応場面

へ発展するきっかけとなった．次に，餌も実験者を煩わせることなく自動的に呈示できるシーソー型走路を考案した．この装置が不調になり，餌が呈示されなかったときに，反応の消去曲線が偶然得られ，また，反応は時々強化されるだけでも維持される間欠強化の発見という幸運に恵まれたのである．さらに，強化の記録も自動的に行えるように工夫したことが，後年の反応の累積記録へと発展するきっかけとなった．そうして，1930年代の初めには，後に「スキナー箱」とよばれる実験箱の原型（Skinner, 1932）ができあがったのである．

◎強化の概念

上述のように，オペラント条件づけでは，強化という概念が重要な役割を果たしている．自発された反応が強化されるオペラント条件づけでは，レスポンデント条件づけとは異なって，刺激の役割は，誘発的な働き（機能）ではなく，反応を自発する**手がかり**（弁別）としての働きと反応を強める働きにある．条件づけられたときに存在していた環境の様々な側面が手がかりになる可能性がある．たとえば，照明されたキイや実験箱それ自体がキイつつきの手がかり刺激となると考えられる．したがって，先に述べた強化随伴性は，弁別刺激（S^D）—反応（R）—強化刺激（S^R）という3項目からなる強化随伴性として見ることができる（図4-6）．この3項強化随伴性がオペラント条件づけの基本パラダイムになる．どのような手がかり刺激のもとで，どのような反応が自発され，どのような強化子により反応が強められるのかを明

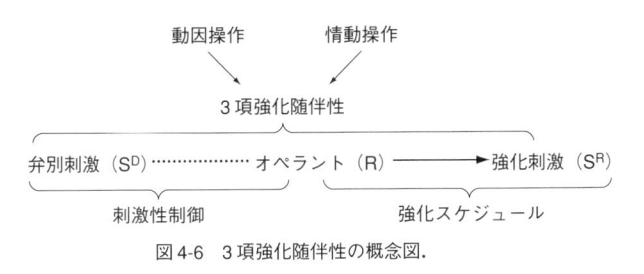

図4-6 3項強化随伴性の概念図．

らかにすることが，オペラント条件づけ研究の課題である．この他，このような強化随伴性に影響する要因として，強化刺激が反応を強める働き（機能）を保持するのに必要な，たとえば，空腹にさせるという**動因操作**や，電気ショックなどの嫌悪刺激の呈示という**情動操作**の効果を明らかにすることも課題である．ここでは，刺激や反応は集合論の**クラス概念**にもとづいて定義される．つまり，共通の結果（たとえば，強化子呈示）をもたらす反応は，手でレバーを押す反応も，口で咬んでレバーを押す反応もすべて同一の**反応クラス**に属する．このような反応クラスを「**オペラント**」と名付ける．刺激についても，反応を自発する共通の手がかりになるものは，赤信号でも，「止まれ」という言葉でもすべて同一の**刺激クラス**に属することになる．

強化は，刺激の操作と行動変化の2つの側面から定義することができる．刺激操作として，刺激の呈示と除去，行動変化として，行動の増加と減少を組み合わせれば，表4-1に示したように4通りになる．反応に随伴して，刺激を呈示することで，反応が増加することを**正の強化**（positive reinforcement），

表4-1　強化の定義．

刺激＼反応	反応が増加する	反応が減少する
刺激が呈示される	正の強化	正の罰（弱化）
刺激が除去または遅延される	負の強化	負の罰（弱化）

反応に随伴して，刺激を除去または遅延させることで，反応が増加することを**負の強化**（negative reinforcement）とよぶ．また，反応に随伴して刺激を呈示することで，反応が減少することを**正の罰**（positive punishment），刺激を呈示しないことで，反応が減少することを**負の罰**（negative punishment）とよぶ．反応が減少することは，反応を弱めることになるので，これらを強化と反対の過程を表すものとして**弱化**ともいう．負の罰の例としては，消去手続きにより強化しないことや，反応する機会を除去すること（タイムアウト）という操作が挙げられる．また，負の強化と罰は，よく混同されるので注意が必要である．

反応に随伴して呈示される刺激を，強化子とよぶが，呈示することで反応を減少させるか，除去することで反応を増加させる働きを持つ刺激を**負の強化子**，呈示することで反応を増加させるか，除去することで反応を減少させる働きを持つものを**正の強化子**という．刺激がどのような場合に強化子としての働き（機能）を持つかは，動機づけの問題（第7章参照）であるが，強化子としての働きを持つのは食物や水などのモノだけではない．ヒトの場合には，「うなずき」という身振りや，「はい」や「そうですね」という言語反応，さらに言葉による賞賛も強化子になる．また，何かをするコトも反応を強める働きを持つ．

　食物や水を強化子として働かせるためには，空腹にすることや，のどが渇く状態をつくる**遮断化**という操作を行う必要がある．また，逆に，強化子として働かないようにするには，満腹にすることや，水を十分に与えるという**飽和化**という操作が必要になる．これらは，先に述べた動因操作の1例である．

◎負の強化と罰

　強化が行動を強めるものであるのに対し，罰は，行動を弱めるものである．つまり，強化と罰は，ちょうど正反対の働きをするのである．罰の効果は，長くは続かない一時的なものであるが，行動が抑制される程度は，電気ショックのような**嫌悪刺激**（負の強化子）が呈示される頻度や過去経験による．チャーチ（Church, R. M.）は，餌を強化子としたレバー押しを行っているネズミに，電気ショックを受けたネズミの悲鳴（嫌悪刺激）を聞かせたところ，レバー押し反応が一時的に抑制されること，また，この抑制効果（罰の効果）は，過去に電気ショックを受けた経験のあるネズミほど持続することを見いだした（Church, 1959）．この事実は，過去の自らの悲鳴が電気ショックと結びついたため（連合仮説）であると考えられている．この仮説は，隠蔽の手続き（第3章「複合条件づけ」参照）にもとづいて，光と電気ショックとの対呈示を経験する群（光刺激の隠蔽により悲鳴と電気ショックの連合が成立し

ない）と，電気ショックのみを経験する群（悲鳴と電気ショックの連合）を比較することによって確かめられた（青山・岡市，1996a）．ただし，この連合は，電気ショックがUSであり，自らの悲鳴がURと同時にCSであるとすると，条件づけの手続きとしては，逆行条件づけとなる．一般に，逆行条件づけは困難であるといわれているが，この例のように，情動反応をCSとした場合には，条件づけが成立する可能性がある．罰は，罰そのものの効果以外に，副作用として，他個体や何らかの外的対象に対する攻撃行動が起きることや，罰が攻撃行動を始めとするさまざまな行動の手がかり（弁別刺激）になる場合がある．

嫌悪刺激を取り除いたり，嫌悪刺激の呈示を遅らせたりする行動は，**回避行動**（avoidance behavior）とよばれる．一方，呈示された嫌悪刺激から逃れる行動は，**逃避行動**（escape behavior）とよばれる．回避行動を強める負の強化の効果は，嫌悪刺激を取り除ける程度や嫌悪刺激の呈示を遅らせる時間の長さに依存する．この点で，正の強化と負の強化は，行動を強める働きが強化子の呈示と除去という対称的な関係にある．シドマン（Sidman, M.）は，短い持続時間の電気ショック（1回数百ミリ秒）を一定間隔で呈示（たとえば，5秒の刺激―刺激間隔；S-S 5秒）し，反応が生じると反応から次の電気ショックの呈示が延期される（たとえば，20秒の反応―刺激間隔；R-S 20秒）手続きを用いて，電気ショックを回避するネズミのレバー押し反応が，電気ショックの呈示間隔が短いほど（呈示頻度が高いほど），高頻度で生じることを見いだしている（Sidman, 1953）．この手続きをシドマン型回避行動の手続きという．

食物を強化子とした正の強化の場合には，強化子の呈示頻度（単位時間当たりの強化数）により反応の生起頻度（単位時間当たりの反応数）が決まるように，電気ショックという負の強化子の呈示頻度の減少がレバー押し反応の増加をもたらしたと考えられる．この点について，ヘルンスタイン（Herrnstein, R. J.）とハイネリン（Hineline, P. N.）は，反応により電気ショックの呈示確率が低下する手続きを用いて，電気ショックの呈示頻度の低下がネズ

ミのレバー押し回避反応を維持していることを明らかにしている（Herrnstein & Hineline, 1966）．

このような回避行動を理解するには，生物が生まれつき持っている防御反応（たとえば，ネズミの場合には，飛び上がったり，うずくまる反応，ハトの場合は，飛び上がったり，羽をばたつかせる反応）との関係や，経験を通して獲得される情動との関係が重要である．前者は，**種に特有な防御反応**（species-specific defense reaction: SSDR）とよばれている（Bolles, 1970）．

Ito（1975）は，シドマン型回避手続き（R-S間隔30秒，S-S間隔10秒）を用いて，ハトのキイつつき反応とペダル踏み反応による回避行動形成を個体内比較法により検討した．キイは通常のキイの表面に半切したピンポン球を取り付けたものであった．その結果，ペダル踏み反応の方が容易に回避行動の形成ができること，またキイつつき反応は，キイをつつくというよりは羽でたたく反応であることが明らかになった．キイつつき反応による回避行動の形成が困難なのは，上に述べたように，ハトの持つ防御反応（たとえば，羽をばたつかせる反応や飛び上がる反応）がキイつつき反応とは両立しないことによると考えられる．

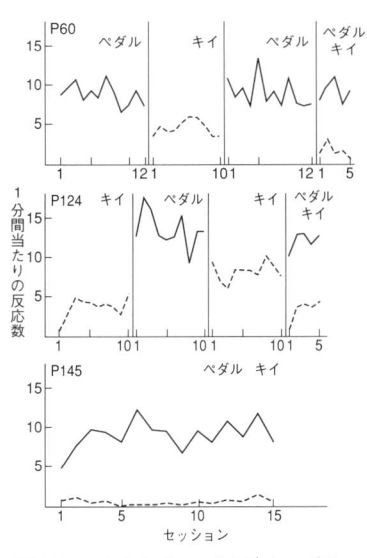

図4-7 ハトのキイつつき反応とペダル踏み反応による回避反応の形成．Ito (1975) を改変．

◎間欠強化と強化のスケジュール

強化の操作，すなわち強化子をどのように呈示するかという問題を**強化スケジュール**（schedules of reinforcement）とよぶが，これは，そもそもオペラント条件づけ研究が目指す環境と個体の相互作用の研究に他ならない．反応と

強化に関する環境側の様々な制約条件を表しているのが強化スケジュールである．このような制約条件と個体との相互作用の結果が行動である．強化スケジュール研究の成果のひとつは，行動は必ずしも毎回強化（連続強化）されなくとも，よく維持されることを見いだしたことである．これをときどき強化すること，すなわち**間欠強化**（intermittent reinforcement）という．間欠強化には，まず，時間経過と反応数にもとづく強化が区別できる．さらに，これらの中を，時間経過や反応数が固定されている場合と固定されていない場合に分けることができる．先に強化されてからの時間経過にもとづく間欠強化は，**固定時間間隔**（fixed interval; FI）強化と**変動時間間隔**（variable interval; VI）強化である．一方，反応数にもとづく間欠強化は，1強化当たりの反応数（比率）という観点から，**固定比率**（fixed ratio; FR）強化と**変動比率**（variable ratio; VR）強化である．これらの強化スケジュールは，私たちの日常生活のなかでも一定の役割を果たしていると考えられる．たとえば，給料における固定給と歩合給の違いは，FIとFR，釣りやギャンブルにおける当たりなどは，VIとVRに相当するといえるであろう．

図4-8に各強化スケジュールのもとで維持される反応パターンを累積記録で描いたものをまとめたが，強化スケジュール研究のもうひとつの成果は，こうした強化スケジュールによって維持される反応のパターンに違いがあること，さらに，強化スケジュール間の相違は，消去操作を行ったときに最も顕著に表れることを見いだしたことである．

一般に，VIやVRでは，一定の反応率が維持されるが，強化率（1分当たりの強化数）を一定に保った場合，VRの方がはるかに高い反応率になる．一方，FIやFRでは，強化後の反応の休止とその後の反応の加速度的な高反応率を特徴としている．消去後の反応の起こり方は，消去操作に対する抵抗性（**消去抵抗**）という観点から見ることができるが，一般に，消去抵抗は，間欠強化の方が連続強化よりも，反応数にもとづく強化スケジュールの方が時間にもとづく強化スケジュールよりも高くなる．

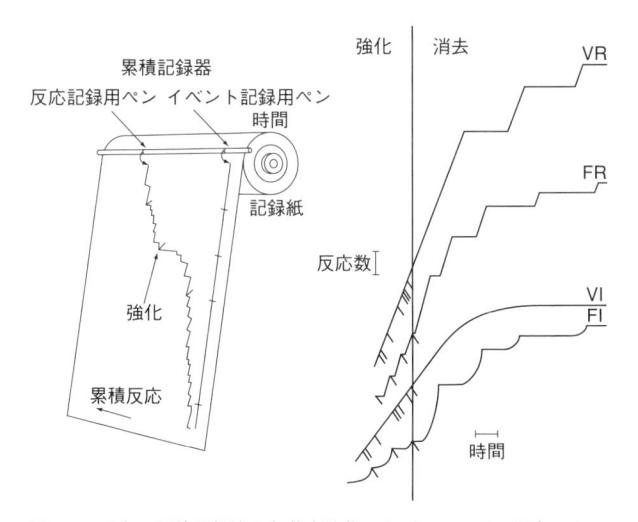

図4-8 反応の累積記録法と各基本強化スケジュール下の反応パターン．左側は，累積記録器の仕組みを表しているが，反応記録用ペンは反応毎に一定の幅で移動し，記録用紙は一定の速度で送り出されているので，ある反応率で反応していると一定の傾きをもった線が描かれる．急な傾きは，高頻度の反応を，緩やかな傾きは，低頻度の反応を表す．右側は，4つの基本強化スケジュール下の反応パターンと消去後の反応パターンの変化を示している．Reynolds (1975) を改変．

コラム

オペラント条件づけ事始め

　スキナーの共同研究者ファースター（Ferster, C. B.）は，1953年にハトを用いたオペラント条件づけ実験の手続きを紹介する論文を公刊したが，これは，これまでの迷路や走路という試行反応場面とは異なる，新しい自由反応場面を用いた実験の最初の体系的解説であった．体重統制をはじめとする実験の具体的な手順，特に，ハトにキイをつつかせるための反応形成の手続きとして，初めて逐次接近法が紹介された．この中には，キイに強化子となる穀物を張り付けておくという簡便法も紹介されているが，現在では使われていない．この理由は，横瀬・伊藤（2004）

の再現実験によると，ハトを実験箱に入れてから最初にキイをつつく反応（初発反応）は早いものの，穀物を取り外したときのキイへの反応が容易に生じないこと，つまり学習の転移が起きにくいという問題のためであることが明らかになった．やはり，多少時間はかかっても，逐次接近法こそが反応形成の王道なのである．

表　3つのキイ条件の下での反応形成の結果（横瀬・伊藤，2004）

条件	被験体	初発反応までの時間（秒）	自発反応が50回に達するまでの時間（秒）	初発反応までの実験者による強化回数	転移テスト（穀物をはずした状態における初発反応までの時間）
不透明キイ	9601	114	276	7	
	9606	930	192	111	
	9603	2100	408	84	
	平均	1048	294	67	
透明キイ	9604	1194	402	70	
	9602	1590	498	100	
	9605	7260	528	239	
	平均	3348	474	136	
穀物を添付したキイ	0364	431	263	14	262
	0368	145	815	7	720
	0362	8	298	0	1215
	0378	1479	1765	0	542
	0379	20	242	0	反応なし
	0352	132	664	13	163
	0363	199	730	11	637
	平均	345	682	6	590

不透明キイと透明キイ条件は伊藤ら（1999）のデータである．

◎新しい反応の形成

　オペラント条件づけでは，反応が自発されない限り，個体が強化随伴性にさらされることはない．その意味で，随伴性とは，偶然性であるが，新しい反応の形成のためには，強化随伴性を逐次変化させる**逐次接近法**（method of successive approximations）という方法を用いる必要がある．逐次接近法とは，ハトのキイつつき反応を例にとると，最終的にはキイつつき反応に至る，キ

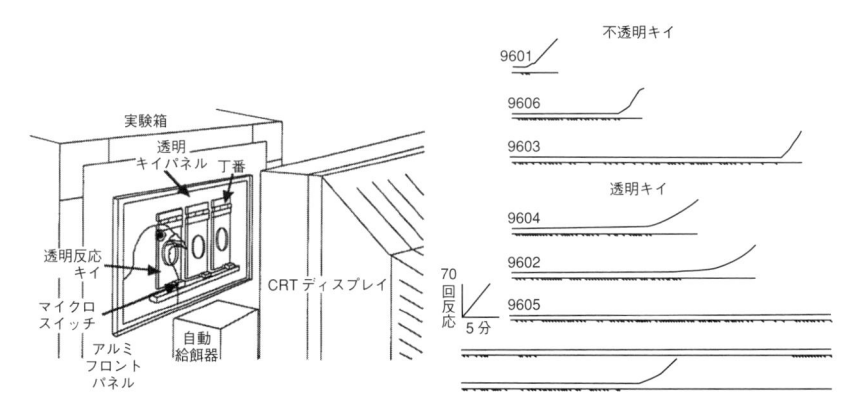

図 4-9 新しい実験箱におけるハトのキイつつき反応の形成．右図は累積反応記録である．伊藤ら (1999) より．

いつつきとはかなり異なる反応を最初に強化することから始める**反応形成**（shaping）の方法である．たとえば，最初はハトがキイの方を向いたら強化する．この反応が安定して生起するようになったら次はキイに近づいたら強化する（同時に，これまでのキイの方向を向く反応は強化されない）．さらにキイに接触したら強化するというように，順次，強化の対象となる反応を変化させることで容易に最終的なキイつつき反応を形成することができる．図4-9は，逐次接近法を用いたハトのキイつつき反応形成の具体例を示している（伊藤ら, 1999）．ここで用いた実験箱では，ハトは，透明なキイを通してディスプレイ上に呈示される白い円を見るようになる．したがって，ハトは透明なキイをつつくことになるが，透明キイの表面に紙を貼った場合（不透明キイ）の反応形成と比べて特に困難なことはなかった．

◎自動反応形成

空腹なハトを実験箱に入れ，キイを照明した後，餌を呈示することを一定の試行間間隔をはさんで繰り返すと，やがて，ハトは餌を食べると同時にキイもつつくようになる．キイをつつくと，オペラント条件づけの強化随伴性が設けられているので，餌が呈示され，キイつつき反応の条件づけが成立す

る．このような現象を**自動反応形成**（autoshaping）という（Brown & Jenkins, 1968）．自動反応形成には，キイの照明（CS）と餌呈示（US）というレスポンデント条件づけと，キイつつき反応と餌（強化子）呈示というオペラント条件づけの2つの過程が働いていると考えられる．自動反応形成が成立した後，キイつつき反応が維持されることを**自動反応維持**（automaintenance）という．その後，キイの照明に続いて，キイつつき反応がないときに餌を呈示し，反応があるときには餌を呈示しない，いわゆる**除去**（omission）訓練手続き（負の罰）を用いても，キイつつき反応がかなりの程度維持されることが見いだされた（Williams & Williams, 1969）．この事実は，キイつつき反応がキイの照明（CS）と餌呈示（US）というレスポンデント条件づけの強い影響を受けることを如実に示している．自動反応形成により形成されたキイつつき反応は，照明されたキイに向けられた反応であるという特徴をもっている．この特徴から，後で述べる，正の特色価効果や行動対比の現象の説明に用いられている．

◎スケジュール誘導性行動

　固定間隔（FI）強化スケジュール下のネズミのレバー押し反応を観察すると，強化子呈示直後に，飲水行動が生じることがわかる．これは，通常の飲水量を上回るので，強化スケジュールの効果を示していると考えられる．この現象を最初に報告したフォーク（Falk, J. L.）は，**過剰飲水**（polydipsia）とよんだ（Falk, 1971）．一般に，この例のように，行動の起こり方が他の行動に依存しているような場合，その行動を**付随行動**（adjunctive behavior）とよぶ．このような，強化スケジュールの効果により生じた行動を，一般に，**スケジュール誘導性行動**（schedule-induced behavior）という．スケジュール誘導性行動として知られているのは，飲水行動のほかに摂食行動，輪回し行動などがある．この現象を利用して，アルコールの摂取を行わせたりすることができる．また，日常場面で見られる「晩酌」という食事に付随する飲酒も一部は，このスケジュール誘導性行動によるものと考えられる．

◎プレマックの強化原理

　プレマック（Premack, D.）は，食物や水というモノだけではなく，何らかの活動に従事するコトも行動を強める働き（強化機能）を持つことを明らかにしている．彼は，制約のないときにみられる行動の起こりやすさを従事時間という測度からみると，行動の起こりやすさには，**階層性**があることを見いだした．たとえば，ネズミを回転カゴ，レバー，水飲み用のチューブが設置されたケージに入れると，起こりにくい反応から起こりやすい反応として，レバー押し→カゴ回し→水飲みという階層構造になることがわかる．プレマックの強化原理では，「**起こりやすさという階層の高い活動（起こりやすい活動）は，低い階層の活動（起こりにくい活動）を強化できる**」と考える．すなわち，水飲みという反応は，カゴ回し反応に対する強化子となり，カゴ回し反応を強め，そしてカゴ回し反応は，レバー押し反応に対する強化子になり，レバー押し反応を強めることができる．

　図4-10は，プレマックの実験結果（Premack, 1963）を示しているが，ベースラインとして様々な飲水反応（16%, 32%, 64%ショ糖溶液），輪回し反応（重い，軽い），レバー押し反応の起こりやすさを調べると，起こりにくい順番に，レバー押し反応，重い輪回し反応，飲水反応（64%ショ糖溶液），軽い輪回し反応，飲水反応（32%ショ糖溶液），飲水反応（16%ショ糖溶液）となった．そこで，強化子としての働きを調べるために，これらの反応を最も起こりにくいレバー押し反応に随伴させたところ，ベースラインにおいて起こりやすいものほど強化力のあることが示された．また，活動の起こりやすさの階層構造は，固定的ではなく，制約条件が変われば，この階層構造も変わるので，反応を強める側と強められる側の関係も変化するといえ

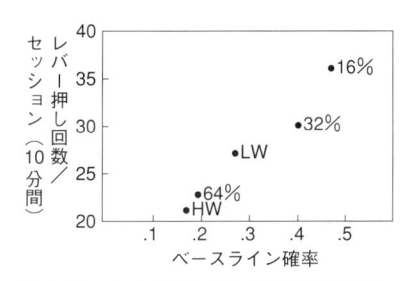

図4-10　ベースラインにおける反応の起こりやすさの関数としてのレバー押し反応の生起頻度．Premack (1963)を改変．

第4章　行為の原理　075

る．これを，強化関係の**可逆性**という（Premack, 1963, 1971）．

　その後，プレマックの強化原理は，強化スケジュールによる制約という観点から再検討され，**反応遮断化**（response deprivation）**説**へと発展した（Timberlake & Allison, 1974）．この反応遮断化説では，強化スケジュールによる，より大きい制約の反応がより小さい制約の反応に対する強化子として働くと考えるのである．つまり，プレマックの強化原理とは異なり，強化子としての働きは，ベースラインにおける反応の起こりやすさには依存しないのである．

コラム

映画「2001年宇宙の旅」：強化随伴性の壮大な実験

　1968年にスタンリー・キューブリック監督と作家アーサー・クラークの共同作業として制作された「2001年宇宙の旅」は，SF映画の金字塔としてあまりにも有名である．この映画の主題は，近未来（といっても2001年は過去となったが）における宇宙空間に進出した人類が直面する困難な問題である．物語は，およそ400万年前，人類がまだ猿人とよばれていた気の遠くなるような時代から始まる．ある日，猿人たちの前に，黒い石板（モノリス）が忽然と現れる．音と光を発するモノリスは，集まってきた猿人達に不思議な作用を及ぼし始める．ある者は，モノリスに石を投げ，最初はうまく当てられなかったが，しだいにうまく当てられるようになり，えもいわれぬ快感にとりつかれる．やがて群全員がこの行為にとりつかれ，このことは，やがて別の場面で石を使って動物を殺すという行為に発展する．このエピソードは，強化随伴性の働きにより，これまで何の意味も持たなかった石を道具として使用する新しい反応形成の過程を物語っている．

　モノリスの謎は，映画の後段で明らかになるが，モノリスとは，およそ400万年前に地球や月を訪れた知的生命体が試みた壮大な実験のため

の装置と考えられる．その実験とは，強化随伴性による猿人の新しい行動（道具使用）の形成とその後の進化の証拠を得ることであったのである．

写真協力（財）川喜多記念映画文化財団

◎刺激の弁別と般化

赤信号を見て止まり，青信号を見て歩き出す人は，赤と青の区別ができているといえる．

いま，仮に，赤色と緑色という２つの弁別刺激に対して，赤色のもとでは，反応を間欠的に強化，緑色のもとでは，強化しない（消去）という随伴関係を設定すると，赤色のもとでは反応し，緑色のもとでは反応しなくなる．このような操作のことを**分化強化**（differential reinforcement）とよぶが，その結果として得られた上に述べた事実を，弁別の形成，すなわち，被験体が刺激を区別したという．つまり，２つの刺激の区別とは，それらの刺激のもとで行動に違いが見られることである．このことを**オペラント弁別**という．

図4-11は，３つの弁別刺激を継時的に呈示した場合のこれらの刺激に対する分化強化の効果（継時弁別学習）を示している．最初の手続きでは，すべての刺激のもとで反応を強化する．２番目の手続きでは，赤色のもとでのみ

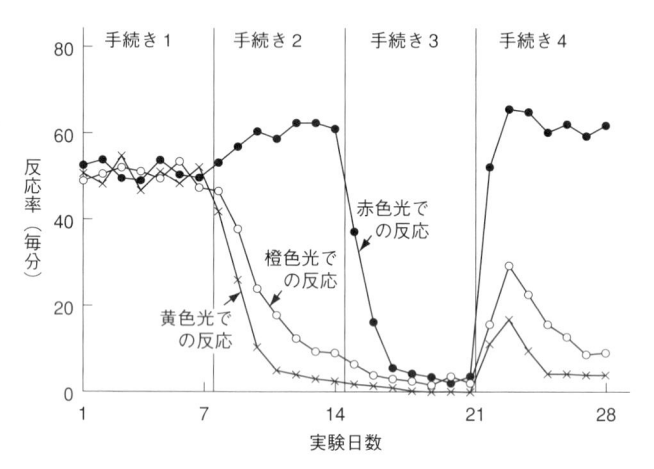

図4-11 3つの刺激に対する分化強化と消去の効果. 手続き1ではすべての刺激のもとで反応が強化される. 手続き2では赤色に対する反応のみ強化, 手続き3ではすべて消去する. 手続き4では再び赤色に対する反応のみ強化する. Reynolds (1975) を改変.

強化する．3番目の手続きでは，すべての刺激のもとで消去する．最後の手続きでは，再び2番目の手続きと同様に，赤色のもとで反応を強化する．これらのうち，2番目と最後の手続きでは，学習曲線が，3番目の手続きでは，**消去曲線**（extinction curve）が得られていることに注意してほしい.

　般化（generalization）とは，条件づけられた刺激次元のある値の似ている程度（物理的類似度）により，他の値にも反応が生じることである．たとえば，図4-11の2番目の手続きにおいて，赤色のもとで反応が強化され，他の刺激のもとでは消去されると，赤色により類似した橙色の方が黄色よりも反応の減少の仕方が緩やかであることがわかる．このような反応の相違は，般化の効果を表していると考えられるが，般化は，分化とちょうど正反対の過程である．般化の現象をより明確に示すには，条件づけられた刺激次元に沿って，刺激値を変化させればよい．図4-12は，ジェンキンス（Jenkins, H. M）とハリソン（Harrison, R. H.）がハトを被験体として調べた音の周波数次元における般化の様子を示したものである．これを**般化勾配**（generalization gradient）という．分化強化を行った場合には，条件づけられた1000Hzを中心に

周波数次元の物理的類似度の関数として反応が減少することがわかる．これに対し，分化強化を行わない場合には，般化は，一様に生じる．

　ハンソン（Hanson, H. M.）は，継時弁別手続きを用いて，ハトのキイつつき反応を550mμ（現在ではナノメータ（nm）という単位が用いられる）の色光（濃い緑がかった黄色）のもとで強化，570mμの色光（薄い緑がかった黄色）のもとでは強化しないという分化強化を行い，十分な弁別行動が形成された後に，480mμから620mμの範囲の複数の色光刺激を呈示し，すべての反応を強化しない消去手続きによりハトのキイつつき反応の起こりかた（般化勾配）を調べた．その結果，図4-13に見られるように，反応の頂点は，強化された正刺激（550mμ）にはなく，正刺激から遠ざかる，強化されなかった負刺激（570mμ）と反対の方向へ現れることを見いだし，この現象を**頂点移動**（peak shift）と名付けた（Hanson, 1959）．頂点移動は，刺激の物理的次元（この例では色光次元）上に生じると想定される，正刺激が強化されることによる正刺激を中心とする興奮傾向と，負刺激が強化さ

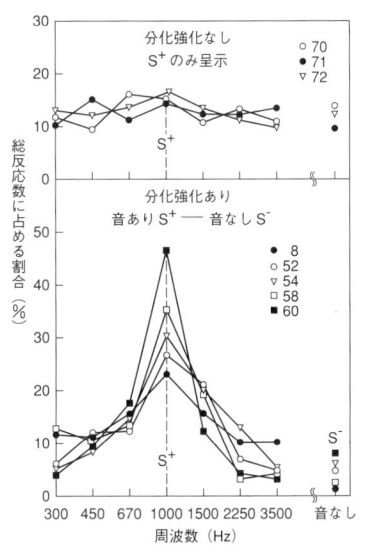

図4-12　音の有無に対する分化強化を行った場合と行わなかった場合の周波数次元の般化勾配．この場合は，反応の頂点が正刺激にあることに注意．Jenkins & Harrison (1960)を改変．

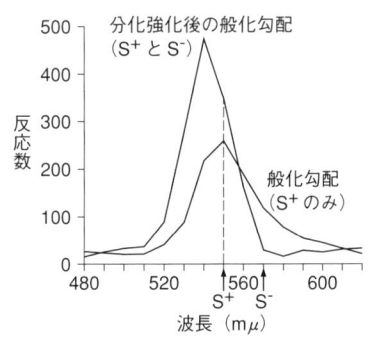

図4-13　分化強化のある場合とない場合の般化勾配の比較．分化強化のある場合には，最も多くの反応が生じる刺激は，訓練時の正刺激にはなく，負刺激から離れた刺激である．Hanson (1959)を改変．

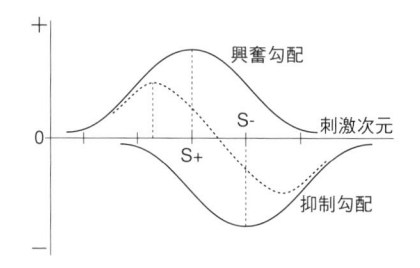

図4-14 刺激次元上に生じると仮定される正刺激の周りの興奮傾向と負刺激の周りの抑制傾向が加算されるとする考え方の模式図．点線による曲線は加算結果を表わす．

れないことによる負刺激を中心とする抑制傾向が加算された結果（図4-14参照）であると説明される（Spence, 1937）．

図4-14は，加算説を説明する，**興奮性般化勾配**と**抑制性般化勾配**を示す模式図である．興奮の程度から抑制の程度を差し引いた結果を見ていくと，負刺激（S-）から遠ざかるほど差が大きくなること，すなわち，反応の頂点が移動することがわかる．このうち，正刺激を中心とする興奮傾向は，先のジェンキンスとハリソンの般化勾配に典型的に示されているが，負刺激を中心とする抑制傾向を実証的に示すにはどのようにしたらよいであろうか．

このためには，正刺激と負刺激の次元を異なるものとし，負刺激の次元上で複数の刺激を呈示する般化テストを行えばよいのである．たとえば，1群のハトには，白円に縦線を正刺激，白円のみを負刺激とし，もう1群のハトには，逆に，白円に縦線を負刺激，白円のみを正刺激とした継時弁別訓練を行った後，消去手続きのもとで，縦線の角度を変化させてハトのキイつつき反応の起こり方を調べると，前者の群は，縦線の角度の変化とともに，反応が減少していくのに対し，後者の群は，反応が増加していくことを示している（Honig, Boneau, Burstein, & Pennypacker, 1963）．図4-15は，このような手続きのもとで実際に得られた抑制性般化勾配と興奮性般化勾配を示している．

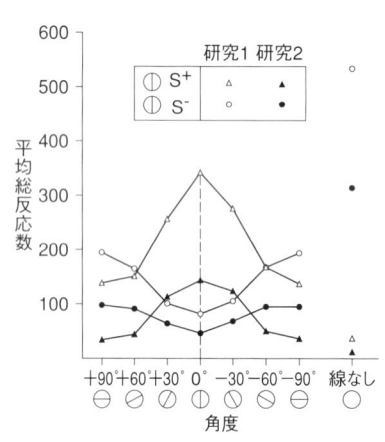

図4-15 興奮性般化勾配と抑制性般化勾配．Honig et al. (1963) を改変．

◎移調

　ケーラーは，同時弁別手続きを用いて，同時に呈示されている2つの刺激に対して，ニワトリが明るい灰色のカードに近づくと強化し，暗い灰色のカードに近づくと強化しないことにより，ニワトリが明るい灰色のカードにのみ近づくように訓練した．この訓練後，先の訓練で正刺激とした明るい灰色のカードと，新しい，さらに明るい灰色のカードを呈示したところ，ニワトリが新しい，さらに明るい灰色のカードに近づくことを見いだした．この事実は，先の訓練時にニワトリが，2つの刺激の個々の特性ではなく，"より明るい刺激"という2つの刺激の関係にもとづいて弁別していたことを示すものであり，ケーラーは，この現象を訓練時に習得した，"より明るい刺激に近づく"という規則を新しい刺激対（明るい灰色とさらに明るい灰色）に対して移すという意味を込めて**移調**（transposition）と名付けた（Köhler, 1939）．この事実は，動物が刺激の絶対的特徴ではなく，刺激間の相対的関係にもとづいて区別できることを示している（第6章「動物心理物理学」参照）．上に述べた般化勾配における「頂点移動」も刺激間の相対的関係にもとづいて生じると考えられるので，「移調」と類似性があるといえる（伊藤，2004）．

◎継時弁別と同時弁別

　上に述べた赤色と緑色の弁別刺激を同時に呈示する方法を**同時弁別**（simultaneous discrimination）手続き，1度に赤色または緑色のいずれかを呈示する方法を**継時弁別**（successive discrimination）手続きという．同時弁別手続きでは，被験体は，1試行毎に呈示される2つの刺激のうち，正刺激に反応することが要求されるが，継時弁別手続きでは，正刺激が呈示される試行では反応し，負刺激が呈示される試行では反応しないことが要求されるという相違がある．したがって，継時弁別手続きを反応する・しない（go-no go）型の手続きとよぶことがある．

　岡野（1954）は，ラシュレイの跳躍台を用いた試行反応場面で，大円また

は小円を正刺激とした同時弁別手続きと継時弁別手続きをネズミで比較したところ，学習完成基準に達するまでのセッション数は，継時弁別手続きの方が，同時弁別手続きよりも少なく，早く弁別学習の成立することが認められた．しかし，比較する個体数が少なく，やや問題を残している．

　これらの手続きのもとでは，正刺激と負刺激間の相互作用が問題になる．たとえば，継時弁別の手続きでは，後で述べる行動対比と呼ばれる現象が起こることが知られているが，同時弁別ではこのような現象は生じない．このことは，同じ正刺激と負刺激を用いたとしても，2つの場面ではこれらの刺激間の相互作用が異なることを示唆している（Zentall & Clement, 2001）．

◎行動対比

　レイノルズ（Reynolds, G. S.）は，継時弁別手続きを用いて，2つの刺激のもとでハトのキイつつき反応を間欠的に強化した後，一方の刺激のもとでは，同じように間欠的に強化し，他方の刺激のもとでは，強化しない（消去）分化強化を行ったところ，強化されない刺激（負刺激）のもとでの反応は減少したが，以前と同じように強化された刺激（正刺激）のもとでの反応は，以前よりも増加することを見いだした．この現象を**行動対比**（behavioral contrast）という（Reynolds, 1961a）．

　行動対比が注目されたのは，この現象がスペンスの理論から説明できなかったからである．先に述べたように，興奮性過程と抑制性過程の加算を仮定するスペンスの加算説では，反応の増加ではなく減少を予測してしまうのである．スペンスの加算説に代わる行動対比の説明は，いくつか提案されており，負刺激への反応は抑制され，それが正刺激へ転移するという反応競合説，反応は2つの刺激における強化率に依存するという相対価値説，さらに，反応はオペラント随伴性とパヴロフ型刺激―反応関係の2つの要因に依存するという2要因説がある．

◎正の特色価効果

　継時弁別場面において図4-16のような2つの刺激をそれぞれ正刺激と負刺激とした場合におけるハトの弁別行動の形成を比較すると，円の中心に黒点のある刺激を正刺激とする（黒点のない円を負刺激とする）と容易に弁別行動が形成されるのに対し，黒点のない円を正刺激とすると弁別行動の形成が困難であることが見いだされている（Jenkins & Sainsbury, 1970）．この現象は，黒点という他の刺激と区別する特徴（区別刺激）が正刺激にあることから，**正の特色価効果**（feature-positive effect）とよばれている．

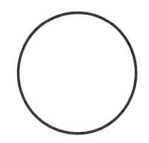

図4-16　実験で用いられた2つの刺激．黒点のある刺激を正刺激とすると，黒点のない刺激を正刺激とした場合に比べて弁別行動の形成が早くなる．Jenkins & Sainsbury (1970) より．

　ハースト（Hearst, E.）とジェンキンスは，この現象を，「**被験体は強化と相関の高い部位に反応するように方向づけられる**」ことを意味する**サイン・トラッキング**（sign-tracking）の観点から説明した．ハトを被験体とした実験では，通常，ハトがつつくキイ上に刺激が呈示されるので，ハトが，先の例の黒点をつつくことにより，黒点が正刺激の場合には，弁別行動の形成が促進され，黒点が負刺激の場合には，逆に弁別行動の形成が遅れると考えるのである．このように，サイン・トラッキング説では，行動は，一般に，強化子と正の相関のある刺激（正刺激）に接近し，強化子と負の相関のある刺激（負刺激）から遠ざかるという傾向を持つことを前提にしている．このような行動傾向は，先に述べた自動反応形成や自動反応維持の成立にも関係していると考えられている．しかし，反応キイ（操作体）と刺激呈示が一致しない場合にも，正の特色価効果が認められているので，サイン・トラッキングは，必ずしも正の特色価効果の必要条件とはいえない．

　蜂屋（1983）は，ラットのレバー押し反応と，光刺激（天井灯）と音刺激（1000Hzの純音）を用いた継時弁別手続きにより，操作体と刺激呈示箇所とが一致しない場面で，正の特色価効果を検討した．試行反応手続きにより，

各弁別刺激は，6秒間呈示され，1回のレバー押し反応により，刺激は消え，54秒の試行間間隔（ITI）に入った．正刺激呈示時に反応があれば，餌ペレット1個を呈示し，レバー押し反応を強化した．光と音からなる複合刺激を正刺激とする場合（負刺激は光）と複合刺激を負刺激とする場合（正刺激は光）を比較したところ，複合刺激を正刺激とした場合の弁別完成基準までに要した平均セッション数は，31.5に対し，複合刺激を負刺激とした場合は，57.8となり，正の特色価効果が認められた．

　正の特色価効果を，サイン・トラッキング説に代わり，複合刺激を構成する各刺激の働き（機能）から説明することができる．蜂屋は，継時弁別訓練後に，消去手続きと強化手続きによる般化テストを行い，各刺激が興奮性の働きを持つのか，あるいは抑制性の働きを持つのかを検討した．この結果，複合刺激が負刺激となった場合，共通刺激である光刺激の持つ興奮傾向が区別刺激である音刺激の抑制傾向を弱める働きをしていることを示唆する結果が得られた．このことから，正の特色価効果は，区別刺激を正刺激あるいは負刺激にする弁別課題における各刺激の刺激性制御を獲得する速度の相違により説明することができる．

◎無誤反応学習

　弁別行動の形成とは，正刺激に対する反応の増加とともに，負刺激に対する反応が減少することである．つまり，弁別行動の形成過程では，一般に，負刺激に対する反応（誤反応）がかなり生じる．しかし，テラス（Terrace, H. S.）は，弁別行動が誤反応なしに形成できることを示した．彼は，試行反応場面における継時弁別学習の手続きを用いて，ハトに赤色と緑色の区別を行わせた後，縦線と横線の区別の訓練へ移行した．このとき，通常の手続きとは異なり，負刺激（S-）を，最初は非常に短い時間あるいは非常に弱い刺激強度で呈示し，その後，徐々に呈示時間や刺激強度を増やす**フェイディング**（fading）**法**や，赤色と緑色の上に縦線と横線を呈示する**重ね合わせ**（super-imposition）**法**を用い，縦線と横線の弁別行動形成を比べたところ，重ね合わ

せ法だけでは，負刺激に対する反応（誤反応）はある程度生じたのに対し，この2つの方法を併用した場合，負刺激に対する反応は，ほとんど生じないことが明らかになった（Terrace, 1963）．このような方法による弁別行動の形成を**無誤反応学習**（errorless learning）という．

図4-17は，継時弁別の手続きにフェイディング法と重ね合わせ法を適用しない場合と適用した場合の弁別完成までに要した誤反応数を示している．この方法は，短い訓練日数での学習を可能にすることから，学習促進のための方法として，ハトや発達障害児の自己制御（第5章「自己制御と衝動性」参照）の確立のために用いられている（Mazur & Logue, 1978; Schweitzer & Sulzer-Azaroff, 1988; 嶋崎, 1997）．

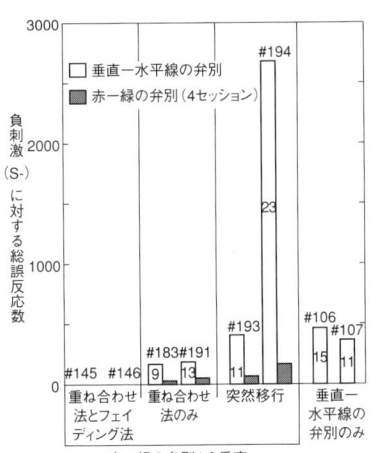

図4-17 刺激の重ね合わせ法とフェイディング法を用いた場合と用いない場合の誤反応の起こり方．右側は，赤色と緑色の弁別訓練を行わない場合を示す．いずれの方法も用いない突然移行では，かなりの誤反応が生じるのに対し，重ね合わせ法のみでも，誤反応の抑制に効果のあることがわかる．棒グラフのなかの数字は訓練セッション数を，シャープ記号は個体番号を表す．Terrace (1963) を改変．

◎複合刺激弁別と注意

先に，刺激を区別するといったが，何を手がかりに刺激を区別しているのであろうか．この問題は，刺激の側から見ると，刺激のどのような側面が行動を制御しているのかということである．これを行動の**刺激性制御**（stimulus control）という．レイノルズは，色と形からなる複合刺激，すなわち赤い三角形を正刺激，緑の円形を負刺激としたハトの継時弁別学習を用いてこの問題を検討した．まず，ハトに2つの刺激を弁別させた後，テストとして，刺激を色次元（赤と緑）と形次元（三角と円形）に分割して呈示したところ，図4-18に示されているように，あるハトは，赤（色次元）に，また別のハト

は，三角形（形次元）に反応することが明らかになった．この事実は，個体により，弁別の手がかりとなる刺激の側面が異なることを示している．レイノルズは，これを**注意**（attention）とよんだ（Reynolds, 1961b）．

◎**条件性弁別**

　上に述べた赤色と緑色の弁別課題に，さらに条件を付け加えてみよう．たとえば，実験箱の天井灯が点灯しているときは，赤色のキイをつつくと餌を呈示し，天井灯が点灯していないときは，緑色のキイをつつくと餌を呈示するようにすると，やがてハトは，天井灯の点灯・消灯に従って，つつくキイの色を変えるようになる．このような手続きを**条件性弁別**（conditional discrimination）という．この事実は，天井灯という刺激との関係により，ハトが刺激の赤色・緑色という絶対的関係ではなく，天井灯との相対的関係にもとづいて弁別できることを示している．

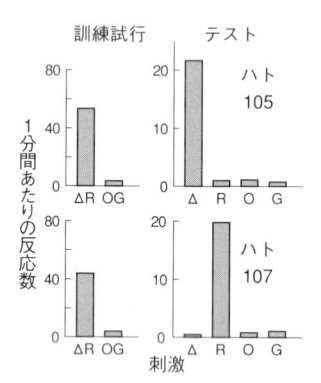

図4-18　複合刺激（赤色の三角形と緑色の円形）の弁別訓練後の般化テストの結果．Reynolds (1961b) を改変．

　条件性弁別のひとつに**同種見本合わせ**（matching-to-sample; MTS）手続きがある（Cumming & Berryman, 1961）．この手続きでは，たとえば，3つのキイを用いた実験箱の中央のキイに見本刺激を呈示する（図4-19）．ハトがこの刺激をつつくと左右のキイに比較刺激が2種類（ひとつは見本と同じ刺激，もう一方は異なる刺激）呈示される．もしハトが見本と同じ刺激をつつくと強化され，見本と異なる刺激をつつくと強化されない．

　この例では，比較刺激と見本刺激は同時に存在しているが，見本刺激をつつくと見本刺激が消え，比較刺激が呈示される手続きを**遅延見本合わせ**（delayed matching-to-sample; DMTS）という．見本刺激の消失から比較刺激呈示までの遅延時間を様々に操作することで，記憶の研究に用いることができる（室伏, 1983b；中島, 1995）．

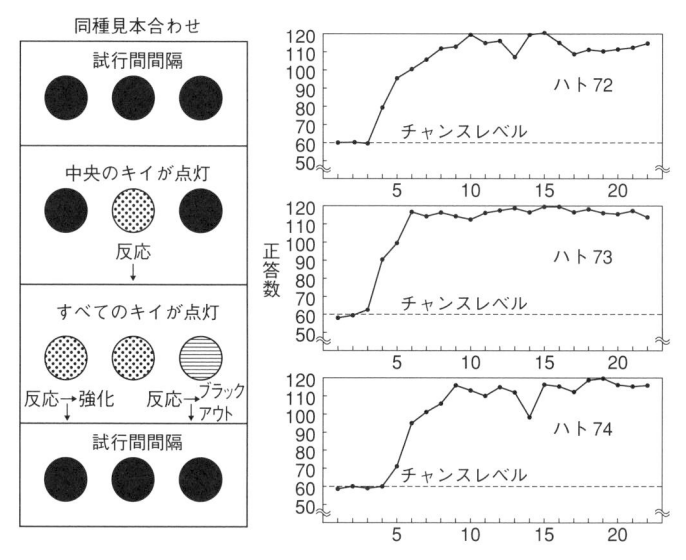

図4-19　3つのキイを用いたハトの同種見本合わせ手続き（キイは実験箱の正面パネル上に配置されている）とその学習曲線．Cumming & Berryman (1961) を改変．

　上に述べたこととは逆に，見本と異なる比較刺激を選ぶと強化し，同じ刺激を選ぶと強化しない手続きを**異種見本合わせ**（matching-to-oddity; MTO）という．見本刺激と比較刺激との関係は，たとえば，赤色の見本刺激に対し，三角形の比較刺激，緑色の見本刺激に対し円形の比較刺激というように，任意に設定できる．このような手続きは，**象徴見本合わせ**（symbolic matching-to-sample）という．一般に，同種見本合わせよりも，異種見本合わせの方が学習は容易である（河嶋，1968）．河嶋は，ハトを被験体として，色次元の同種見本合わせと異種見本合わせ手続きを群間および個体内で比較したところ，異種見本合わせ手続きでは，学習基準までの訓練セッション数が同種見本合わせ手続きに比べて，約半分程度であることを明らかにしている．また，ハトの場合には，見本刺激と比較刺激の刺激次元が異なる場合（色と形）よりも，同じ場合（色と色）の方が学習は容易である（Urcuioli & Zentall, 1986）．

◎条件性強化と高次条件づけ

　強化子には，食物や水など，生得的に行動を強める働き（強化機能）を持つ刺激と，個体の経験を通して行動を強める働きを獲得する刺激がある．前者を1次性あるいは**無条件性強化子**（unconditioned reinforcer），後者を2次性あるいは**条件性強化子**（conditioned reinforcer）とよぶ．反応に随伴して条件性強化子を呈示することを，**条件性強化**（conditioned reinforcement）という．条件性強化子の例として，図4-2の実験箱に見られる，餌皿の呈示時に点灯される照明や餌皿の動作音などが挙げられる．餌皿の照明や動作音は，いつも無条件性強化子である餌と対になって呈示されるという経験を通して，条件性強化子になると考えられる．つまり，条件性強化子の形成は，レスポンデント条件づけの過程にもとづいている．同じように，条件性強化子と第3の新たな刺激を対にして呈示することにより，この第3の刺激にも強化子の働きを付与することができる．このような手続きは，理論上n次について成立すると考えられるので，これを**高次条件づけ**という（第3章「感性予備条件づけと高次条件づけ」参照）．

図4-20　自動販売機を使う多摩動物公園のチンパンジー

　チンパンジーを用いた条件性強化の実験では，まず，最初に，トークン（代用貨幣）を給餌装置に入れて，餌を食べるという訓練を行い，続いてレバーを押して，トークンを手に入れるように訓練する．この訓練では，レバー押し反応は，トークンで強化され，トークンを給餌装置へ入れる反応は餌で強化されている．このような訓練を経験したチンパンジーは，レバーを押してトークンを手に入れようとする．図4-20は，コイン（条件性強化子）を自動販売機に入れようとしているチンパンジーの例であるが，これだけでは，コインを入れるという反応にすぎず，レバーを押

すのと何ら変わりがない（新しい反応の獲得）．コインが条件性強化子であるか否かは，別の場面で，レバーを押してコインを得ようとすることを確認する必要がある．

　条件性強化子は，複雑な行動の維持に大きな役割を果たしている．上の例でも，レバー押し反応とトークンを給餌装置に入れる反応が結び付けられている．この例で，トークンは，レバー押し反応に対して強化子として働き，給餌装置に入れる反応に対しては，弁別刺激として働いているのである．つまり，トークンは，二重の働き（機能）を持っているといってよい．このような関係は，さらにいくつかの反応にも拡張することができる．これを**行動の連鎖**（chaining）という．この行動の連鎖は，最終的には，無条件性強化子により強化されていることに注意が必要である．私たちが行っている様々な複雑な行為は，このような条件性強化の働きと弁別刺激の働きを介して，単純な行為をいくつも結び付けたものと考えられる．たとえば，昼食を食べにいくという行動を考えてみよう．それは，「時計を見て席をたつ→ドアのノブをまわす→レストランの方向に歩き出す→レストランの看板を見つけて止まる…店員にメニューから料理を注文する→注文した料理を食べる（無条件性強化）」という一連の行動の連鎖から成り立っている（図4-21）．

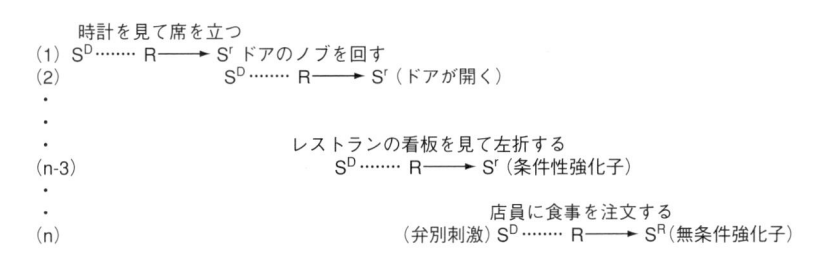

```
                時計を見て席を立つ
(1)     S^D ……… R ──→ S^r ドアのノブを回す
(2)                    S^D ……… R ──→ S^r （ドアが開く）
 ・
 ・
 ・                レストランの看板を見て左折する
(n-3)                  S^D ……… R ──→ S^r （条件性強化子）
 ・
 ・                       店員に食事を注文する
(n)                 （弁別刺激）S^D ……… R ──→ S^R（無条件性強化子）
```

図4-21　日常場面の事例における行動連鎖の模式図．

◎観察学習と観察反応

　観察者自身が直接経験しなくても，他者の経験を見るだけで，同じような場面に置かれたときに学習できることを**観察学習**（observational learning）とい

う．観察学習には，新しい反応の獲得と，どのような刺激のもとで反応を自発すべきかという弁別学習の獲得という2つの側面がある．たとえば，ハトがすでにキイつつき反応を獲得している個体（モデル）を観察することでキイつつき反応を習得する場合は前者の例である．一方，すでにキイつつき反応は習得できている個体が，赤色と緑色の刺激が呈示される場面で，モデルが赤色の刺激のキイをつつき，強化されるのを見ることで，弁別学習を習得する場合は後者の例である．

　新しい行動の観察学習の例としてよく知られているのは，日本の霊長類研究者によって報告された宮崎県幸島の野生ニホンザル集団のイモ洗い行動の伝播である（河合, 1969）．最初にイモ洗い行動が観察されたのは，1歳半の雌の個体であるが，その後，この行動は，母親や仲間，さらに世代を越えて伝わっていったという．河合は，このような文化的行動の伝播は，模倣（観察学習）によるものとしているが，すべてが観察学習によるというよりも，この中に，個体自身の経験（学習）が含まれている可能性がある．しかし，このような可能性を検討するには，野外の観察データでは不可能である．

　樋口（1992）は，集団における新しい行動の伝播を実験的に検討するために，様々なニホンザルの集団の中に，オペラント実験用パネルを設置し，パネル押し反応の形成とその伝播を調べた．その結果，パネル押し反応の観察学習は容易には生じないことが明らかになった．この結果は，幸島のニホンザル集団で観察されたイモ洗い行動の伝播は，イモ洗い行動を見ることによる何らかの影響（行動の一部が観察個体の注意を引くような局部的強調）はあるとしても，実際には，観察個体自身の学習の結果である可能性が高いことを示唆している（浅野, 1983）．

　モデルと同じ行動をすることで強化される場面は，モデルの行動を弁別刺激とした弁別課題であると考えられる．ミラー（Miller, N. E.）とダラード（Dollard, J.）は，ラットを被験体として，選択点で跳躍を必要とするT型迷路を用いた実験場面で，先行するモデルに対し，被験体が同方向に進んだ場合を強化する群とモデルとは反対方向へ進んだ場合を強化する群を設けて観

察学習を調べたところ，いずれの群のラットもモデルの行動を弁別刺激として弁別学習を習得できることを見いだした（Miller & Dollard, 1941）．一般に，観察学習による新しい行動の獲得に関する実験結果は，肯定的結果と否定的結果があるが，モデルの行動を手がかりとした弁別行動の習得は多くの種や様々な課題で認められている（樋口・望月, 1983）．

ワイコフ（Wyckoff, L. B. Jr.）は，ハトを被験体とした継時弁別場面において，キイ以外にペダルを設置し，ハトがペダルを踏んだときだけ，弁別刺激（正刺激または負刺激）を呈示するようにしたところ，ペダル踏み反応が増加することを見いだした（Wyckoff, 1969）．ペダル踏み反応は**観察反応**（observing response）とよばれるが，この反応が，正刺激または負刺激を生み出すだけで，食物などの1次性強化子を伴うわけではないのに増加するのは，弁別刺激（正刺激と負刺激）が条件性強化子として働いていたと考えられる．しかし，条件性強化子として働いたのは，正刺激なのか負刺激なのか，あるいは，両者なのかという疑問が残された．この疑問に明確な回答を与えたのは，ディンスモア（Dinsmoor, J. A.）らの実験であった（図4-22）．彼らは，ハトを被験体として，観察反応用キイへの反応に伴って，正刺激のみ，負刺激のみ，または両者を呈示する条件を比較したところ，観察反応が維持されたのは，明らかに，正刺激のみおよび両者が呈示される条件であり，負刺激のみの条件では，観察反応は維持されなかった（Dinsmoor, Browne, & Lawrence, 1972）．

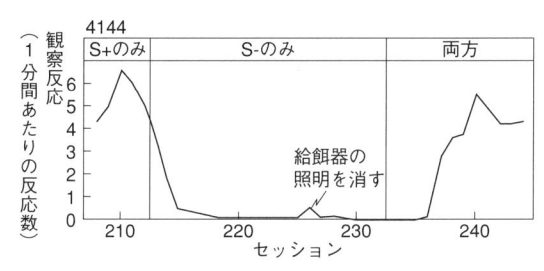

図4-22 ハトの観察反応の維持に対する正刺激と負刺激の影響．負刺激（S-）のみでは観察反応は維持されないことがわかる．Dinsmoor et al. (1972) を改変．

蜂屋・伊藤（1990）は，観察反応用レバーと強化用レバーを設置した継時弁別場面において，観察反応用レバーへの反応により弁別刺激を呈示する手続きを用いて，ラットの観察反応を調べた．彼らは，観察反応により正刺激のみ呈示，負刺激のみ呈示，正・負両刺激呈示という3つの呈示条件下における観察反応の生起を，弁別刺激の観察反応1回当たりの呈示時間，観察反応の強化スケジュール，さらに交代する正刺激と負刺激の要素持続時間の長さを変えて調べたところ，ラットが観察反応を維持するのは，正刺激のみ呈示条件と正・負両刺激呈示条件であることが上に述べた様々な場面で確認された．この結果は，ディンスモアの結果と同様に，観察反応を維持している

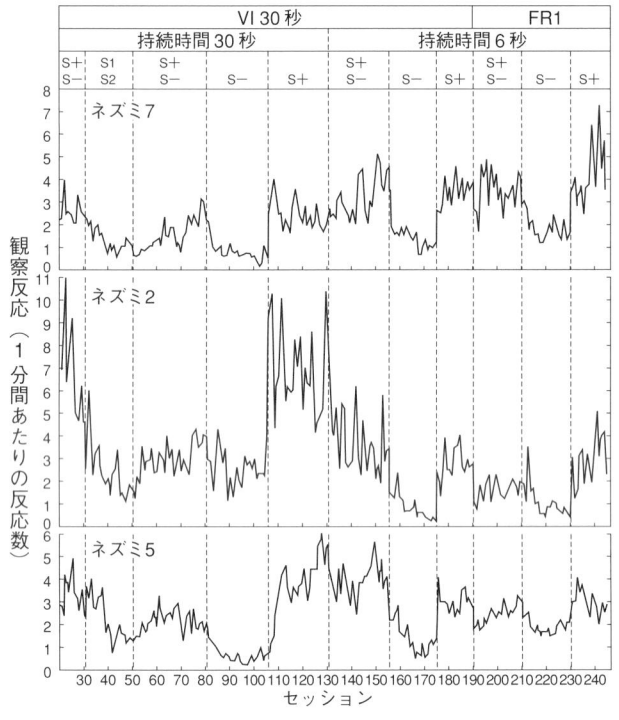

図4-23　異なる刺激呈示スケジュールと刺激持続時間におけるネズミの観察反応の起こり方．負刺激のみでは観察反応が維持されないことがわかる．蜂屋・伊藤 (1990) より．

のは，強化と結びついている正刺激の呈示であること示すものといえる．言い換えると，観察反応は，正刺激という条件性強化子により維持されているといえる．図4-23は，縦軸に観察反応率（1分当たりの観察反応数），横軸に訓練セッションをとって観察反応の変化を個体毎に示したものである．観察反応率には，個体差があるが，観察反応が維持されるのは，正刺激のみ呈示条件または正・負両刺激呈示条件であることが繰り返し各個体内で示されていることに注意してほしい．

読書ガイド

- 小川 隆（監修）杉本助男・佐藤方哉・河嶋 孝（編）『行動心理ハンドブック』培風館　1989

  オペラント条件づけの基礎編とオペラント条件づけの視点から心理学の他分野を解説した応用編からなるユニークなハンドブック．基礎編はオペラント条件づけの詳細な手引き書になっている．

- Reynolds, G. S. *A primer of operant conditioning.* Freeman. 1975
  （浅野俊夫（訳）『オペラント心理学入門：行動分析への道』サイエンス社　1978）

  オペラント条件づけ研究の基礎的事項について厳密な解説が行われている．

- 佐藤方哉『行動理論への招待』大修館書店　1976

  行動分析学の立場から，学習の基礎から日常場面への応用について解説したものである．中級以上の内容であるが，各章ごとに体裁に工夫が凝らされ，初学者にも薦められる．

課題4-1：レスポンデント条件づけとオペラント条件づけにおける強化の違いについて説明しなさい．

課題4-2：行動における条件性強化の役割について説明しなさい．

第5章 複雑な学習

知的行為の過程は，本質的にさまざまな二者択一のなかからの選択の過程であり，知性は主として，選択に関わる事柄である．

―G. H. ミード「社会行動主義者から見た精神・自我・社会」より

複雑な行動は，より単純な行動の結びつきから成り立っていると考えられるが，ここでは，記号によるコミュニケーション，メモとり，洞察，刺激等価性，概念弁別，推論，選択などの高次認知過程を取り上げ，これらの高次認知過程が上に述べたオペラント条件づけの様々な手法にもとづいて研究されていることを見ていこう．また，個体間の相互作用（社会的行動）についても，上に述べたような個体の行動の分析にもとづいて理解することができる．

◎人工言語習得と記号によるコミュニケーション

　言語はヒトに固有なものなのか，あるいはヒト以外の動物でも習得可能か否かは長らく論争の的であり，チンパンジーにヒトの音声言語を習得させようと試みた1950年代初期のヘイズ夫妻の研究から，プラスチック片（図形語）を用いたプレマックの研究，さらに1970年代の手話を用いたガードナー夫妻の研究などが行われてきた．これらの研究は，いずれも実験者と被験動物とが直接相対していることから，方法論上の批判（第2章コラム「賢い馬ハンス」参照）を受けながらも，チンパンジーやゴリラを含む高等霊長類において人工言語の習得が可能であることを示すデータが蓄積されてきた．このような方法論上の批判を回避するために，1970年代の後半から始まったサベージ・ランボー（Savage-Rumbaugh, S.）や室伏らのコンピュータを介在させたチンパンジーの人工言語習得研究は，意図的コミュニケーションの表出から単語の使用，さらに1語から多語文への移行段階まで可能であることを明確に示している．これらの研究は，上に述べたオペラント条件づけの様々な方法，逐次接近法から，強化スケジュール，分化強化，条件性強化などを用いていることが大きな特徴である（Asano, Kojima, Matsuzawa, Kubota, & Murofushi, 1982; 室伏, 1979）．

　室伏らの研究では，記号素を組み合わせた図形語を用い，これまでの研究

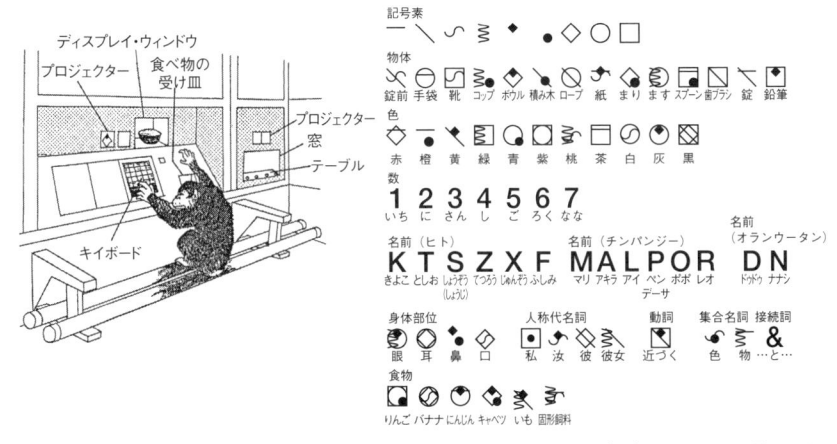

図5-1 京都大学霊長類研究所におけるチンパンジーの人工言語習得研究プロジェクトで用いられた実験装置とチンパンジー「アイ」が習得した人工語のリスト.

とは異なり，食物や水を求める要求語（マンド）ではなく，物体を表す記述語（タクト）をチンパンジーに習得させた．図5-1は，チンパンジーのアイが習得した人工語のリストである（1988年現在）．その後，これらに加えて，色名や数を漢字で答えることができるようになっている（松沢, 1991）．

具体的な実験の手順を示すと，実験室内の壁に具体物を呈示する窓（ディスプレイ・ウインドウ）があり，ここに呈示された物体を表す図形語をキイボード上に表示された複数の図形語の中から選ぶこと（キイボードを押した結果は，プロジェクターで表示される）がチンパンジーに要求される．正しい図形語が選ばれたら，「ホロホロ」音とともに，食物を呈示し，間違った図形語が選ばれたら，ブザー音のみが呈示された．物体名は，実験者により任意に決められたものであり，手続きとしては，具体物（鉛筆，手袋など）と任意の記号（図形語）との象徴見本合わせを用いている（Tomonaga, 1993）．このような条件性弁別の手続き（分化強化）により，正しい図形語が獲得されるようになるのである．次に，物体名だけではなく，たとえば，「赤い手袋」という物体の場合は，色名の象徴見本合わせをさらに訓練することになる．一定の正答率に達したら，新しい物体を順次増やしていくことで，かな

図5-2　ディスプレイに呈示された漢字を刺激とした象徴見本合わせ課題を行っているチンパンジー「アイ」．

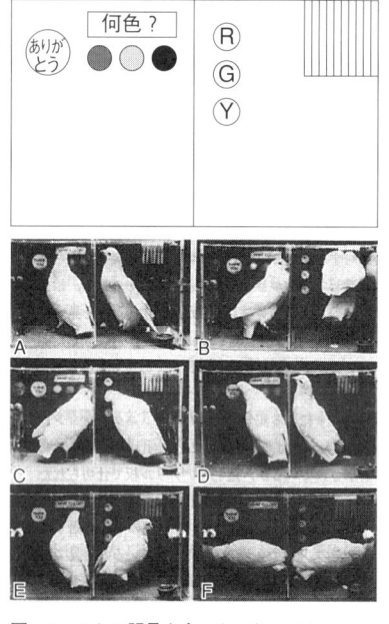

図5-3　ハトの記号を介したコミュニケーション．図の上部には，実験箱の正面パネルの模式図を示す．2個体のコミュニケーションは写真Aから写真Fの順序で進行する．Epstein et al. (1979) を改変．

りの数の物体名が獲得された（松沢，1989; 室伏，1983a）．このように，人工言語の獲得には，見本合わせや分化強化などのオペラント条件づけの方法が重要な役割を果たしている（図5-2）．

サベージ・ランボーらは，2個体のチンパンジーに絵文字からなる人工言語を習得させた後，2個体が相対する場面で，一方の個体が示す絵文字で表される食物をもう一方の個体が手渡しできるかどうかテストした．その結果，絵文字という記号を介した2個体間のコミュニケーションが成立することを見いだしている．こうした記号を介したコミュニケーションは，ヒトに近い高等霊長類であるチンパンジーだからできたのであろうか．

エプスタイン（Epstein, R.）らは，ハトを用いた高次認知過程の行動シミュレーション研究のひとつとして，2個体のハトによる記号を介したコミュニケーションが，適切な強化随伴性を設定すれば可能であることを示した（Epstein, Lanza, & Skinner, 1979）．図5-3にコミュニケーションの様子が示されているが，透明のアクリル板で仕切られた2個体は，情報の送り手と受け手という役割が与えられた．最初

に，情報の受け手により「何色？」というキイがつつかれたのを見た送り手は，カーテンの中の，何色のランプが点灯しているかを見て，3色に対応した記号（Y, G, R）のひとつを選んで知らせる．それを見て，受け手は，「ありがとう」キイをつついて，相手に餌を与える．続いて，自分も餌を食べるために，記号で知らされた色に対応する実際の色のキイをつつくのである．このようにハトは，記号を介して情報を伝達することができた．

さらに興味深いのは，透明な仕切板を取り除いた実験箱に入れられた1個体が，私たちがメモをとるのと極めて類似した行動をとったことである．この個体は，受け手と送り手の一連の行動を自ら行い，しかもカーテンのなかを覗いた後，色キイをすぐにつつける条件では，直接色キイを，色キイをつつけるまでに遅延時間を挿入した条件では，記憶の負担を軽減するかのように再び記号のキイをつついたのである．

◎洞察

ケーラーは，第1次世界大戦の最中，西アフリカのテネリファ島で，飼育されていたチンパンジーを使って，問題解決の研究を行っていた．この研究成果は，後に「類人猿の知恵試験」（1917/1925年）としてまとめられたが，手の届かないところにあるバナナという問題状況の解決が一瞬に起こることを見つけ，これを試行錯誤学習とは異なるものとして，**洞察**（insight）と名付けた．しかし，彼の用いたチンパンジーたちは，過去にどのような経験をしているのか不明であり，バナナを箱と棒を利用して取るという課題は，サルタンというチンパンジーだけしか解決できなかったという問題もあった．

エプスタインらは，ハトを用いて，洞察と呼ばれる課題解決に必要な経験的基礎を明らかにしている．これには，「箱をつついて動かす」という経験と「バナナの形をしたモノをつつく」という経験をさせた後，ハトのくちばしの届かない天井から吊されたバナナと箱が置かれた問題（テスト）場面にハトが入れられた（Epstein, 1981）．ハトは天井から吊されたバナナを見ながら，箱に乗ったりするが，やがて嘴で箱を動かし，最後にバナナの下に箱を動か

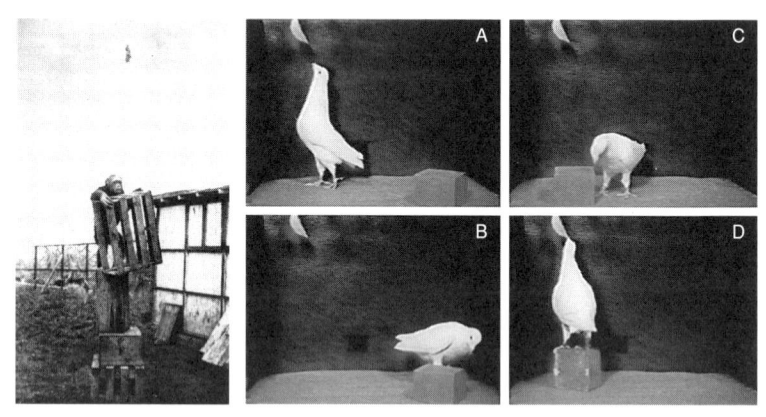

図5-4 ケーラーの観察したチンパンジーの問題解決とエプスタインの実験におけるハトの問題解決（写真Aから写真Dへと進行する）．

し，この箱にのってバナナをつつくこと（問題解決）ができたのである（図5-4）．

エプスタインらの研究は，記号によるコミュニケーション，洞察などの高次認知過程の成立に果たす個体の経験の役割を明らかにした点で重要な意味を持っている（Nakajima & Sato, 1989）．

◎学習セット

ハーローは，同時弁別手続きにより，形，色，大きさの異なる物体を対（344組）にして順次呈示し，アカゲザルに選ばせる実験を行った（Harlow, 1949）．最初の32組については，50試行，次の200組は6試行，最後の112組は平均9試行行ったところ，図5-5にあるように，各問題の最初の6試行の正答率を求めると，最初の問題では，漸次的な変化であったが，学習した刺激組が増えるに従い，第2試行の正答率が上がり，最後のブロックでは，第2試行の正答率は，100%近い値になることを見いだした．この事実は，単なる弁別学習の結果ではなく，いかに学習するかを習得した結果であると解釈され，**学習セット**（learning set）と名付けられた．用いられた実験装置も，実験者がサルと対面して刺激対を呈示する**ウイスコンシン一般テスト装置**（Wisconcin general test apparatus: WGTA）として知られるようになった．

この現象は，多数の刺激対を順次呈示するという点で後で述べる概念弁別の手続きに似ているところがあり，概念形成と類似した高次の過程を表していると考えられる．また，学習セットの形成は，先に述べたケーラーの洞察という現象も経験にもとづいた学習の過程を経て出現するものであることを示唆している．

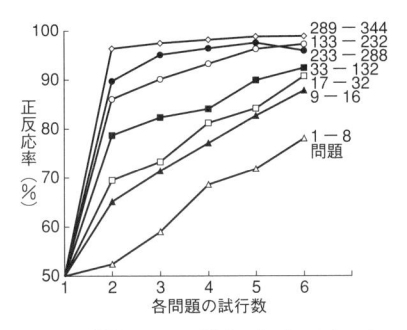

図5-5 学習セットの形成．各データ点は各問題（刺激対）の最初の6試行における正反応率を示す．Harlow (1949)を改変．

◎刺激等価性

私たちは，相手により話し方を変えることがある．たとえば，家では東京出身の両親と東京弁で話をしている子どもも，友達からの電話では，"こてこて"の大阪弁で話をしている．これは，条件性弁別の一例であるが，両親や友達という弁別刺激により，子どもは話し方を変え，相手から強化されていると考えられる．このような条件性弁別は，どのようにして形成されるのであろうか．

条件性弁別の形成には，**刺激等価性**（stimulus equivalence）または**等価関係**（equivalence relations）による等価刺激クラスの形成がその基礎になっていると考えられる（山本, 1992）．刺激等価性とは，たとえば，条件性弁別訓練により「刺激（A）→刺激（B）」関係が成立するとき，訓練に用いられなかった新しい刺激A'とB'にも，同じ「刺激（A'）→刺激（B'）」関係が成立することである．つまり，新しい刺激A'がAと等価になったこと（あるいは，B'がBと等価になったこと），すなわち，等価刺激クラスが成立したことを意味している．刺激クラスとは，先に述べたように，たとえば，「東京弁を話す人」という名前（クラス名）が与えられる東京弁を話す人々（刺激）の集

```
         刺激 A
     「信号機の赤色」
```

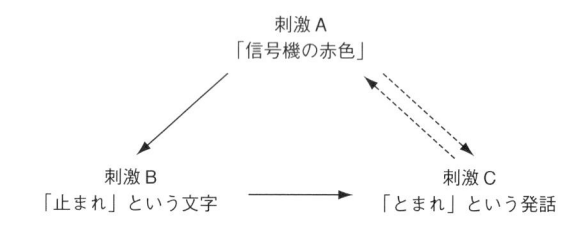

図5-6 刺激等価性の概念図．刺激（A）ならば刺激（B）であるという関係と刺激（B）ならば刺激（C）であるという関係が訓練されると，刺激（C）ならば刺激（A）という関係が訓練なしに生まれることを刺激等価性または等価関係の成立という．

合である．

　シドマンは，刺激等価性の成立の有無を，見本刺激と同じものを2つの比較刺激から選ぶ見本合わせ課題を用いて，ダウン症児について調べている．単語と文字を刺激とした刺激クラスA（話された単語）とB（絵）の対応（B→A）と刺激クラスB（絵）とC（印刷された単語）の対応（C→B）を形成した後，直接訓練されなかった刺激クラスCとAの間に対応関係（C→A）が成立することを見いだした．こうした等価関係の成立は，言語理解が媒介的転移の過程にもとづいて，間接的に獲得されることを示唆している．このような等価関係は，ヒト以外の動物でも成立するのであろうか．

　シドマンは，この疑問に対して，アカゲザル，ヒヒ，子どもを条件性弁別の手続きを用いて比較したところ，子どもを除くと，刺激等価性の成立は認められなかった（Sidman, Rauzin, Lazar, Cunningham, Tailby, & Carrigan, 1982）．この結果から，シドマンは，等価関係はヒトにのみ成立する行動的事実であるとしているが，動物においても等価関係の成立を報告した研究が少ないながらもいくつか報告されている（Manabe, Kawashima, & Staddon, 1995；Schusterman & Kastak, 1993）．

　シュスターマン（Schusterman, R. J.）とカスタク（Kastak, D.）は，カリフォルニアアシカを被験体として，条件性同時弁別手続きを用いて，任意の図形刺激を含むA・B・Cの3つの刺激セットの中からA・B関係，B・C関

係を訓練した．その後，A・C関係（刺激等価性）の成立が1個体のアシカで認められた．この事例では，刺激—刺激関係を扱っているが，刺激—反応関係においても等価性の成立を認めた事例がある．

真辺・河嶋・スタッドン（Staddon, J. E. R.）は，セキセイインコを被験体として，ヒトの言語における**命名**（naming）という過程に相当するものとしてインコのさえずり反応を用いて検討した．条件性弁別手続き（象徴見本合わせ手続き）を用いて，たとえば，赤色の刺激のもとでは，高い声のさえずり，緑色の刺激のもとでは，低い声のさえずりを強化した（色—反応関係）．次に，訓練とテストとして，新たに2種類の見本刺激（図形刺激）を導入して，これらの刺激に対して，高低いずれかの音のさえずり反応を行うことが要求された（どちらの反応を自発してもよい）．続いて，比較刺激として2種類の色刺激が用意され，図形刺激（見本刺激）—色刺激（比較刺激）の関係を訓練した（円のときは，赤色をつつくと強化，十字のときは，緑色をつつくと強化）．その結果，図形刺激に対して色—反応関係にもとづいた反応が生じるようになったのである．この事実は，刺激等価性が刺激—刺激間の関係だけではなく，刺激—反応間についても成立することを示している．

ヒト以外の動物における刺激等価性の成立が上に述べたごくわずかの事例を除いて認められていないのは，訓練方法やテスト方法などの方法論の問題だけではなく，刺激や反応の動物にとっての生態学的意味を考察しなければならないことを示唆している（室伏, 1999; 山崎, 1999）．

◎**概念弁別**

高度な知的作用の所産と考えられている絵画鑑賞の場合も，上に述べた等価関係の成立が基礎となっている．たとえば，印象派のモネとルノワールの区別を考えてみよう．その場合，モネやルノワールの作品をそれぞれの名前と対応させる（名前づけ）必要がある．こうした名前づけは，主に，学校教育のなかで教科書や美術書を通して行われる（分化強化）であろう．もしモネやルノワールという刺激クラスが成立していれば，初めて見る絵がモネの

作品なのかルノワールの作品なのかを区別できる．このような刺激クラス間の弁別を**概念弁別**（concept discrimination）という．概念弁別は，同じ刺激クラス内では，般化の過程，異なる刺激クラス間では，分化の過程にもとづいていると考えられる．より多様な手がかりにもとづく弁別も可能であることが，ハトを被験体としたモネとピカソの絵画弁別の実験により明らかにされている（山口・北村・伊藤, 2003；渡辺, 1995a, b; Watanabe, Sakamoto, & Wakita, 1995）．

絵画弁別とは，個々の絵の区別ではなく，モネとピカソという刺激クラス間の区別であることに注意が必要である．渡辺らの具体的な訓練手続きでは，モネとピカソの絵画からそれぞれ10作品選び，ハトをモネの絵画を正刺激（ピカソを負刺激）とする群とピカソの絵画を正刺激（モネを負刺激）とする2群に分け，継時弁別手続きを用いて20枚の絵画をランダムな順番で呈示して分化強化を行った．次に，十分な弁別行動を形成した後，概念が形成されたことを確かめるために，弁別訓練に用いなかった新奇なモネとピカソの絵画に加えて，印象派とキュービズムに属する他の画家の絵を用いて般化テストを行った．その結果，図5-7に示されているように，モネを正刺激とした群では，新奇なモネの絵画に多くの反応が，ピカソを正刺激とした群では，逆に，新奇なピカソの絵画に多くの反応が生じ，概念弁別の成立が認められた．

さらに，興味深いのは，印象派と

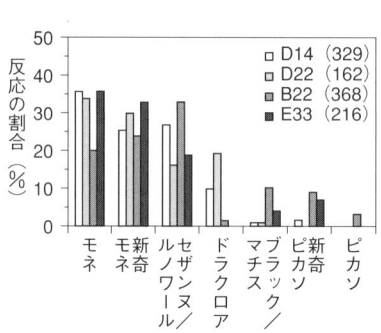

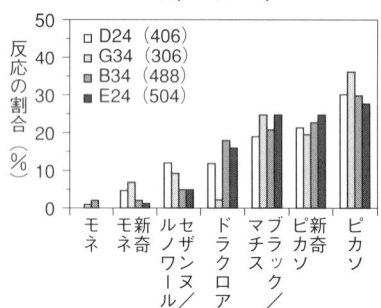

図5-7 モネとピカソの絵画弁別における般化テストの結果．上図はモネを正刺激とした群，下図はピカソを正刺激とした群を表す．Watanabe et al. (1995)を改変．

キュービズムの分類ができたことである．また，この場面の弁別行動が絵画のどのような側面を手がかりにしているのかを明らかにするために，モノクロやぼかしを施した絵画を刺激として般化テストを行ったが，特に大きな差は認められなかった．このことは，ハトの絵画の区別が，色や形という単一の次元にもとづくのではなく，むしろ様々な側面を総合的（多次元的）に利用していることを示唆している．

このような概念弁別の研究は，ヘルンスタインとラブランド（Loveland, D. H.）の研究から始まったといってよい．彼らは，ハトに，ヒトが写っているスライドと写っていないスライドを多数用意（各600枚）し，継時弁別の手続きにより，ヒトの写っているスライドがキイの隣のスクリーンに呈示されているときは，キイをつつくと強化，ヒトの写っていないスライドが呈示されているときは強化しないという分化強化を行った．ハトが2種類のスライド群を弁別できたら，次に，テストとして，訓練に用いなかった，ヒトが

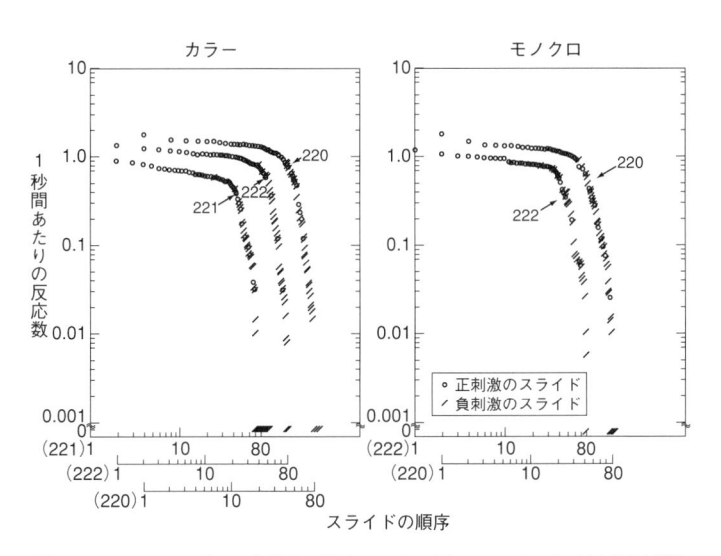

図5-8 ハトによる「ヒト」概念の形成．ヒトの写っているスライド（正刺激）と写っていないスライド（負刺激）に対する反応を反応数の大きさの序列にしたがって並べてある．カラーでもモノクロでも結果に違いがないことがわかる．Herrnstein & Loveland (1964) を改変．

写っているスライドと写っていないスライドからなる新奇な1組のスライドを呈示したところ，ハトは新奇なスライドについても区別できることが示された（Herrnstein & Loveland, 1964）．図5-8は，各刺激に対する反応数の多い順番に並べたものである（縦軸と横軸ともに対数変換してある）．ヒトが写っているスライドは白丸，写っていないスライドは斜め線で区別してある．数字はハトの個体番号である．両者のスライドの序列ははっきりと異なっていることがわかる．

　この概念弁別の中には，「同じ」と「違う」という**同異概念**（same/different concept）が含まれている．先に述べた同種見本合わせ手続きは，「同じ」という概念ができているか否かを調べる方法である（逆に，異種見本合わせ手続きは，「違う」という概念を調べる方法である）．この手続きでは，見本刺激と「同じ」刺激を1対の比較刺激の中から選べば，正解として強化される．この学習が新しい刺激についても見られるとしたら，同異概念が成立したことになる．これまでの研究から，チンパンジー（Premack, 1983），フサオマキザル（D'Amato, Salmon, & Colombo, 1985），ニホンザル（Fujita, 1983），オウム（Pepperberg, 1999），ハト（Wright, Cook, Rivera, Sands, & Delius, 1988）では同異概念の成立が認められている．

　このように，ある刺激群（クラス）の個々の刺激に対して同じような反応を行い，別の刺激群の個々の刺激に別の反応を行うことは，弁別の定義のように，刺激群を区別できているといえる．このような弁別行動を**概念行動**といい，その刺激群を**概念**（concept）とよぶ．特に，用いた刺激が自然なものである場合を**自然概念**（natural concept），刺激が色や形という人工的なものである場合を**人工概念**（artificial concept）という．動物が概念行動を行うのは，刺激クラスを特徴づける共通特徴にもとづいていると考えられるが，共通の特徴ではなく，そのうちのいくつかの特徴を持っていればよいという**多形概念**（polymorphous concept）にもとづいている可能性もある（Jitsumori, 1993; Lea & Harrison, 1978）．自然概念の形成は，人工概念よりも比較的容易であるが，上に述べた自然概念の形成の事実から，動物が，呈示された写真と

いう2次元的なものから，自然状況における3次元的なものを見ていると考えてもよいのだろうか．

　セレラ（Cerella, J.）は，ハトを被験体として，漫画の主人公（チャーリー・ブラウン）の絵を刺激とした実験を行い，この問題を検討した．チャーリー・ブラウンの概念弁別が形成された後，この絵を上下に3分割し，各部分をでたらめに組み合わせた刺激と正常に組み合わせた刺激を呈示して，ハトが絵をどのように見ていたかを調べた．その結果，図5-9に示されているように，でたらめな組み合わせでも正常な組み合わせと同じような反応が生じたのである．つまり，ハトは，ヒトがこの絵を見るようには，見ていないことを示している（Cerella, 1980）．

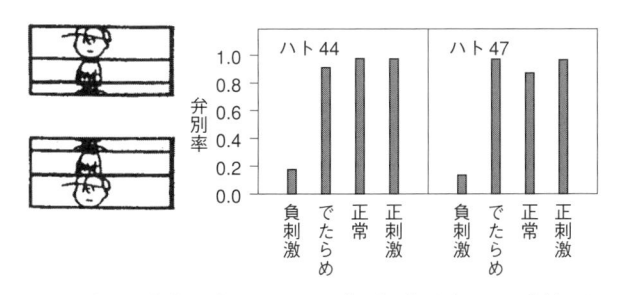

図5-9　漫画の主人公（チャーリー・ブラウン）を上下に3分割した刺激をでたらめに組み合わせた刺激と正常に組み合わせた刺激に対するハトの反応．ハトは，この2つの刺激を同じものと見なしていることがわかる．Cerella (1980) を改変．

コラム

映画「心の旅路」：手がかりは文脈の中で機能する

　1942年に制作された映画「心の旅路」は，旅回りの踊り子と記憶喪失の男の波乱に満ちた運命と愛の行方を描いたラブロマンスである．舞台は，第1次大戦終了直後の英国．従軍中に記憶喪失になり，自分が何者であるかわからない主人公のチャールズは，終戦の日，精神病院から抜

けだし，メルブリッジの町の煙草屋で，踊り子ポーラと運命的に出会う．チャールズ，いや仮の名前スミスに同情したポーラは，郊外の宿に彼をかくまった．こうした2人の間に愛が芽生え，やがて結婚して，近くに教会の見える小さな家に住むことになった．そんなある日，新聞社から作家として契約したい旨の手紙を受けとり，自立できる喜びを胸に新聞社のあるリバプールに，安物の旅行鞄を携えて出かけたチャールズは2度とポーラの前に姿を現さなかった．

リバプールへ出かけたスミスは，自動車事故に巻き込まれ2度目の記憶喪失を起こしてしまったのである．ポーラとの結婚生活を思い出せなくなったかわりに，本当の自分（チャールズ・レイニアー）の記憶がよみがえり，レイニアー家へ帰還する．やがて家業を継いで，実業家として成功したチャールズのことを知ったポーラは，自分との過去を思い出してほしいと彼の秘書として働き始める．

チャールズは，実業家として多忙な毎日を過ごしていても，空白の3年間のことがいつも彼の胸の片隅にあった．この空白を探す手がかりを求めてリバプールの安宿に出かけてみるが，残されていた安物の鞄（目の前のポーラ自身！）を見ても，記憶は蘇らなかった．しかし，会社のストライキ収拾のため，メルブリッジの町に赴いたチャールズは，立ち寄った煙草屋の女主人に見覚えがあるのに気づき，かつて住んだことの

写真協力（財）川喜多記念映画文化財団

ある教会の見える小さな家を見つけ，まさに玄関を開けようとしたそのとき，背後から「スミシー！」と愛称で呼びかけるポーラの姿があった．振り返ったチャールズは，「ポーラ！」と叫んで2人は駆け寄って抱擁するのであった．このように，メルブリッジの町という文脈のなかで，初めてポーラ自身が手がかり刺激として働いたのである．

◎推論

　ある出来事がどのくらい起こりやすいか（確率）は，これまでの過去経験から推測する問題である．このような推測は，一般に，**帰納的推論**（inductive reasoning）とよばれている（Nisbett, Krantz, Jepson, & Kunda, 1983）．ヒトや動物が経験からある出来事の起こりやすさを帰納的推論できるのかは興味ある問題である（北村, 2001；小野, 1989）．

　伊藤は，遅延見本合わせ手続きを用いて，ハトが見本合わせ課題を遂行する過程で見本刺激の偏り（確率）を推論できるか否かを検討した．赤色または緑色の見本刺激を9：1または7：3の比率で3つのキイの中央キイに呈示した．ハトが中央キイをつつくと見本刺激が消え，左右のキイに比較刺激（赤色と緑色）が呈示された（0秒遅延）．見本と同じ比較刺激が呈示されているキイをつつけば強化された．このような見本合わせ反応が形成された後，消去手続きのもとで，見本刺激を呈示しないテストを行い，比較刺激をどのように選ぶのかを調べたところ，

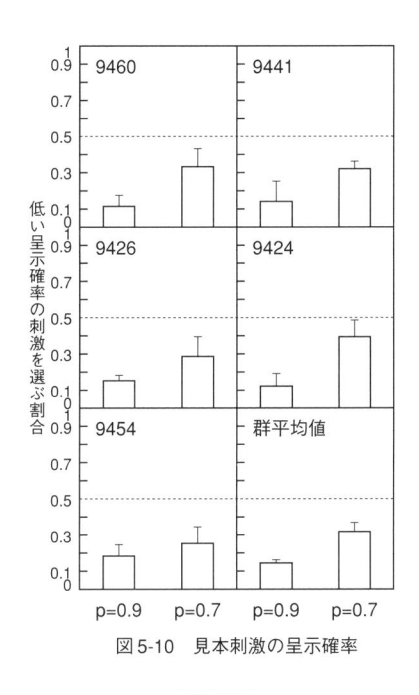

図5-10　見本刺激の呈示確率

ハトは，訓練時の見本刺激の偏りに対応するように赤色または緑色を選ぶことが明らかになった（Ito, 2000b）．図5-10は，各個体ごとに，2つの見本刺激の偏り条件における小さい呈示確率の見本刺激の選択率を示しているが，選択率は，ほぼ見本刺激の偏りに一致していることがわかる．

この例は，あるひとつの出来事の起こりやすさの推論であったが，さらに出来事が加わった場合には，どのように推論するのであろうか．このような2つの確率情報からひとつの結論を導き出すことを，この問題の定式化を試みたベイズ（Bayes, T.）の名前から，**ベイズ推論**（Bayesian inference）という．この問題は，**ベイズの定理**と名付けられた条件付き確率の計算過程として理解することができる．伊藤と廣野（1995）は，上に述べた見本合わせ手続きに長い遅延時間（20秒）を導入し，この遅延時間の終了直前に，どちらの比較刺激が正しい刺激であるかを知らせる情報刺激を短時間（1秒間）左右いずれかのキイに呈示する手続きを用いて検討した．情報刺激の信頼度を80％とすることで，情報刺激の信頼度と見本刺激の偏りという2つの確率的事象を含む場面を構成したのである．この場面の見本合わせ反応が形成された後，見本刺激のみ呈示しないテストを行い，ハトの比較刺激の選び方を調べたところ，見本刺激が9：1のときは，ベイズの定理の予測値（0.31）に近い値を示したが，見本刺激が7：3のときは，ベイズの定理の予測値（0.63）とは，やや逸脱した値となった（図5-11）．しかし，この事実は，ハトにおいても，複合的確率事象を何らかの形で考慮した選択を行っていることを示している．同様な研究は，ヒトの確率

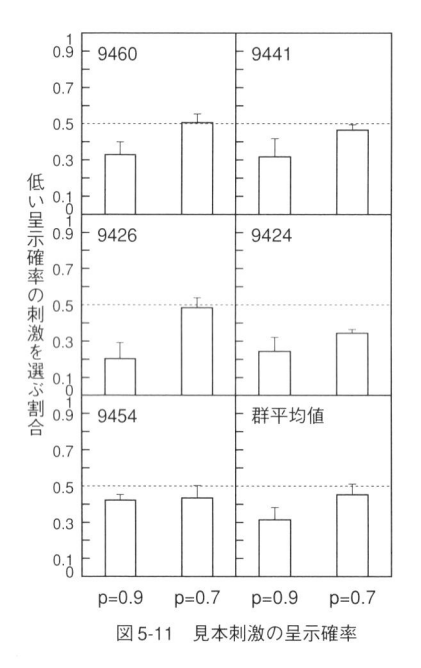

図5-11 見本刺激の呈示確率

的判断を選択場面に置き換えた手続きを用いたグッディ（Goodie, A. S.）とファンティノ（Fantino, E.）によっても行われている（Goodie & Fantino, 1995, 1996）．

◎選択行動と対応法則

　ある行動（行為）を，ある時点で行うということは，この時点で，他の行動を行わないことを意味している．したがって，ある行動を行うことは，とりうる可能な行動の中からの選択になる．ヒトや動物は，生物として，とりうる行動の範囲が自ずと決まっているが，これを**行動レパートリ**とよんでいる．オペラント条件づけとは，このよう行動レパートリからある特定の行動が選択される過程であるともいえる．つまり行動研究とは，選択行動の研究といっても過言ではないが，ここでは，もう少し話を限定して，実験操作として選択肢を2つ設けた場面の選択行動研究を見てみよう．

　1960年代の初頭に，オペラント条件づけ研究の中から，選択行動研究が始まった．ヘルンスタインは，図4-2の実験箱にもうひとつのキイを追加して，それぞれを選択肢とした実験手続きを考案した（Herrnstein, 1961）．図5-12に示したように，この手続きは，同時選択の手続きであり，各選択肢に異なる強化スケジュールが配置されているので，**並立スケジュール**（concurrent schedule）とよばれる．また，選択期と結果受容期を操作的に分けた同時選択手続きを**並立連鎖スケジュール**（concurrent-chains schedule）という．これらの同時選択手続きに対し，選択肢が継時的に呈示される継時選択手続きがフィンドレイ（Findley, J. D.）により考案されている．この継時選択手続きを**フィンドレイ型選択手続き**

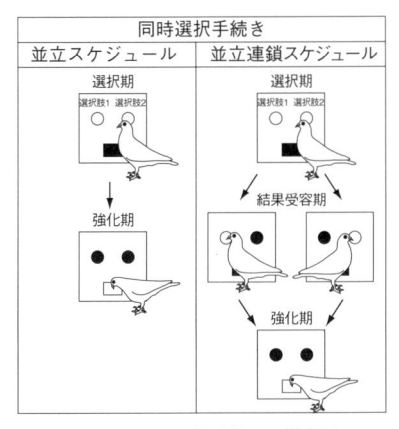

図5-12　同時選択手続きの模式図.

(Findley, 1958) という．

ヘルンスタインは，ハトを被験体として，並立スケジュールにもとづく同時選択手続きを用いて，2つの選択肢の一方では強化率（1分当たりの強化数）を固定し，他方で強化率を組織的に変化させたところ，ハトの2つの選択肢への反応の配分は，2つの選択肢から得られる強化率に一致することを見いだした．これを**対応法則**（matching law）といい，(1)式または(2)式のように表すことができる．

図5-13は，3個体のハトのデータを示しているが，縦軸は(1)式の左辺を，横軸は右辺をそれぞれ表している．(1)式の左辺のような形で表現した選択反応を**選択率**（choice proportion），(2)式の左辺のような形の選択反応を**選択比**（choice ratio）という．また，選択率や選択比は，被験体の**選好**（preference）を表すものである．傾き45度の直線は，(1)式を表している．これを**完全対応**（perfect matching）とよぶ．

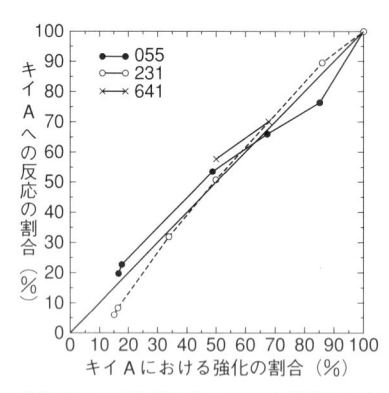

図5-13 対応法則の成立．2つの選択肢（キイAとキイB）の強化率の変化に対する選択反応の変化を示す．図中の傾き45度の直線は，強化率の割合と選択反応の割合が完全に一致する場合（完全対応）を表す．3個体のデータを個別に示してある．Herrnstein (1961) を改変．

$$\frac{R_1}{R_1+R_2}=\frac{r_1}{r_1+r_2} \quad (1)$$

$$\frac{R_1}{R_2}=\frac{r_1}{r_2} \quad (2)$$

ただし，Rは選択反応，rは強化率を，数字は選択肢1と2をそれぞれ表す．(1)式と(2)式は代数的に等しい．

実際のデータは，しばしばこの直線から逸脱することがある．このため，こうしたデータも扱えるように，(3)式のベキ関数（power function）にもとづく対応法則の一般化が提案された．これを**一般対応法則**（generalized matching law）という（Baum, 1974a, 1979; 伊藤, 1983; 高橋, 1997）．

$$\frac{R_1}{R_2} = b\left(\frac{r_1}{r_2}\right)^a \qquad (3)$$

$$\log\left(\frac{R_1}{R_2}\right) = a\log\left(\frac{r_1}{r_2}\right) + \log b \qquad (4)$$

ただし，bは，一方の選択肢への何らかのバイアス，aは，強化率次元に対する被験体の感度を表す．aが1.0より大きいときは，**過大対応**（overmatching），1.0より小さいときは，**過小対応**（undermatching）という．その他の記号は(1)式と同じである．(4)式は，(3)式を両辺対数変換し，1次関数の形にしたものである．この(4)式を得られたデータに当てはめて，傾きaと切片$\log b$を推定する．

　一般対応法則は，先に述べた，ソーンダイクの「効果の法則」を定量的な形で表現したものといえるので，これを「**量的効果の法則**」とよぶことがある．この法則は，強化率だけではなく，遅延時間あるいは強化量についても当てはまる．また，実験室のハトやネズミはもちろんのこと，野外の動物の採餌行動や，ヒトの選択行動についても当てはまることが明らかになっている（伊藤, 1997a）．一方，一般対応法則は，強化率や強化量などの強化事象の比が選択反応を決めることを前提としている．つまり，比は同じでも絶対量が異なる場合，たとえば，強化量比が3：1で，絶対量が2：6，あるいは3：9の場合には，結果が同じであることを予測するのである．しかし，最近の研究から，絶対量が変わると選択比が一般対応法則の予測から逸脱することが明らかになっており（内田・伊藤, 2000），このことは，一般対応法則の限界を示すものといえる．

　Ito（1985）は，並立連鎖スケジュールにもとづく同時選択手続きを用いて，強化量の異なる組み合わせ，すなわち一方の選択肢の強化量は餌ペレット1個（45mg）とし，他方の選択肢の強化量を餌ペレット2個，3個，5個とした4条件をネズミに選択させたところ，各個体の強化量比と選択反応比の関係は，(3)式の一般対応法則によりうまく記述できることが示された．また，

(3)式の両辺を対数変換して得られた直線の傾きは，並立連鎖スケジュールの結果受容期の長さにより異なることが見いだされ，結果受容期が5秒のときは，1.0より小さく，過小対応を示したが，結果受容期が20秒のときは，1.0より大きく，過大対応を示した．このように，選択行動は，結果受容期の長さに影響を受けるのである．

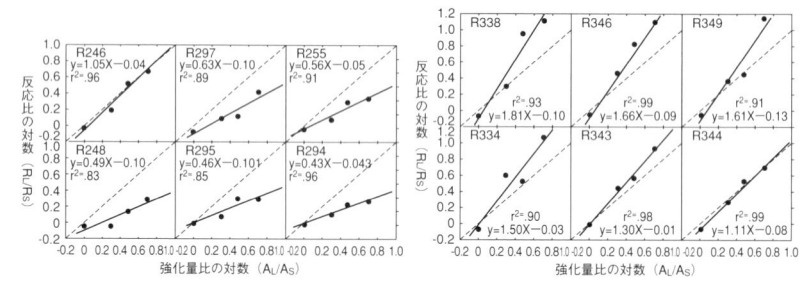

図5-14 ネズミにおける強化量選択データの一般対応法則による分析．左は，結果受容期の長さが5秒の場合，右は結果受容期が20秒の場合を示している．Ito (1985) を改変．

行動生態学者のヒューストン（Houston, A.）は，テムズ川の川辺と堤防外の荒れ地の2カ所を採餌場所としたハクセキレイを観察したデータに(3)式の一般対応法則を適用している．横軸に2カ所の餌場で得られた強化量比を，縦軸に2カ所の滞在時間比をとってデータ（白丸と黒丸は観察時期の異なるデータを表す）をプロットすると，強化量比と滞在時間比の関係は，線形（1次関数）となり，ハクセキレイの餌場間の行動配分は，対応法則に従っていることを示した．図5-15から明らかなように，この場合は，直線の傾きが1.0より小さいので，過小対応である．バウム（Baum, W. M.）も野外のハト

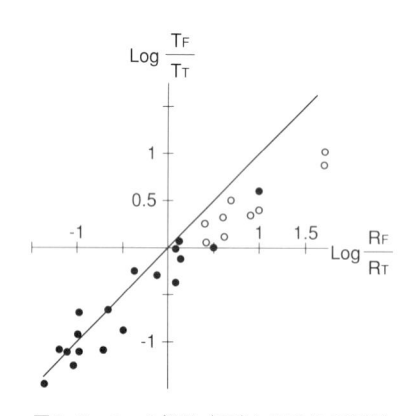

図5-15 2つの餌場（川岸と堤防外の草地）における餌密度比と滞在時間比の対応関係．図中の傾き45度の直線は完全対応を示す．Houston (1986) を改変．

の集団について，対応法則が成立することを，並立スケジュールによる同時選択の手続きを用いて確かめている（Baum, 1974b）．

◎ **自己制御と衝動性**

上に述べたように，個体は，選択肢の強化量だけが異なっている場合，より強化量の多い選択肢を選ぶであろうし，遅延時間だけが異なっている場合，より短い遅延時間の選択肢を選ぶであろう．それでは，強化量と遅延時間が同時に異なっている場合はどうなるであろうか．たとえば，遅延時間は短いが強化量は少ない選択肢と，遅延時間は長いが強化量は多い選択肢間の選択のような場合である．このような選択を自己制御選択という．一般に，前者の選択を**衝動性**（impulsiveness），後者の選択を**自己制御**（self-control）という（Rachlin & Green, 1972）．つまり，目先の小さい利益よりも将来の大きい利益を選ぶことが自己制御なのである．

ラックリン（Rachlin, H.）とグリーン（Green, L.）は，自己制御選択場面で，ハトの自己制御と衝動性を調べた．彼らは，図5-16に示されているように，即時に得られる2秒間の餌と4秒後に得られる4秒間の餌を選択肢とする選択場面を基本として，2段階の選択場面を構成した．第1段階の選択で

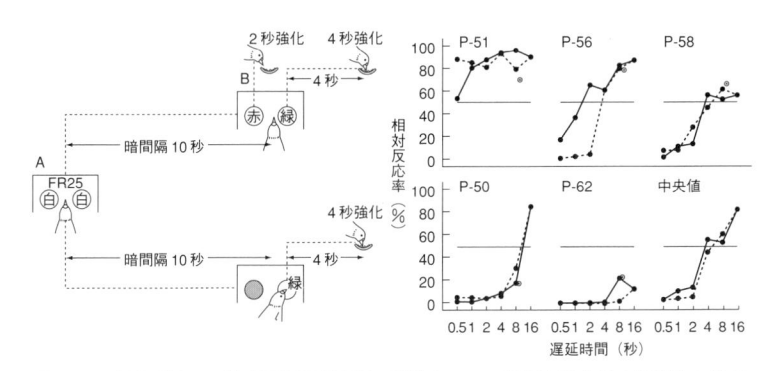

図5-16 実験手続きの模式図と遅延時間の関数としての遅延大強化量の選択肢を選ぶ割合．実線は上昇系列，破線は下降系列での遅延時間の呈示を示す．Rachlin (1976) と Rachlin & Green (1972) を改変．

は，T秒後に上記の選択場面が呈示されるか，上記の選択肢のうち，4秒後に得られる4秒間の餌という選択肢のみが呈示されるかを決めるものであった．この選択肢を選ぶことを，あらかじめ自らの選択の余地を無くしておくという意味で**自己拘束**（commitment）という．第2段階は，T秒前に決定した選択場面が前者であれば，選択場面になる．また，後者であれば，選択の余地無く，自己制御を示すことができることになる．ハトは，Tが短いと，第1段階の選択で，T秒後に選択場面が呈示される選択肢を選び，この選択場面では，ほとんど即時小強化量の選択肢を選ぶこと，すなわち，衝動性を示すことが明らかになった．一方，Tが長いと第1段階の選択で自己拘束を選ぶことができることが認められた．この事実を，**選好逆転**（preference reversal）といい，(2)式を拡張した(5)式にもとづいて予測すると，Tが約4秒のときであることがわかる（Rachlin & Green, 1972）．この予測値は，実測データと一致したのである．

$$\frac{R_1}{R_2} = \frac{A_1}{A_2} \cdot \frac{D_2}{D_1} = \frac{A_1}{A_2} \cdot \frac{I_1}{I_2} \qquad (5)$$

ただし，Aは強化量，Dは遅延時間を表す．その他は(1)式と同じである．遅延時間は，すぐに得られることが強化事象なので，即時性（$I = 1/D$）で表現できる．

(5)式は，ラックリンとグリーンの選択データをうまく記述できたが，2つの遅延時間が等しく（$D_1 = D_2$），等しい遅延時間が増加する場合には，選択データをうまく扱えないことが見いだされている（Ito & Asaki, 1982）．

伊藤と朝木は，並立連鎖スケジュールによる同時選択手続きを用いて，5秒から20秒の範囲の等しい遅延時間を4条件設け，ネズミに強化量（餌ペレット1個と3個）の選択を行わせたところ，餌ペレット3個への選好が等しい遅延時間の増加とともに大きくなることを見いだした．等しい遅延時間が5秒のときは，選択率は0.6前後であったが，等しい遅延時間が20秒のときは，選択率はさらに大きく，0.9前後まで増加したのである．この事実は，遅延時間が等しい場合には，選好が一定（餌ペレットの違いだけ）になるこ

とを予測する(5)式の限界を示している．また，このことは，手に入れるまで待たされるほど，その餌（餌ペレット3個）の主観的価値が増加することを示唆している．

◎**価値割引**

ラックリンとグリーンの結果は，ハトの2つの選択肢への選好が，時間とともに変化することを示している．すなわち，強化される直前（Tが短いとき：T_1）では，即時小強化量選択肢の価値が高く，時間的に離れた時点（Tが長いとき：T_2）では，逆に，遅延大強化量選択肢の価値が高いと考えられる．すなわち，時間とともに選択肢の価値が割引かれるのである．これを**価値割引**（discounting）という．

図5-18は，このことを説明する模式図であるが，価値の割引（減衰）過程を表す関数として**双曲線関数**（hyperbolic function）が想定されている．割引過程を表す曲線が交わる点（選好が逆転する点）が存在することに注意してほしい．この双曲線関数にもとづく割引過程は，最初は概念的なものであったが，1980年代の終わり頃にハトを被験体としたメイザーの実

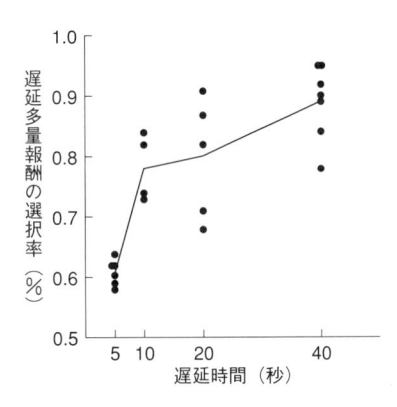

図5-17 結果受容期の長さの関数として変化する多量報酬へのネズミの選好．強化量は餌ペレット1個と3個である．データ点は各個体のデータを表す．Ito & Asaki (1982) を改変．

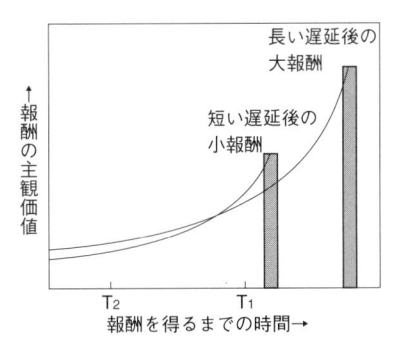

図5-18 即時小報酬と遅延大報酬の主観的価値の割引過程．縦軸は主観的価値，横軸は報酬を得るまでの時間を表す．得られる報酬から時間的に離れているとき（T_2）は，遅延多量報酬の価値が高いので遅延多量報酬を選ぶ（自己制御）が，時間的に接近しているとき（T_1）は，即時少量報酬の価値が高いので，即時少量報酬を選ぶこと（衝動性）になる．

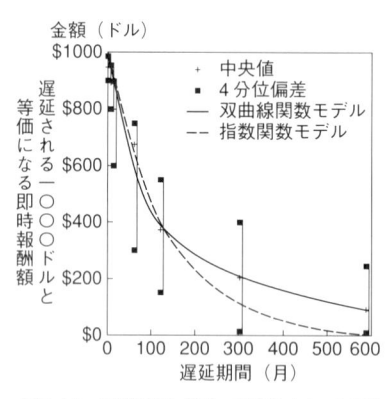

図5-19 遅延時間（月）の関数としての遅延される＄1,000と主観的に等価となる金額．Rachlin et al. (1991)を改変．

験により見いだされた（Mazur, 1987）．さらに1990年代に入って，ヒトの割引過程について，大学生を被験者としたラックリンらの研究によって実証された（Rachlin, Raineri, & Cross, 1991）．

ラックリンらは，一対の選択肢をコンピュータのディスプレイ上に呈示する方法を用いて，大学生に，様々に遅延される＄1,000と主観的に等価になる，今すぐもらえる仮想の金額（＄x）を答えさせたところ，この等価点が，遅延時間が延びるにつれ，(6)式の双曲線関数に従って減少することを見いだした．図5-19は，遅延時間の関数として仮想の金銭報酬の価値が割り引かれる様子を示している．

$$v = \frac{A}{1+kD} \quad (6)$$

ただし，vは割り引かれた報酬の価値，Aは報酬量，Dは遅延時間，kは割引率をそれぞれ表す．データ（中央値）は，点線で示される指数関数よりも，実線で示される双曲線関数に一致する．したがって，想定されていた価値割引の過程は，双曲線関数で記述できるような減衰過程であることが実証されたのである．2つの関数の違いは，長い遅延時間（100ヶ月以上）になるほど顕著になることに注意してほしい．その後，双曲線関数的割引過程は，小学生，大学生，高齢者を比較したグリーンらの研究（Green, Fry, & Myerson, 1994）や，中学生から高校生にわたる青年期の被験者を比較した佐伯・伊藤・佐々木（2004）によって確認されている．また，損失的出来事に関する価値割引については，高橋（2003）によって検討されている．

◎選択行動の数理モデル

　選択といっても，和食にするかイタリアンにするかという同じ行動（食事）間の選択もあれば，食事にするか映画を見るかという異なる行動間の選択もある．これまでは，前者の選択行動を扱ってきたが，後者の選択を扱うモデルがヘルンスタインにより提案されているので紹介しておこう（Herrnstein, 1970）．このモデルは，対応法則を出発点にして，当該の反応に対する強化とその反応以外のすべての反応に対する強化という文脈のもとで当該の反応の起こり方を扱う点に特徴がある．このモデルは，以下のような双曲線関数の形から**双曲線関数モデル**とよばれている．

$$R = \frac{kr}{r + r_e} \qquad (7)$$

ただし，Rは単一の反応，rはその反応に伴う強化事象，r_eはこの反応以外の反応により得られる強化事象，kは可能な最大反応数である．このモデルは，kとr_eの2つのフリーパラメータを持つモデルであり，これらのパラメータはデータから事後的に推定するのである（このモデルでは，事前の予測はできない）．先に述べた(6)式の割引モデルにもkというフリーパラメータが含まれているがその内容は異なっていることに注意してほしい．ちなみに，(3)式と(4)式のa, bもフリーパラメータである．

　このモデルは，ネズミの走路からハトの実験箱における様々な実験データ（de Villiers & Herrnstein, 1976），あるいはヒトの実験室場面から日常場面の行動データ（Beardsley & McDowell, 1992）をうまく記述することができる．この双曲線関数モデルのように，フリーパラメータを持つモデルは，データへの当てはまりがよい（データにうまく当てはまるようにパラメータの値を決めるので当然であるともいえる）ので，この後も，キリーン（Killeen, P.）の誘因モデル（Killeen, 1985）やラックリンの価値割引モデル（Rachlin, 1993）などが提案されている．一方，このようなフリーパラメータを持たないモデルは，ファンティノの遅延低減モデルである（Fantino, 1969）．このモデルは，フリーパラメータを持たないので，事前の予測が可能であり，並立連鎖

スケジュールによる同時選択場面のデータをうまく記述できることが知られている（Fantino, Preston, & Dunn, 1993; Ito & Asaki, 1982）．

◎ヒトの選択実験

ヒトを被験者とした実験では，強化子は，動物実験の場合とは異なり，得点という条件性強化子であることが多い．伊藤と中村は，ヒトを被験者とする並立連鎖スケジュールによる同時選択場面の手続き（Ito, Nakamura, & Kuwata, 1997）を用いて，大学生の自己制御と衝動性の問題を検討した（Ito & Nakamura, 1998）．この手続きでは，最初にコンピュータのディスプレイ上に2つの選択肢を表す白色円が呈示（選択期）された（図5-20）．いずれか

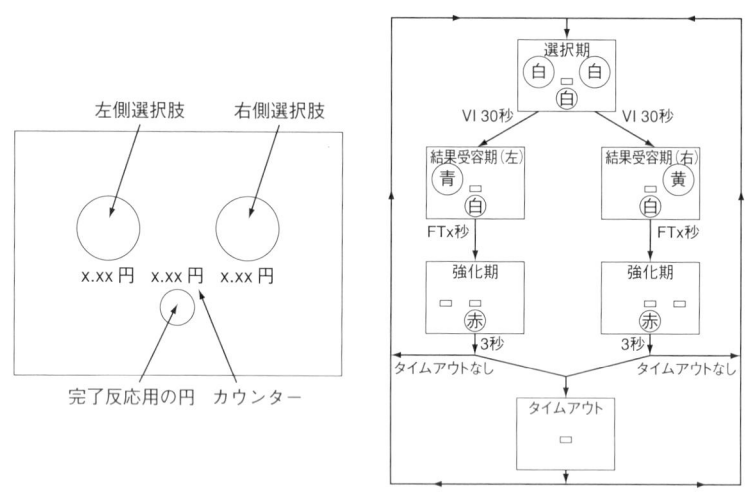

図5-20 ディスプレイ上の選択肢とカウンターの配置および手続きの模式図．
Ito & Nakamura (1998) を改変．

の白円（選択肢）がVIスケジュールにより移行可能になったときにその選択肢に指で触れると，結果受容期へ移行し，触れた白円は別の色光（たとえば，青色）に変化し，もう一方の白円は暗くなった．この結果受容期の長さが遅延時間となり，設定された時間が経過すると強化期へ移行した．強化期では，

ディスプレイの中央下部に赤い小円が3秒間呈示され，この間に指で触れる（完了反応）毎に，一定の得点がカウンターに加算された．強化量の違いは，1反応あたりの得点の違い（たとえば，0.3点と0.1点）として設定した．強化期の終了後は，1試行の長さを2つの選択肢間で等しくするために，短い遅延時間側に時間調整のため，画面がすべて暗くなるタイムアウトを挿入した（タイムアウトなしの条件もある）．

自己制御選択場面において，(5)式の対応法則の前提である遅延時間に対する強化量の比（A/D：局所的強化密度）と選択期の時間を含む1試行全体の時間に対する強化量の比（A/T：全体的強化密度）からの予測が異なるような，強化量と遅延時間を様々に組み合わせた条件を設け，大学生の選択を検討したところ，若干の逸脱はあるものの，おおむね全体的強化密度の予測に一致することが認められた．図5-21は，タイムアウト有りの条件の結果を示しているが，実測値（白棒）は，全体的強化密度からの予測値（黒棒）と定性的に一致していることがわかる．したがって，この結果は，局所的強化密度を前提にしている対応法則の限界を示すものといえる．このような対応法則の限界は，ネズミを被験体とした自己制御選択場面の実験でも示されて

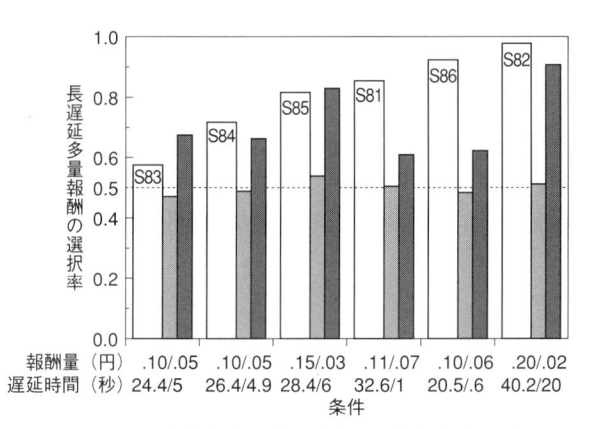

図5-21 局所的強化密度（LRD）と全体的強化密度（ORD）からの予測と実測データ（白棒）との対応．データは濃い色の棒（ORD）の予測と同じように変化することが認められた．Ito & Nakamura (1998) を改変．

いる（Ito & Oyama, 1996）．

　この選択手続きは，言語的教示を最小限にとどめ，被験者が実際の選択結果を通して，選択肢の内容を習得するようにしている点，つまり強化随伴性により形成される行動を扱っている点に特徴がある（佐伯・伊藤, 1997）．このため，この手続きは，動物とヒトを比較可能にする方法（伊藤, 1997a; 高橋, 1997）といえるが，動物では，食物という無条件性強化子，ヒトでは，得点という条件性強化子が用いられることが多いという相違があり，また，この強化子の違いが，食物では，実験中に消費されるのに対し，得点では，たとえば，実験終了後にお金に交換されるとしても，実験中には消費できないという手続き上の相違も生んでいることに注意が必要である（Takahashi & Fujiwara, 1995）．

◎社会的行動

　社会的行動とは，個体間の相互作用である．個体間の相互作用の分析は，ある時点におけるある個体と別の個体との関係という空間的な関係の分析である．一方，個体の行動分析とは，ある空間におけるある時点と別の時点間

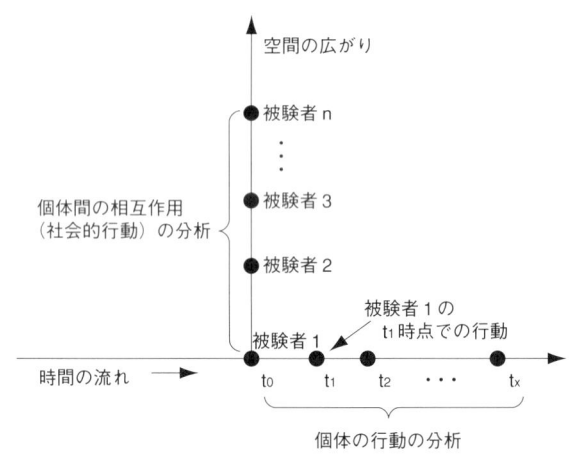

図5-22　個体の行動分析と個体間（社会的行動）の行動分析の関係を表す概念図．

の関係という時間的な関係を分析することである（図5-22）．このように考えると，個体の行動の研究法と個体間の相互作用の研究法は，基本的には異なるところはないといえる．たとえば，ある個体にとって他個体は，一種の環境であると考えられるので，社会的場面とは，実験箱の中の個体が置かれている状況と基本的には同じものといえる．したがって，社会的行動の分析も結局は個体の行動の分析に還元されることになる．他個体が環境であるということは，他個体の行動も刺激として何らかの働きを持つことになる（Mead, 1934）．他個体の行動が手がかり刺激（弁別刺激）として働くことは，ネズミ（青山・岡市，1996b）やニホンザル（Fushimi, 1990）で確かめられている．

　ここでは，具体的な研究を取り上げて社会的行動がどのように分析されるのかを見てみよう．社会的行動の分析については，個体の行動分析から2個体間の行動分析，さらに2個体以上の集団の行動分析という連続体を考えることができる．まず，フォン・ノイマン（von Neumann, J.）とモルゲンシュテルン（Morgenstern, O.）により定式化された**ゲーム理論**の枠組みからハトの社会的行動の分析を試みたグリーンらの研究（Green, Price, & Hamburger, 1995），個体の選択行動の原理である対応法則が集団の選択にどのように適用できるかを検討した伊藤の研究（2001a），さらに他個体との報酬の共有から見た社会的行動の分析を試みた伊藤らの研究（Ito, Saeki, Taniguchi, & Yamaguchi, 2004）を取り上げる．

　ゲーム理論では，「協力」と「裏切り」のいずれかの選択を前提に，選択の結果が自己の選択だけではなく，相手の選択にも依存するという意味で，社会的相互作用を分析するのである．グリーンらが実験に用いた2人ゲームの利得構造を例にとって説明すると，図5-23に示したように，自分も相手も「協力」を選べば，3単位の報酬（この実験では1個45mgの餌ペレッ

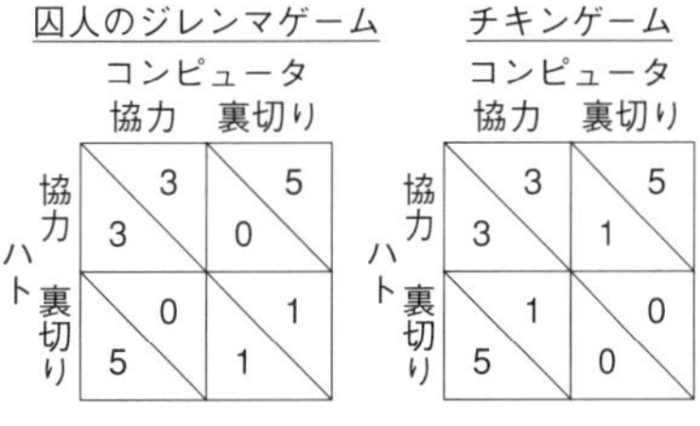

囚人のジレンマゲーム			チキンゲーム		
	コンピュータ			コンピュータ	
	協力	裏切り		協力	裏切り
ハト 協力	3／3	5／0	ハト 協力	3／3	5／1
ハト 裏切り	0／5	1／1	ハト 裏切り	1／5	0／0

図5-23　グリーンらの実験で用いられた囚人のジレンマゲームとチキンゲームの利得表．

トの数）が得られる．一方，自分は「裏切り」を選び，相手は「協力」を選ぶ場合，自分にとって得られる報酬が最も大きくなる（自分は5単位，相手は0単位）．2つの利得構造の違いは，両者とも「裏切り」を選んだ場合である．囚人のジレンマゲームとよばれる利得構造では，両者とも1単位の報酬になるのに対し，チキンゲームの利得構造では，両者とも報酬が得られない（0単位）という最悪の結果になる．

後者の利得構造を持つゲームが「チキンゲーム（チキンとは，臆病という意味である）」とよばれるのは，日常場面における「肝試し」の1例に由来する．たとえば，ジェームス・ディーン主演の映画「理由なき反抗」(1955年制作）で描かれたように，若者が断崖に向けて車で同時に走り出し，相手より後にブレーキを踏むことを競うのである．もちろん先にブレーキを踏んだ方が臆病ということになる（映画では相手は，誤って断崖絶壁から転落してしまう）．両者ともブレーキを踏まなければ，最悪の結果（死）になる．一方，「囚人のジレンマ」という名称は，数学者アルバート・タッカーがスタンフォード大学から心理学者相手の講演を依頼されたときに，ゲーム理論をわかりやすく説明するために考えた例え話に由来する．その例え話とは，一緒に罪を犯した2人の男が警察で別々に留置されているとして，1人が自白し，もう1人が自白しなければ，前者は報酬金をもらうことができ，後者は罰金を科せられる．両者とも自白すれば，ともに罰金を科せられる．両者とも自白しなければ，ともに釈放されるというものである．

グリーンらは，図5-23の利得構造を持つ場面を実験箱のハトに適用して，相手の選択の仕方（方略）により，ハトの「協力」選択がどのような影響を受けるかを検討した．ハトは，実際には，実験者が方略を操作するコンピュータ（相手）と対戦したのである．コンピュータの方略として，ランダム方略，しっぺ返し方略（先の試行で相手の選択を次の試行で選ぶこと）を比較したところ，ハトの「協力」選択は，しっぺ返し方略を用いても増加しないことが認められた．この理由は，この実験の手続き上，コンピュータの方略がしっぺ返し方略であるとすると，「裏切り」選択の次試行では，続けて「裏

切り」を選んで，遅延時間なしに小さい利得（小強化量）を得るのか，「協力」を選んで，遅延時間後に大きい利得（大強化量）を得るのかという自己制御の選択状況（第5章「自己制御と衝動性」参照）になるので，このような状況に直面すると，多くの場合，衝動的な選択（遅延時間なしに小さな利得を得る）になるからである．ベーカー（Baker, F.）とラックリンも，グリーンらと同様の囚人のジレンマ場面でハトの「協力」選択の起こり方を調べたが，彼らの手続きは，先試行の相手の選択結果を知らせる刺激を明確にすること，試行間間隔を3条件設けることによって「協力」選択への影響を明らかにしようとするものであった．この結果，長い試行間間隔よりも短い試行間間隔（0秒条件）の場合には，ある程度の「協力」選択が維持されることが明らかになった（Baker & Rachlin, 2002）．

伊藤は，雄のハトの人工集団について，2カ所の餌場（一方は，キイつつき反応という労働を必要とする餌場，他方は，給餌器という特に労働を必要としない餌場）が4個体のハトにどのように利用されるのかを集団ケージ内に居住する24時間終日実験として調べた．ただし，実際にキイつつき反応が有効なのは，昼間11時間のみであった．昼夜は，集団ケージ内の照明を自動的に点灯・消灯することで決められた．給餌器の餌場を固定し，キイつつき反応を必要とする餌場の1回当たりの強化量を4秒，8秒，16秒の3条件設定した．ただし，8秒条件は再現性を確認するために2度行った．この結果，集団全体としての2つの餌場に対する行動配分は，一般対応法則により記述できることが示された．

図5-24は，行動配分のデータに(4)式を適用した結果を表している．回帰直線の傾きは，1.0より大きく，過大対応が生起

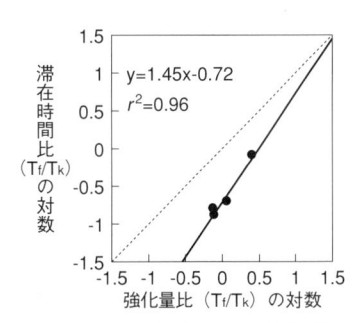

図5-24 2つの餌場における強化量比の対数の関数としての滞在時間比の対数．図中の実線は，一般対応法則を適用して集団全体のデータに当てはめたものである．点線は，完全対応を示す．回帰直線と決定係数（r^2）も示されている．伊藤(2001a)より．

したことが確認された．このことから，このような場面の行動配分は，個体の場合と同様に，集団においても対応法則に従うことを示しているといえる．さらに行動観察から，この実験を通して，2つの興味深い出来事が明らかになった．ひとつは，雄の集団の中で「同性愛」様の行動が特定の2個体の間で確認されたことである．これは，餌が限られた状況における一種の「協力」とも見なしうるものである．もうひとつは，実験終了後（充分な餌がある状況）に，この2個体の間で相互に顔面から血を流すほどの「けんか」が起きたことである．似たような事例は，野外のハトにオペラント条件づけを試みた藤（2002）でも観察されている．餌が足りない状況では，相互に協力し，餌が充分にある状況では，逆に，相手への攻撃行動が生じたことは，「衣食足りて，礼節を知る」（管子）のではなく，「食足りて，礼節を失う」とでもいうべきであろうか．現在，地球上のあちこちで行われている国家あるいは民族間の紛争もこのような側面をもっている．

　他者と報酬を共有することは，社会的行動のひとつであるが，報酬の共有は，報酬の独占よりも好まれない．これは，遅延時間による報酬の価値割引と同様に，他個体との共有によって報酬の価値が割引かれるためだと考えられる（伊藤，2000a；Rachlin, 1993）．伊藤ら（Ito et al., 2004）は，他個体との共有による報酬の価値割引の現象を新たに考案した実験箱（図5-25）を用いて実証しようと試みている．

　彼らの実験では，ハトを被験体として，共有餌場と独占餌場間の選択を行わせたが，独占餌場では，実験ハトだけで呈示される餌ペレット（20mg）を食べるのに対し，共有餌場では他個体と一緒に呈示される餌ペレットを食べなければならなかった．この実験では，先の試行の選択結果（選択反応は場所の移動として扱っている）により，次試行の独占餌場の餌ペレット数が変化する**調整量手続き**（adjusting-amount procedure）を用いた（Richards, Mitchell, de Wit, & Seiden, 1997）．先の試行で独占餌場を選んだ場合には，次試行の独占餌場の餌ペレット数は減少し，一方，先の試行で共有餌場を選んだ場合には，独占餌場の餌ペレット数は増加した（Ito et al., 2004）．各共有個体数（0，1，

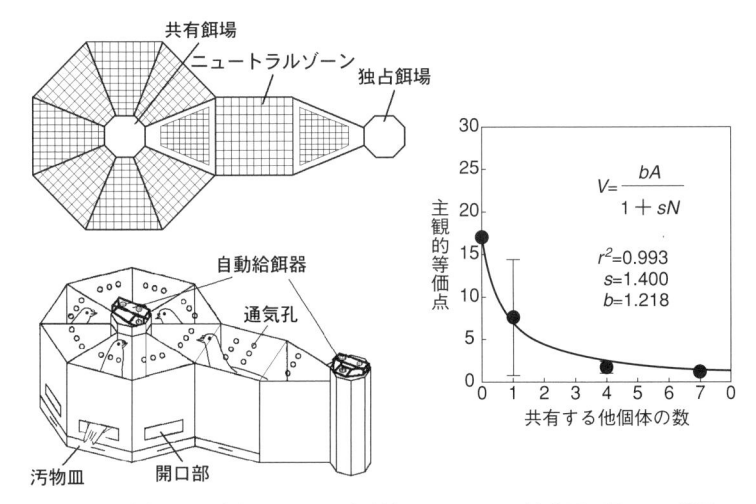

図5-25 独占餌場と共有餌場からなる実験箱の平面図および立体図と得られた結果．共有する他個体条件毎に求められた主観的等価点データに双曲線関数を当てはめたものである．Ito et al. (2004) を改変．

4，7個体) 毎に共有する餌ペレット14個と等価となる独占餌場の餌ペレット数を求め，これを主観的等価点とした．その結果，他個体と共有する報酬の主観的価値は減少すること，この主観的価値の減衰過程はヒトの場合と同様に双曲線関数により記述できることが認められた（図5-25）．ただし，この双曲線関数にはパラメータbを付加し，共有する他個体がいないときのバイアス（主観的価値は，理論上14個であるが実際のデータでは14個より大きい）を補正してある．この結果は，他個体との共有という社会的関係が，ハトにおける報酬の価値割引要因のひとつであることを初めて実証したものといえる．したがって，この現象を**社会割引**（social discounting）とよぶことができる．

読書ガイド

- **樋口義治『ニホンザルの文化的行動』川島書店　1992**
  ニホンザルの自然集団と人工集団におけるレバー押し行動の獲得とその伝播について実験と観察により，模倣による新しい行動の獲得は困難であることを明らかにしている．社会的行動の研究法適用の事例として参考になる．

- **松沢哲郎『チンパンジー・マインド：心と認識の世界』岩波書店　1991**
  京都大学霊長類研究所心理部門におけるチンパンジー「アイ」プロジェクトの研究成果が詳しく紹介されている．

- **Poundstone, W. *Prisoner's dilemma: John von Neumann, Game theory, and the puzzle of the bomb*. Doubleday. 1992**
  （松浦俊輔ほか（訳）『囚人のジレンマ：フォン・ノイマンとゲームの理論』青土社　1995）
  本書は，フォン・ノイマンの人となりを通して，ゲーム理論の発展と社会との関わりについて的確にまとめた一般書である．一般向けに書かれているので大変分かりやすい．

- **Savage-Rumbaugh, S., & Lewin, R. *KANZI: The ape at the brink of the human mind*. New York: Brockman 1994**
  （石舘康平（訳）『人と話すサル「カンジ」』講談社　1997）
  米国ジョージア州立大学言語研究センターにおけるボノボ（チンパンジーの１種）の「カンジ」に人工言語を教える研究プロジェクトの概要をまとめたもの．やや感情移入過多の感はあるが動物の「こころ」へのひとつのアプローチとして理解できる．

- **渡辺 茂（編）『心の比較認知科学』ミネルヴァ書房　2000**
  動物のこころを探る新しい研究分野，比較認知科学の概要を知ることができる．

課題5-1：チンパンジーの人工言語習得におけるオペラント条件づけの役割について説明しなさい．

課題5-2：洞察や記号によるコミュニケーションなどの高次認知過程における経験の役割について考察しなさい．

第6章 学習研究の学際的領域

どのような術もどのような論究も，行為も選択もみな同じように，あるひとつの善きものをめざしていると考えられる．

—アリストテレス「ニコマコス倫理学」より

学習研究は，学習という現象それ自体の研究からさらに発展して，新しい学際的研究分野を生み出している．ここでは，学際的研究分野のうち，動物心理物理学，行動薬理学，行動経済学，行動生態学を取り上げ，学習研究の方法や知見がどのように活かされているかを見ていこう．

◎動物心理物理学

　オペラント条件づけ研究は，初期から心理学の様々な分野への適用が試みられてきたが，そうした例のひとつとして動物の感覚・知覚研究の分野がある（実森，1978）．この分野は，**動物心理物理学**（animal psychophysics）とよばれるが，ヒト以外の動物の感覚・知覚世界と物理的世界との関係を明らかにすることを目指している．動物心理物理学の成立にオペラント条件づけ研究が大きな役割を果たした理由は，動物の感覚・知覚過程の検出のための安定したベースラインの確立や，言葉を使えない動物に適用する心理物理学の方法が強化随伴性にもとづいて設定できたことなどであろう．

　感覚・知覚過程の性質は，**閾値**や**主観的等価点**などのように，刺激と反応の間の局所的な対応を示す定数として，あるいは**尺度構成**のように刺激次元と反応次元の全体的な対応を示す関数関係として表現される．どのような形で感覚・知覚過程を捉えるかにより，用いられる方法にも違いがある．たとえば，閾値などの定数測定のためには，分化強化にもとづく弁別訓練手続きが用いられることが多い．一方，尺度構成などの場合には，般化テストの手続きが用いられることが多い．ここでは，知覚における暗順応過程と時間知覚を取り上げてみよう．

　ブラウ（Blough, D. S.）は，ハトにおける暗順応過程の研究のための方法を考案し，初めて暗順応過程を目に見える形で検出することに成功した．この方法は，強化随伴性を極めて巧妙に設定したものであり，オペラント条件づけ研究の精緻な実験操作と安定したデータの取得という点で優れた方法で

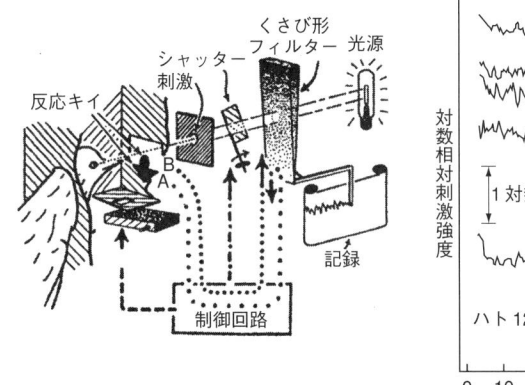

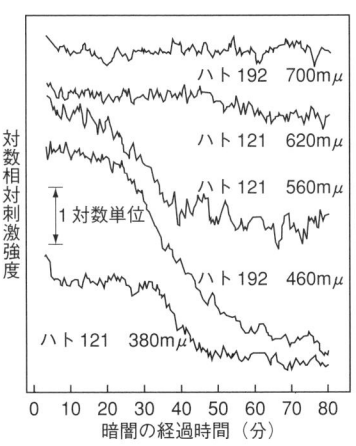

図6-1 ブラウが用いた実験装置と得られた暗順応曲線. Blough (1958) を改変.

ある．図6-1の左側は，この方法を模式図で示したものであるが，被験体の反応に依存して刺激の物理的特性を組織的に変化させる**トラッキング**（tracking）**法**を適用したものである．2種類の反応用キイがあり，まず，刺激が呈示されているときは，キイA（三角形）へ反応し，刺激が呈示されていないときは，キイB（円形）へ反応するように訓練する．次に，キイAへの反応は，フィルターを変化させることで，明るさを一定の割合（0.02 log単位）減少させ，逆に，キイBへの反応は，明るさを一定の割合増加させるという随伴性を設定した．従って，フィルターに連動した記録器により刺激の強度変化が連続かつ実時間で記録できることになる．強化は，刺激が呈示されていないか，閾値以下である場合のキイBへの反応に伴うように設定してあるので，ハトは，キイAへ反応することにより，刺激を暗黒（あるいは閾値以下）とした後に，キイBへ反応するという一連の反応連鎖を獲得することが必要になる．このため，上に述べた強化随伴性以外にも，キイAまたはキイBへの反応には変動比率スケジュール，キイAからキイBへの切り替え直後に強化が伴わないようにするための，**切替反応後の強化遅延**（changeover delay）などの強化随伴性が設定されている（Blough, 1958）．以上の強化随伴性により

ハトの反応は，ヒトの「見えた」，「見えない」という言語反応と機能的に等価となっているといえる．この方法により，ハトの暗順応は，色光により異なるが，ヒトと同じような錐体と桿体の働きに対応する2段階の過程からなることが明らかとなった（380mμの場合がその典型例である）．

　尺度構成とは，対象のある状態に対し一定の規則に従って数値を付与することである（印東, 1969）．このための方法には，間接法と直接法の2つが区別できるが，間接法は何らかの尺度化の理論にもとづいてデータの処理が行われるので，用いられる反応測度も単純であることが多い．一方，直接法では，尺度化の理論にもとづかないかわり，反応に多くの内容を求めることになり，反応測度も複雑になる．尺度構成の方法も強化随伴性として設定することになるが，この方法は，**間接的刺激性制御**（oblique stimulus control）にもとづく**転移実験**に相当すると考えられる（伊藤, 1980；Zuriff, 1972）．

　たとえば，音の大きさの量的判断を行う場合を考えてみよう．ある音の大きさが別の音の大きさの2倍であると判断したとすると，2倍という数計算のシステムはすでに学習済みであり，どのような音の強さを大きいとよぶかも日常経験から学習済みであると考えられる．したがって，音の様々な大きさに一定の規則にもとづいて数値を割り当てる作業（尺度化）は，すでに学習されたものの効果を測定する新しい場面（転移場面）であるといえる．間接的刺激制御とは，ある刺激間，たとえば，波長（色光）差が大きい・小さいという相対的関係が刺激の絶対値のいかんに関わらず行動を制御することを指している（第4章「移調」参照）．したがって，直接法による尺度構成とは，弁別訓練により間接的刺激制御を確立した後，これが新しい刺激について転移することを般化テストにより調べることなのである．

　伊藤と浅野は，ニホンザルの時間知覚の尺度構成を，新たに開発した**見本時間付き反応潜時分化強化スケジュール**（differential reinforcement of long latency with sample duration: DRLLS）による手続きを用いて行っている（Ito & Asano, 1977）．この手続きでは，3つの反応用パネルの中央パネルへの反応で試行が開始され，左側パネルに見本時間が赤色光の持続時間として呈示

された．次に，右側パネルに青色光が呈示され，この青色光に対するニホンザルの反応潜時が，先の見本時間以上かつ制限時間（limited hold）以内であれば強化，見本時間より短い場合または制限時間を超えた場合には消去として1秒間のタイムアウトが伴った．最初に，2種類の見本時間に対して反応潜時の分化を形成した後，1秒から30秒の範囲の新たな複数の見本時間をランダムな順番で呈示する般化テストを行い，各見本時間に対する反応潜時を調べた．その結果，反応潜時は，見本時間の長さに対応して変化することが認められた．

図6-2は，横軸に見本時間（最小強化反応潜時），縦軸に反応潜時の平均値をとって，データをプロットしたものである．最小2乗法により当てはめた直線の傾きは1.0に近く，正確な時間知覚がなされていたことを示している．この方法による尺度構成では，般化テスト前の弁別訓練が重要であり，より精緻な反応潜時の分化を形成する方法の検討も行われている（Ito, 1982）．このような手続きによる時間知覚の尺度構成は，カラス（伊藤，1978）やハト（堀・小川，1977）でも試みられている．

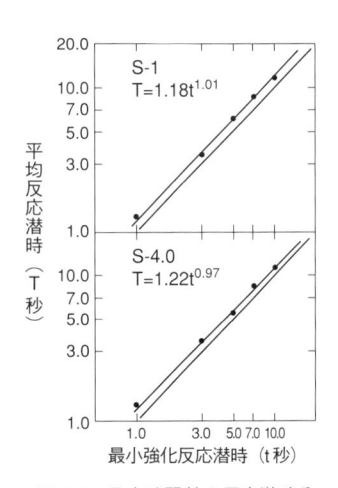

図6-2 見本時間付き反応潜時分化強化スケジュールによる訓練後の新しい見本時間に対するニホンザルの般化テストの結果．Ito & Asano (1977) を改変．

S-1　$T=1.18t^{1.01}$
S-4.0　$T=1.22t^{0.97}$

◎行動薬理学

行動薬理学（behavioral pharmacology）は，薬物の行動への効果を調べるための心理学と薬理学の学際的研究分野である．現代の私たちが様々な薬を常用しているのは，行動薬理学の成果に負うところが多い．行動薬理学の知見が十分にないとしたら，安心して薬物を服用することはできないであろう．行動薬理学の成立に大きな貢献をしたのは，強化スケジュールの研究成果であ

る．これにより薬物の効果を検出するための安定した行動のベースラインを得ることができたからである．

　行動薬理学は，いくつかの興味深い研究成果を明らかにしてきている．たとえば，同じ薬物でも維持されている行動の強化スケジュールにより，効果が異なる**スケジュール効果**（schedule effect），酔ったときのことは，しらふでは思い出せないが，再び酔うと思い出すことができる**状態依存学習**（state-dependent learning），ある薬物と別の薬物の区別ができる**薬物弁別**（drug discrimination），さらに覚醒剤に見られるように薬物が強化子として働く**強化効果**（reinforcing effect）などである．ここでは，スケジュール効果と薬物弁別の研究を取り上げてみよう．

　ディウズ（Dews, P. B.）は，固定間隔（FI）スケジュールと固定比率（FR）スケジュール下のハトのキイつつき反応におよぼすペントバルビタール（麻酔薬）の効果を調べた．薬物の投与量（体重1 kg当たりの投与量）を横軸に，薬物投与前と投与後の反応率の比をとってデータを描くと，投与量の増加に伴って，反応が減少していくことがわかる（図6-3）．しかし，減少の仕方は，2つの強化スケジュール間で異なり，FIスケジュールでは，投与量1mg/kgのとき，かなり反応が減少しているのに対し，FRスケジュールでは，ほとんど減少していないという相違のあることがわかる（Dews, 1955）．この実験では，4個体のデータの平均値を用いているが，各個体が2つの強化スケジュールのもとで複数の投与量を受けるという個体内比較法が用いられている．同じ薬物が，異なる強化スケジュール下の行動に選択的に影響するという事実をスケジュール効果というが，一般に，間隔スケジュールの方が比率スケジュールに比べると，早く薬

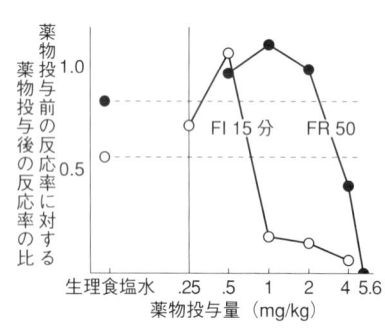

図6-3　固定間隔（FI）15分スケジュールと固定比率（FR）50スケジュールで維持されているハトのキイつつき反応に対するペントバルビタール投与の選択的影響．Dews (1955) を改変．

物の影響をうけることが知られている．これは，強化スケジュール間の消去抵抗の相違と似ている（第4章「間欠強化と強化のスケジュール」参照）．

渡辺は，条件性弁別の手続きにより，アンフェタミンと生理食塩水との区別をハトに行わせている．アンフェタミン投与（1mg/kgまたは2mg/kg）時には，青色が正刺激，緑色が負刺激となり，生理食塩水投与時には，逆に，緑色が正刺激，青色が負刺激となる条件性継時弁別にもとづく分化強化を行ったところ，4個体のハトすべてにおいて，弁別行動の形成が容易にできることが示された（図6-4）．

薬物弁別の研究は，この他にも，同じ薬物の投与量の違いや，薬物効果の類似性から薬物を行動上の効果から分類する薬物般化などを検討している（渡辺, 1985）．

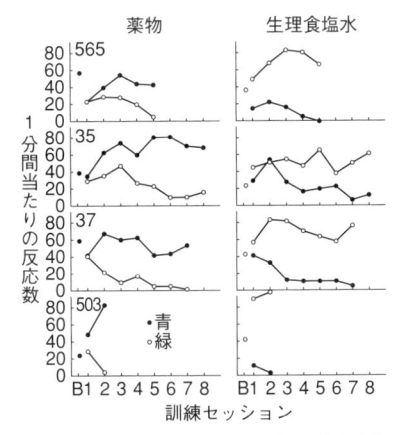

図6-4 薬物（アンフェタミン）と生理食塩水を弁別刺激としたハトの条件性弁別行動の形成．Bはベースラインを示す．すべての個体で反応の分化が認められた．Watanabe (1983) を改変．

◎選択行動と行動経済学

心理学の選択行動研究と経済学との出会いから誕生した**行動経済学**（behavioral economics）は，行動研究をひとつの経済システムと見る新しい視点を提供した．行動経済学の誕生に大きな足跡を残したハーシュ（Hursh, S. R.）は，行動経済学の行動研究への貢献として，(1)行動実験は経済システムと見なせること，(2)強化子は，需要の価格弾力性という観点から分類できること，(3)強化子間の関係は，**代替性**（substitutability）や**補完性**（complementarity）という概念を用いて記述できること，(4)対応法則の成立は，代替可能な強化子に限られること，という4つの側面を挙げている（Hursh, 1980）．

経済システムとしての行動実験では，給餌が実験セッション内に限られる

場合と給餌が実験セッション外にもある場合を区別する．前者は，**封鎖経済環境**（closed economy），後者は，**開放経済環境**（open economy）とよばれる．この2つの経済環境の区別は，行動への効果が大きく異なることから重要である．たとえば，固定比率強化（FR）スケジュール下の行動は，開放経済環境では，FR値の増加とともに，ある範囲までは増加し，その後，減少するのに対し，封鎖経済環境では，かなりのFR値まで増加するという相違が認められるのである．封鎖経済環境におけるFR値の増加と行動の増加という関係は，FR値の増加は，強化頻度の減少を意味するので，一見奇妙に見える．このことを理解するには，価格と需要の関係を扱う**需要分析**（demand analysis）の考え方を導入する必要がある（Hursh, 1980; 坂上, 1997, 2001；恒松, 1999, 2001）．

　行動実験に適用した需要分析では，FR値の増加は，コストの増加であり，これは価格の増加と見なされる．このような価格を**行動価格**（behavioral price）という．一方，需要（消費量）は，反応数から得られる強化子の総量で表される．横軸に行動価格をとり，縦軸に単位時間当たりの強化子数（消費量）をとって描いたものが需要曲線である．需要曲線の傾きは，需要の**価格弾力性**（price elasticity）を表している．先の例の強化スケジュール下における行動に適用すると，価格の増加（FR値の増加）に伴う消費量（強化子の数）は，一定であること，すなわち，非弾力的であることが示される．つまり，上述のようなFR値を増加させると反応数も増加するという事実は，消費量を一定にしようとするメカニズムの結果なのである．一般に，ヒトや動物の環境は，封鎖経済環境であると考えられるので，従来の行動研究が実験外給餌という開放経済環境で行われてきたのに対し，今後は，封鎖経済環境における行動研究が必要であろう（伊藤, 2001b）．

　経済環境を区別する要因は，実験セッション外の給餌の有無だけではなく，セッション時間の長短，被験体の体重レベルなどがある．伊藤・小林・佐伯（2001）は，両経済環境において，実験セッション時間や体重レベルをそろえることで，どの要因が2つの経済環境を区別する要因であるかを調べた．そ

の結果，これらの要因のうち，実験セッション外の給餌の有無が2つの経済環境を区別する重要な要因であることが明らかになった（Imam, 1993）．

価格弾力性という指標は，行動研究で用いられてきた食物や水などの強化子の特性を定量的に区別するために用いられる．ハーシュとネイテルソン（Natelson, B. H.）は，封鎖経済環境においてレバー押し反応の強化子としての食物と脳内刺激の特性を需要分析により調べたところ（図6-5），行動価格の増加に対して食物の消費量は，ほとんど変化しなかったが，脳内刺激の消費量は，減少すること，すなわち，食物は非弾力的であり，脳内刺激は弾力的であることが明らかになった（Hursh & Natelson, 1981）．

価格弾力性の指標は，単一の強化子の特性だけではなく，複数の強化子間の関係をも扱うことができる．複数の強化子間の関係を表す価格弾力性を**交差価格弾力性**（cross-price elasticity）という．ハーシュは，アカゲザルの反応を並立VI 1分VI 1分スケジュールで食物（第1選択肢）と水（第2選択肢）により強化する場面に，第

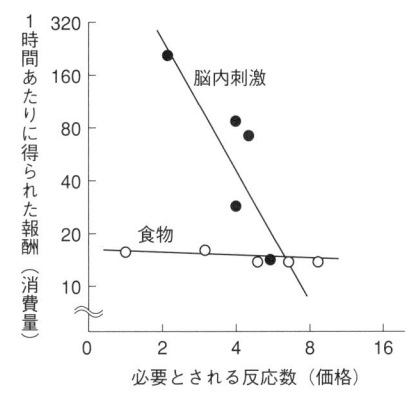

図6-5 強化子としての食物と脳内刺激の価格弾力性．価格の上昇に伴う消費量の変化から，食物は非弾力的，脳内刺激は弾力的であることがわかる．Hursh & Natelson (1981) を改変．

3の選択肢として食物を強化子として様々なVI値のスケジュールにより呈示したところ，VI 1分スケジュールで維持されている食物強化子への反応は，減少するのに対し，水強化子への反応は，むしろ増加することを見いだした．この事実は，第1選択肢の食物強化子と第3選択肢の食物強化子が代替可能な関係にあること，また，第2選択肢の水強化子と食物強化子が補完的な関係にあることを示している．

強化子間の関係は，価格以外にも**所得**（income）の影響を受ける（Sakagami, Hursh, Christensen, & Silberberg, 1989; 恒松, 2001）．所得とは，ある制約条

件のもとで得られる強化子の総量（消費量）と見なせる．所得が増えるにつれて，需要（消費量）が大きく増加する強化子を上級財，わずかに増加する強化子を正常財，さらに，減少する強化子を下級財として区別するが，ニホンザルを被験体とした実験で，2種類の食物（1.2gの餌ペレットと3.6gの苦い餌ペレット）の選択が試行間間隔の長さで操作した所得レベルの影響をうけることが明らかにされている（Silberberg, Warren-Boulton, & Asano, 1987）．ニホンザルは，所得が高いときは，小さい餌ペレットを選択したが，所得が低いときは，大きく苦い餌ペレットも選択するようになったのである．この例では，小さい餌ペレットは，平常財，大きく苦い餌ペレットは，下級財と見なすことができる．

　対応法則とは，第5章の(2)式に示したように2つの選択肢への行動配分が，これらの選択肢から得られる強化子（消費量）に一致することである（$R_1/R_2=Q_1/Q_2$）．この対応法則の式を整理すると選択肢1の価格（消費量に対する反応数）が選択肢2の価格に一致することを表すものになる（$R_1/Q_1=R_2/Q_2$）．先のハーシュの実験（Hursh, 1978）では，第3選択肢の食物強化子の価格が増加すると，第1選択肢の食物強化子の価格（R_1/Q_1）は増加したが，第2選択肢の水強化子の価格（R_2/Q_2）は，逆に，減少することが示された．このことは，対応法則の成立は，2つの強化子が食物のような代替可能である特別な場合であり，2つの強化子が食物と水のような補完関係にある場合には，成立しないことを示している．

　最近の研究では，一般対応法則の感度パラメータ（(3)式のa)を代替性と補完性を表現するものとして解釈することが行われている（Green & Freed, 1993）．伊藤と山口は，ヒトの仮想の商品購買実験で，缶コーヒー，缶ビール，タバコのブランドについて代替性が成立するかどうかを検討したところ，購買量の比と各ブランドの主観的価値の比は一般対応法則で記述できることが示され，感度パラメータは代替性の程度を表すものと解釈された（伊藤・山口, 2002）．

◎選択行動と行動生態学

　動物は，自らの生命を維持するため（このことは，その個体が属する種を維持することでもある）餌を求めて動き回る．動物という名称は，このような性質に由来している．**行動生態学**（behavioral ecology）で扱う野外における動物の餌選択の問題は，心理学の選択行動研究とも密接な関係を持っている．動物の採餌行動は，餌の選択という選択行動であり，オペラント行動そのものである．従って，心理学の選択行動研究の様々な方法や蓄積された知見にもとづいて採餌行動を分析することができる（Shettleworth, 1988；内田・伊藤, 1997, 1998）．先に述べたハクセキレイの野外観察データに一般対応法則を適用したヒューストンの研究は，こうした例である（図5-15）．

　生物学における行動生態学とよばれる分野では，動物の採餌行動は，単位時間当たりの摂取エネルギー量を最大化するものという仮定をおいて，主に，野外の点在する餌場をどの様に効率よく訪れるのかという**最適餌場利用**（optimal patch use）と，多様な餌の中からどの餌を採ればよいかという**最適食餌**（optimal diet），さらに複数の餌の存在割合に対してどのような餌の採り方をするのかという**頻度依存捕食**（frequency-dependent predation）の問題が扱われてきた．また，変動する環境に動物がどのように対処するのかという**不確実状況下の採餌行動**の問題も取り上げられている（Krebs & Davies, 1991）．

　これらの問題は，**最適採餌理論**（optimal foraging theory）とよばれる単純化された数理モデルによって，かなりうまく扱うことができる．このモデルは，本来かなり複雑な過程と考えられる採餌行動を，たとえば，餌を探す「探索」，見つけた餌を採るか否かを決める「選択」，さらに採った餌を食べられるようにする「処理」という3つの過程に単純化し，採餌行動を単位時間当たりのエネルギー量，餌の探索時間や処理時間などの時間測度を用いて表現した点に，大きな特徴がある．これらの点は，行動を時間軸上で起きる出来事として捉えるオペラント条件づけの考え方と似ており，心理学における選択行動研究と，行動生態学における最適採餌理論が採餌行動の学際的研究領域を確立した大きな理由である．学際的研究において，心理学は，実験

室における最適採餌理論の精緻な検討を可能にする実験手続きを，行動生態学は，最適採餌理論という理論的枠組みを，心理学に提供してきたといえる．

採餌行動を実験室で分析する最初の試みはリー（Lea, S. E. G.）により行われた．彼は，最適食餌の問題を取り上げ，上に述べたように，単純化した採餌行動を実験室内でオペラント条件づけの手続きにもとづいて再現した（Lea, 1979）．彼の考案した新しい手続きは，採餌行動の**実験室シミュレーション**とよばれる．図6-6に示したように，2つのキイを用いた実験箱で1度に1種類の餌に遭遇するという継時餌選択を再現したものである．ハトが探索期のキイをつついていると，固定間隔（FI）スケジュールにもとづいて2種類の餌のいずれかに遭遇することになる．遭遇した餌を採るか採らないかを決めるのが選択期である．選択期で右側のキイを1回つつくと餌を採ることになり，処理期へ移行する．選択期で左側のキイを3回つつくか，長時間いずれのキイもつつかないと餌を拒絶したことになり，再び探索期へ移行する．処理期ではFIスケジュールを満たすと餌箱が t 秒間呈示され，再び探索期へ移行した．この手続きでは，各餌の好ましさを処理時間に対する強化量の比（E/h）で表わし，探索期のFIスケジュールの値が2種類の餌全体の餌密度の操作になるのである．FIスケジュール値が短くなることは，餌に遭遇する頻度が高くなること，すなわち餌密度の高いことであり，長くなると餌に遭遇する頻度が低いこと，すなわ

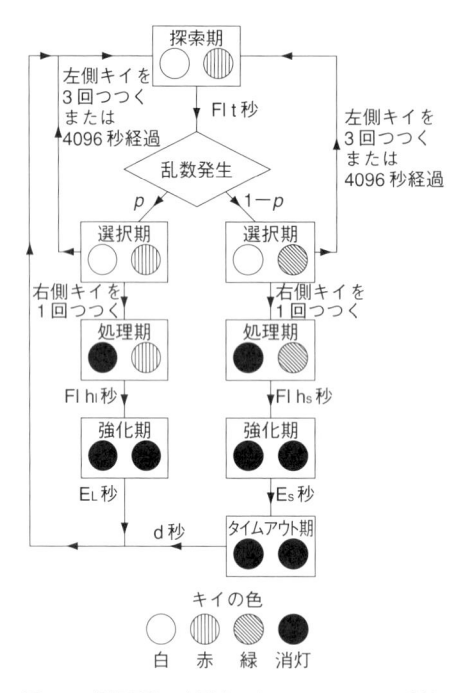

図6-6 採餌行動の実験室シミュレーションの手続き．Lea (1979) を改変．

ち餌密度が低いことを表す．また，各餌の個別の餌密度の操作は，2種類の餌のいずれかに出会う確率（p）で操作できる．

　実験の結果，ハトが好ましくない餌も採るようになる割合は，好ましい餌の密度に依存するが，好ましくない餌の密度には依存しないという最適食餌モデルの予測を支持するものであった（コラム「最適食餌の古典モデル」参照）．リーの研究は，実験箱という極めて人工的な環境においても，野外で観察されるのと同様な採餌行動を生起させることができるということを実証した点で重要な意義がある．この研究を出発点として，その後，実験室シミュレーションが行われてきたが，アバルカ（Abarca, N.）とファンティノは，同様の手続きを用いて，ハトが好ましくない餌を採るか否かは，探索期の長さで決まる全体的餌密度に依存することを示した（Abarca & Fantino, 1982）．また，伊藤とファンティノは，同じくハトを用いて，好ましくない餌（小強化量）の採り方への探索時間の長さ（餌密度）の効果は，処理期の長さに依存する（図6-7の左図）こと，探索期が一定の場合，処理期の長さにより影響をうける（図6-7の右図）ことなど，最適食餌モデルの予測と一致する結果を得ている（Ito & Fantino, 1986）．同様な結果は，ネズミでも確かめられている（伊藤，1991）．

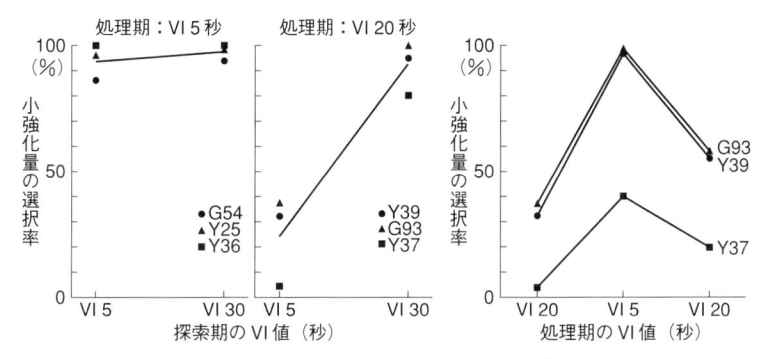

図6-7　ハトの採餌スケジュールにおける好ましくない餌（小強化量）の採り方．ハトの餌選択は，最適採餌モデルが予測するように，探索期と処理期の長さに依存して決まる．Ito & Fantino (1986) を改変．

最適食餌の問題では，餌を採るか採らないかという選択であったが，現実には，餌場を訪れても餌が必ずしも見つからない場合も多い．このような不確実性（リスク）を含む採餌の問題は，リスク嫌悪，リスク指向というリスクに対する行動の観点から検討されている．最近の研究は，このような行動に影響する要因として，採餌者の生命維持にかかわる**エネルギー収支**という要因を取り上げている．たとえば，1日に必要な餌の量を上回る餌が得られるとき（正のエネルギー収支）は，動物は，確実な選択肢を選び，下回るとき（負のエネルギー収支）は，逆に，不確実な選択肢を選ぶというエネルギー収支モデルが考えられている（Caraco, Martindale, & Whittam, 1980）．この問題の典型的な実験では，餌の数は，たとえば，確実選択肢では2個に対し，不確実選択肢では，0個または4個が確率50％で得られるもの（期待値は，確実選択肢と同じ2個となる）として設定される．このような選択場面に直面した小型の鳥類は，エネルギー収支モデルの予測のような選択を示すことが認められているが，ハトやネズミなどの鳥類や齧歯類では，このような選択は必ずしも認められていない．

　伊藤らは，ネズミを用いて，より現実の自然状況に近い条件を実験室内に再現した手続き（図6-8）により，この問題を検討した．封鎖経済環境のもとで，エネルギー収支は，体重レベルで定義され，餌の個数の変動も自然状況の餌の分布とされる負の2項分布により決められた．不確実な餌の期待値3個の選択肢と確実3個の選択肢をネズミに選ばせたところ，正のエネルギー収支条件（体重は自由摂食時安定体重の90％以上）では，確実選択肢が好まれたが，負のエネルギー収支

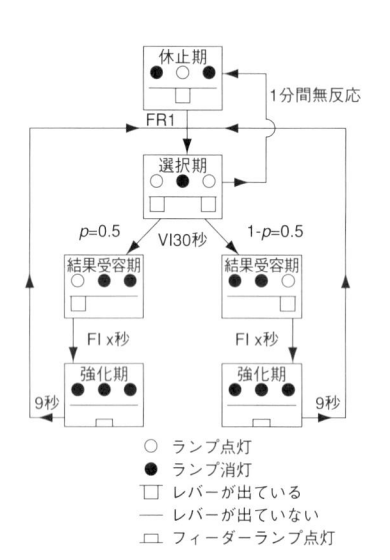

図6-8　休止期を付加した並立連鎖スケジュールにもとづく採餌スケジュールの模式図．Ito et al. (2000) を改変．

条件（体重は自由摂食時安定体重80％以下）では，無差別であった（図6-9）．つまり，ネズミの選択は，基本的にリスク嫌悪であり，エネルギー収支が負であってもリスク指向にはならないことが明らかになった（Ito, Takatsuru, & Saeki, 2000）．一般に，小型の鳥類やエネルギー代謝が速いトガリネズミを除くと，ハトやネズミ，さらにヒトでは，リスク嫌悪の傾向が顕著である（坂上，1994）．

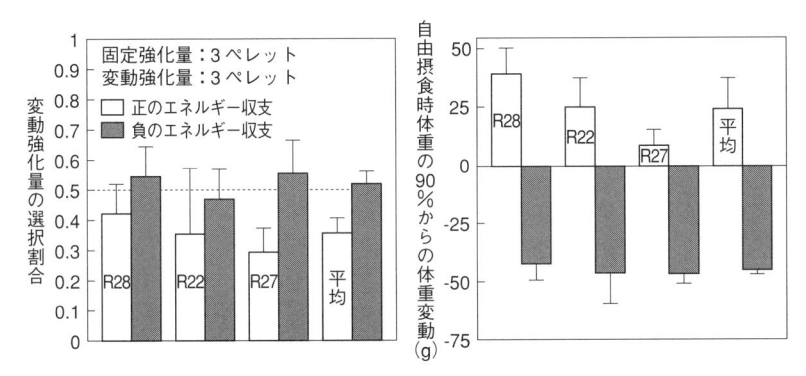

図6-9 異なるエネルギー収支条件下のネズミの不確実状況における採餌行動．左図は変動強化量への選好を，右図は異なるエネルギー収支条件下における体重のレベルを表す．Ito et al. (2000) を改変．

コラム

最適採餌の古典モデル

最適採餌理論とは，動物の行動は，その適応度を最大化するような合理的（すなわち最適）なものになっているという仮定のもとに，採餌行動の定量的予測を可能にする理論のことである．ここでは，進化生物学者チャーノフ（Charnov, E. L.）によって最初に提案された最適食餌の古典モデル（Charnov, 1976）を詳しく見てみよう．

採餌行動は，餌を探す探索期と見つけた餌を食べられるようにする処理期の2つの部分からなる．餌はランダムに分布するという仮定のもと，

単位時間当たりのエネルギー量（E/T）を最大化するには，複数の餌の中からどの餌をどれだけ摂食すればよいかという問題に対する答えは，以下のように求められる．簡単のために，餌が2種類の場合を考えると，

$$\frac{E}{T} = \frac{E}{T_h + T_s}$$

ただし，T_hは餌を処理するのに要する時間，T_sは餌を探索するのに要する時間を表す．$E = \lambda_1 E_1 T_s + \lambda_2 E_2 T_s$, $T_h = \lambda_1 h_1 T_s + \lambda_2 h_2 T_s$であるから，

$$\frac{E}{T} = \frac{\lambda_1 E_1 T_s + \lambda_2 E_2 T_s}{T_s + T_s(\lambda_1 h_1 + \lambda_2 h_2)}$$

ただし，λは単位時間当たりの各餌の遭遇数（遭遇率），hは処理期の長さである．右辺の分母，分子をT_sで割ると，

$$\frac{E}{T} = \frac{\lambda_1 E_1 + \lambda_2 E_2}{1 + (\lambda_1 h_1 + \lambda_2 h_2)}$$

この式を餌1のみを捕食するとした場合のE/Tと比較して，餌1だけを採るのか，餌1も餌2も採るのかを決めればよい．したがって，

$$\frac{\lambda_1 E_1}{1 + \lambda_1 h_1} > \frac{\lambda_1 E_1 + \lambda_2 E_2}{1 + (\lambda_1 h_1 + \lambda_2 h_2)}$$

が成立している場合には，餌1（好ましい餌）のみを捕食すれば良いことになる．この不等式を整理すると以下のようになる．

$$\frac{1}{\lambda_1} < \left(\frac{E_1}{E_2}\right) h_2 - h_1$$

この式の中には，λ_2が入っていないことに注意してほしい．つまり，採餌行動には好ましくない餌（餌2）の遭遇率は影響しないのである．

読書ガイド

- 岩本隆茂・高橋雅治『オペラント心理学：その基礎と応用』勁草書房　1988
  オペラント条件づけ研究の応用について詳しい紹介がある．

- 巌佐 庸『数理生物学入門：生物社会のダイナミックスを探る』共立出版　1998
  行動生態学の視点からの生物学における様々な問題が取り上げられていて興味深い．このうち心理学の選択行動研究との学際的研究分野となっている最適食餌や最適餌場利用の問題がよくわかる．

- Friedman, D., & Sunder, S. *Experimental methods: A primer for economists*. Cambridge University Press. 1994
  （川越敏司・内木哲也・森 徹・秋永利明（訳）『実験経済学の原理と方法』同文舘　1999）
  経済学に実験的方法を導入するという新しい動向が出てくる背景がよくわかる．行動経済学との新しい接点の可能性を見つけ出すことができる．

課題6-1：行動経済学は行動研究にどのような貢献を行ったのかを述べなさい．

課題6-2：採餌行動の実験室シミュレーションでは，どのようなオペラント条件づけの方法が用いられているかを述べなさい．

第7章 学習の基礎にある動機づけと情動

「犯人は，なぜ人を殺す？それは強い渇望だ．その渇望はどうして生まれる？」レクター博士の問いかけに，「性的抑圧，フラストレーション？」と答えるクラリス．レクター博士は「違うね！人は，毎日見ているものをほしがることから始めるのだ」とさとすように話し始める．

───── T．ハリス「羊たちの沈黙」より

ゴールのテープを切るマラソン・ランナー，研究や趣味に没頭する人，歓楽街を行き交う人びと，抱擁し合う恋人たち．このような人びとの行動の原因は，いったい何なのであろうか．これらの行動の原因とは，**動機づけ**（motivation）のことである．

　何年も会っていなかった古い友人に偶然出会ったとき，どのように感じるであろうか．恐らく，驚きと喜びあるいは懐かしさとよぶ変化を感じることができるであろう．同時に，顔は紅潮し，発汗という身体的変化も起きるであろう．また，横断歩道を渡っているとき，急に左折してきた車をとっさに避けようとしたときは，前者とは逆に，驚きと恐怖とよぶ変化を感じるであろう．顔は，青ざめ，冷や汗という身体的変化も伴うであろう．このような感情的・生理的変化を**情動**（emotion）という．

◎**動機づけと情動**

　動機づけとは，行動が生起・維持されるときの生理的要因，環境的要因あるいは社会・文化的要因や，各要因を効果的にする諸条件を扱う包括的な概念である．動機づけの概念は，様々な立場から論じられているが，歴史的に見ると，学習研究の発展とともに，学習理論の中心を成す重要な役割を与えられてきた．行動の生起に必要な内的条件と考えられた**動因**（drive）や，同じく外的条件と考えられた**誘因**（incentive）という概念はこうした例であるが，たとえば，ハルは，生理学的レベルにおける**要求**（need）にもとづく媒介概念としての動因の低減が強化であるとする動因低減説を，スペンスは，内的条件よりも外的条件（誘因）により行動が生起すると考える誘因理論を提案した．一方，スキナーは，外的刺激を強化子として働かせるための操作（食物を強化子とするには，空腹にしておく必要がある）を**動因操作**とよんでいる（第4章「強化の概念」参照）．このように，同じ動因という用語でも，研究者や理論によりその内容が異なるので注意が必要である．

学習研究の領域から目を転じてみると，フロイトの精神分析学やマクドゥーガル（McDougall, W.）の目的論的心理学は，本能という生まれつきの（生得的）動機づけ要因を重視しているが，これらの本能論の基礎には，生理学的動機づけ理論がある．生理学者キャノン（Cannon, W. B.）は，生理学的レベルで不均衡な状態が生じると，これを解消しようとする生理学的作用や行動が生起するという**ホメオスタシス**（homeostasis）の考え方を提案している．

　情動とは，ある経験に伴って生じる一過的な感情的・身体的興奮状態と定義される．情動に関連して，感情，情緒，気分という言葉も用いられる．感情は，ヒトの活動における3つの側面である知・情・意の情に当たる包括的概念である．情緒は，「驚き」，「喜び」，「恐怖」などの強く急激に生起・消失する一過的な感情状態を指す概念であるが，情動は，これに加えて，身体的・生理学的変化まで含む概念である．気分は，比較的持続する感情状態といえる．

　先に述べた例から，情動には，個体にとって望ましい状況と望ましくない状況，つまり快と不快という2つの方向が区別できる．情動は，何らかの出来事に伴って起きるといったが，ある出来事が起こらないこともひとつの出来事である．したがって，情動の快―不快と出来事の生起―非生起の組み合わせから4通りの区別が可能である．望ましい出来事が起きるときは，「喜び」が，望ましい出来事が生じないときには，「失望」が生じる．一方，望ましくない出来事が生じると，「悲しみ」が，望ましくない出来事が起きないときは，「安堵」が生じる．たとえば，入学試験に合格したら，「喜び」を体験することになるであろうし，自分の恋した相手が自分に恋していないことがわかったとき，「失望」を体験するであろう．

　これらの区別のほかに「怒り」や「恐れ」は，さらに別の次元が必要である．たとえば，スミス（Smith, C. A.）とエルスワース（Ellsworth, P. C.）は，上記の2次元以外に，自分が統制できる状況か否かという状況の統制可能性や状況の確実性の次元を提案している．もし，望ましくない状況が他者によりもたらされたら，「怒り」が生じるであろう．また，望ましくない状況が

起こるかもしれないときは,「恐れ」や「不安」が生じるであろう．このように,様々な情動は,このような次元の組み合わせにもとづいて分類できると考えられる（Smith & Ellsworth, 1987）．

動機づけと情動の生理学的基礎

　前世紀の神経科学の発達は,脳の複雑な働きの一部を明らかにしてきたが,必ずしもすべての動機づけや情動に関する脳内メカニズムが解明されたわけではない．動機づけの生理学的基礎については,個体の生命維持に直接関係する飢えや渇きなどの動因と,直接関係しない性動因に分けることができる．情動は一種の興奮状態であり,生理学的変化を伴うものであるが,上に述べた様々な情動の分類に対応した生理学的基礎が明らかになっているとはいえない．

◎ホメオスタシス

　個体の生命維持に直接関与する飢えや渇きという動因は,ホメオスタシスという考え方からよく理解できる．**ホメオスタシスとは,自己制御機構による生理的機能の平衡状態維持**と定義される．これは,空調機（エアコン）に内蔵されている室温を一定に保つサーモスタットの働きに似たメカニズムである．もしこの平衡状態がくずれると,元の平衡状態を回復するために,何らかの生理学的作用や行動が生起すると考えるのである．心拍,血圧,体温などは,主に,生理学的メカニズムにより平衡状態が維持されるが,飢えや渇きは,生理学的メカニズムだけではなく,行動的要因も関与して平衡状態が維持される．たとえば,飢えの状態になったときには,摂食という行動が生起しなければ,満腹という平衡状態は回復しない．このようなホメオスタシスをつかさどる部位は,現在のところ,**視床下部**（hypothalamus）であると考えられている．

◎飢えと渇き

　飢え（hunger）と渇き（thirst）には，摂食行動や摂水行動が必要であるが，摂水行動に比べると，摂食行動は多様で複雑である．渇きを覚えたときは，水を飲むことしかないが，飢えを覚えたときは，何を食べるか一義的には決まらない．何を食べるかは，食物の嗜好にもとづいていると考えられる．この食物の嗜好は，後で述べるように，観察学習，レスポンデント条件づけあるいはオペラント条件づけなどの学習により獲得される．

　摂食や摂水をコントロールしている脳内部位は，視床下部と考えられている．体内のグルコースやその他の栄養素の欠乏を視床下部の神経細胞が感知することで飢えが生じ，摂食行動が起きる．**視床下部外側部**（lateral hypothalamus）を破壊すると，動物は摂食しなくなる．また，**視床下部腹内側部**（ventromedial hypothalamus）を破壊すると，動物は摂食し続け，やがて過度の肥満になることが示されている．一方，前者の部位を電気刺激すると，摂食が促進される．また，後者の部位の電気刺激では，空腹にも関わらず摂食が止まる．さらに，モルヒネなどの薬物による神経化学的刺激によっても同じような効果が認められている．このような事実から，1960年代には，これらの部位が「満腹中枢」と「飢餓中枢」とよばれたが，現在は，これらの部位を含む機能的単位である**中脳辺縁系**（mesolimbic system）が摂食に関与していると考えられている．

　摂水の場合，体内の水分が低下すると，視床下部の神経細胞が脳下垂体を活性化させ，血中に抗利尿ホルモン（antidiuretic hormone: ADH）を放出する．このホルモンは，腎臓に水分を蓄え，その水分を尿ではなく，血中に戻すように作用する．

　ビールの世界的産地のひとつであるミュンヘンのレストランの味付けは，「塩辛い」といわれているが，これは，多くのレストランがビール会社の所有であることと無関係ではないという．「塩辛い」味付けは，ビールをおいしく感じさせるとともに，ビールの消費量も増加させるからである．

◎性行動

　恋人たちの行為は，性動機にもとづいていると考えられる．性動機は，個体の生命維持に直接関係しないが，種の保存にとって重要である．個体は，生殖という過程を通して誕生するが，生殖といっても，単細胞生物の細胞分裂から脊椎動物の複雑な交尾の儀式まで様々である．交尾に影響する要因として，性ホルモンや学習が重要である．

　性行動を活性化させる重要な役割を果たしている性ホルモンは，雌性ホルモンであるエストロゲン（estrogens）と雄性ホルモンであるアンドロゲン（androgens）である．これらの性ホルモンが性行動に影響する程度は，種によって違いが見られる．ヒトの場合には，他の種よりも性ホルモンの直接的影響は少なくなり，むしろ学習の役割が大きな比重を占めている．たとえば，多くの種では，性ホルモンの周期にもとづく発情期に性行動が限定されるが，ヒトの場合には，このような期間は特に認められていない．

◎情動

　情動の強さは，心拍の高まりや発汗量など生理学的変化の大きさに依存していると考えられるが，生理学的変化だけで，上に述べた様々な情動を区別できるのであろうか．この問題は，情動の考え方の基本的問題であるが，ジェームズ（James, W.）は，「**生理学的変化を知覚することが情動の体験である**」とする説を唱えた（James, 1892）．同じような時期に，生理学者のランゲ（Lange, C.）もジェームズと同じ見解を表明したことから，このような情動の考え方を**ジェームズ・ランゲ説**という．この考え方によると，上に述べた様々な情動に対応する様々な生理学的変化があることになるが，1920年代に生理学者キャノン（Cannon, W.）は，この考え方を批判した．この批判は，後に，**キャノン・バード説**として結実する．キャノン・バード説は，**活性化説**（activation theory）ともよばれるように，「**情動とは，単に活性化された覚醒水準である**」とする考え方である．

　ジェームズ・ランゲ説は，発汗や心拍の変化という末梢の生理学的変化を

重視しているので，情動の末梢起源説とよばれるのに対し，キャノン・バード説は，間脳と大脳皮質の働きという中枢の生理学的変化を重視しているので，情動の中枢起源説とよばれている．キャノン・バード説は，その後，脳波研究にもとづくリンゼイ（Lindsley, D. B.）の活性化説に発展している．リンゼイの活性化説は，脳幹毛様体（brainstem reticular formation）と視床下部の働きを重視しているが，情動が生じるときには，脳幹毛様体が活性化されることを前提としている．現在，情動の生理学的過程は，動機づけの場合と同様に，視床下部を含む中脳辺縁系という働きの単位に基礎をおいている．

情動反応には，発汗や心拍などの自律神経系の生理学的反応が含まれている．これらの生理学的反応を利用して，人が嘘をついているか否かを判定することができる．一般に，嘘発見器（ポリグラフ）とよばれているのは，被験者の心拍や皮膚抵抗反射という自律神経系の反応を測定し，嘘をついたときに現れる情動反応を読み取るのである（新美・白藤, 1969）．検査は，実験者の質問に被験者が「はい」や「いいえ」で答えることから構成されているが，実際に嘘をついたときと嘘をついたようにみせたときの変化が似ているので，判定には十分な注意が必要である．

動機づけと情動の行動的基礎

動機づけも情動も私たちが直接見ることができるのは，表情の変化，振る舞いの変化，言葉など，行動の変化としてである．また，先に述べたように，様々な動機づけや情動をすべて生理学的過程から説明することは現状では不可能である．こうした点から，行動の理解のためには，動機づけや情動の行動レベルの研究が重要な意味を持っている．

動機とは行動の原因であるが，これには，明らかに経験を通して獲得されたものと，必ずしも経験を通して獲得されたとはいえないものがある．前者の例は，学習性動機とよばれるが，後者は，生物として持っている生まれつきの動機（生得的動機）といえよう．同じように，情動も生理学的変化を伴

う生まれつきの情動と，経験を通して獲得される学習性情動に分けることができる．

◎生得的動機

　好奇心とは，目新しい物事に対して強く興味や関心を向ける行動傾向のことである．ハトやネズミを実験箱（第4章「スキナーによる行為の原理の体系化」参照）に入れると，しばらくの間，箱の中を動き回り，ネズミの場合には，立ち上がったり，匂いを嗅いだりする行動が現れる．新奇な環境に入れられたときに現れる，こうした行動を，一般に，**探索行動**（exploratory behavior）という．探索行動は，その行動自体が強化子としての働きをもつ（プレマックの強化原理）か，その行動が何らかの強化子により強められると考えられる．周りが見えないようなケージに入れられたアカゲザルが，小窓を開けて外を見ようとすることや，小窓を開けることを強化子とすると，容易に弁別学習が成立すること（Butler, 1954）も，このような観点から見ることができる（第4章「観察学習と観察反応」参照）．また，アカゲザルに知恵の輪のような装置を与えると，それを操作し続ける．何かをいじったり，触ったりすること（**操作行動**）も，それ自体が強化子としての働きをもっていたり，何らかの強化子により強められるという点で，探索行動と似ている．このような探索行動や操作行動は，「好奇心」という言葉で表される行動といえる．探索行動や操作行動は，研究や趣味，あるいはスポーツに没頭する人の行動の基礎になっていると考えられる．

◎学習性動機

　生理学的動機を基礎に，経験を通して獲得された動機を**学習性動機**（learned motive）または**社会的動機**（social motive）とよぶ．これには，金銭，物品，地位，名誉などが挙げられる．お金が条件性強化子となる過程は，モノとの交換可能性にもとづくレスポンデント条件づけによるものであるが，物品（ブランド品），地位や名誉なども条件性強化子と考えられる．

ヒトの動機づけには，経験を通して獲得された動機（学習性動機）が重要な役割を果たしている．このことを理解するために，昨日のお昼の食事（どこで何を食べたか）を取り上げて考察してみよう．お昼に食事に行くきっかけとなるのは，空腹感や12時を指していた時計（弁別刺激）であろう．特に前者は，生理学的メカニズムの働きで生じるであろう．しかし，どこで何を食べるかは，生理学的メカニズムによって決まってはいない．ここに，経験を通して獲得した動機づけの過程が働いているのである．時計が12時を指しているので，食事に行くというのも，こうした例である．また，食堂で食べる麺類から，定食，ハンバーガーなど，私たちの摂食行動（食事）が多様であることや，社会・文化，宗教あるいは生活スタイル（たとえば，菜食主義）により食物となるものが異なることも，学習性動機づけの働きの例である．

　オペラント条件づけにおいては，動機づけの問題は，食物や水を強化子として働かせるための遮断化や飽和化という操作（第4章「強化の概念」参照）として考えられている．遮断化という操作は，希少性を作り出す操作といえ，経済学でも財（強化子）の希少性を前提にその財の価値が決まると考えているように，財の価値を決めるひとつの方法といえる．財の価値とは，言い換えれば，強化子としての働きの強さである．

　求愛行動（性行動）は，最終的には交尾に至る，雌雄間の複雑な行動の連鎖からなる本能行動である（第2章「行動生物学」参照）．たとえば，先に述べたトゲウオの求愛行動は，卵で膨らんだ腹部を持つ雌が雄のジグザグダンスを誘発することから始まる，解発子とよばれる特定の刺激とその刺激により解発された行動の見事な連鎖の例である．一方，ヒトの性行動は，学習や社会・文化的要因に強く影響される．恋人たちの行為は，相手の服装や顔立ち（環境的要因），言葉によるコミュニケーション（社会的要因），抱擁・接吻などのしぐさ（文化的要因）などの複合的な相互作用の産物といえるであろう（図7-1）．

図7-1　鈴木春信「風流座敷八景」より「第一図琴柱落雁」．若衆と娘の情交の一場面．

◎情動の表出

　情動の行動的研究は，ダーウィンの先駆的研究「ヒトと動物における情動の表出」（1872年）を出発点としている．ダーウィンは，(1)情動の表出にはヒトと動物に類似性があること，(2)情動表出には適応的意義があること，(3) ヒトの情動はこのような適応的意義をもつ行動の痕跡であること，を指摘した．たとえば，イヌやネコの「怒り」の表出は，相手への攻撃の準備としての適応的意味を持っていると考えられる（図7-2）．このような情動の表出研究は，その後，アイブル・アイベスフェルト（Eibl-Eibesfeldt, I.）によるヒトの情動表出が生まれつきの性質をもつことを強調する行動生物学的研究と，シュロースバーグ（Schlosberg, H.）の情動表出の基本次元を明らかにする心理学的研究に引き継がれていった．

　アイブル・アイベスフェルトは，様々な民族の情

図7-2　イヌとネコの「怒り」の表出．Darwin (1872) より．

動に関する表情を研究しているが，たとえば，眉毛を上下させる挨拶動作には，共通性があることを明らかにした．図7-3のAは，南米アマゾンのワイカ・インデアンを，Bはパプア・ニューギニア人の例を示している．こうした動作は，何千年もの間交流がなかった社会の間や，世界の異なる地域に住む人々の間でも理解可能であることから，生まれつきの**定型的行動パターン**（fixed-action pattern）とよばれている．

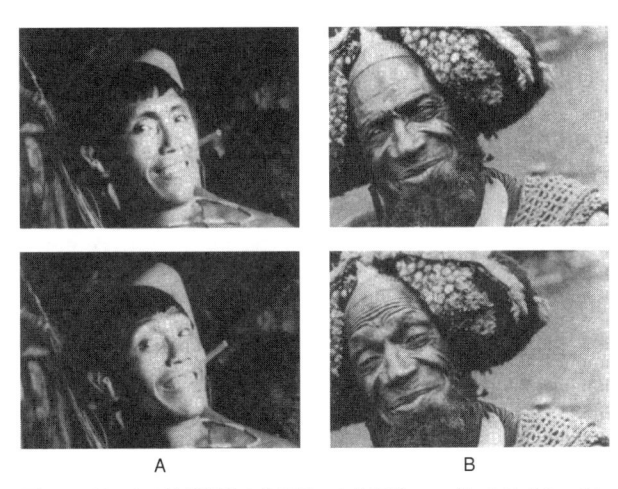

図7-3 目による挨拶行動の共通性．Aは南米アマゾンのワイカ・インディアン，Bはニューギニアのパプア人の事例である．いずれも眉毛を上下に動かしているのがわかる．Eibl-Eibesfeldt (1972) より．

このように情動の表出に異なる文化や社会の間で共通性があるとすれば，ある社会や文化に属する人々の間にも共通性が見られるであろう．シュロースバーグは，男性俳優のさまざまな表情を写した72枚の写真を被験者（大学生）に判断させ，その結果を分析したところ，被験者の判断は，一貫しており，快―不快（pleasant-unpleasant）と拒否―注目（rejection-attention）の2つの次元にもとづいて分類できることを見いだした．他者の情動表出は，容易に区別できることが示されたが，自己の情動の生理学的変化は，区別できるのであろうか．

◎内受容刺激

　何らかの生理学的変化，たとえば，空腹感や発汗のような自律神経系の変化は，刺激として知覚される．これらの刺激は，**内受容刺激**（interoceptive or proprioceptive stimulus）とよばれる．内受容刺激を手がかりとした心拍や皮膚抵抗反射などの自律反応の分化（たとえば，心拍数を増加させたり，減少させたりすること）は，オペラント条件づけにもとづいて可能であることが知られている．こうした研究は，測定された自律反応の数値や目盛りを被験者にフィードバックする方法を用いることから，**バイオ・フィードバック**（biofeedback）とよばれている．動物においても自己の生理学的変化を手がかりとして反応できることがルビンスキー（Lubinski, D.）とトンプソン（Thompson, T.）のハトを用いた実験から明らかになっている．

　図7-4は，2個体のハトが，自己の内的状態を報告するのと類似したコミュニケーションを行うための一連の行動連鎖を例示している（第5章「複雑な学習」参照）．各パネルの右側の個体に薬物（興奮薬，抑制薬または生理食塩水）が投与される．最初は，左側の個体が「どう感じる？（How do you feel?）」というキイをつつく．すると薬物を投与された個体が3つの状態のどれかを表すキイをつつく．続いて，左側の個体は，その報告を「ありがとう」

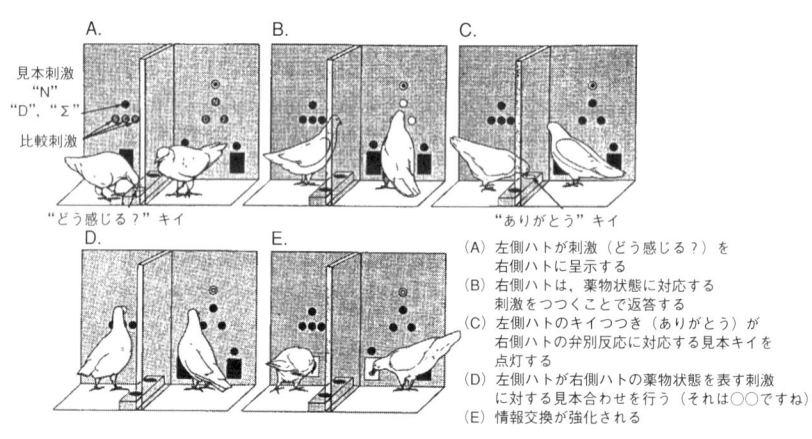

図7-4　ハトによる内的状態（内受容刺激）の記号による報告　Lubinski & Thompson (1987)を改変．

キイをつつくことで強化（条件性強化）する．最後に，左側の個体が報告された内的状態を表す記号（N, D, Σ）を見本刺激として，これらに対応する別の3つの記号（S, C, P）の内のひとつをつつく（「それは○○ですね」に相当する）．これが正しければ，左側の個体は，餌で，右側の個体は水で強化されるのである．この一連の行動は，自己の内的状態（私的出来事）を公共的な対応物（記号）によって表すことができることを示している（Lubinski & Thompson, 1987）．

◎生得的情動と習得的情動

情動の表出が生まれつき（生得的）であることは，すでに述べたが，情動は，種に特有な生まれつきの側面と経験を通して獲得される習得的側面を持っている．

ハーローは，母親と子どもの間に見られる**愛着行動**（attachment）が生まれつきの（生得的）性質を持つことや，愛着は，親との接触にもとづいていることを明らかにしている．彼は，生後間もないアカゲザルの子どもに，針金で作った模型の母親と，針金に布が巻かれた模型の母親を選ばせたところ，同じ模型でも布が巻かれた母親を選ぶことを見いだした．また，哺乳瓶を針金だけの母親に置いたところ，ミルクを飲むときだけ針金の母親に，その他の時間は，布の母親に抱きついていることが分かった（図7-5）．このことから，母親と子どもの間の愛着行動は，母親が与える食物などの欲求の満足よりも，母親との接触による満足にもとづくものと考えられる（Har-

図7-5 布をまいた模型の母に抱きつくアカゲザルの子どもの愛着行動．Harlow (1976) より．

low, 1976).

　一方，ワトソンは，経験を通して獲得される情動の例示として，幼児に**情動条件づけ**を試みた．幼児に白ネズミを見せると，手を伸ばして触ろうとする．その時，背後で大きな音を立て，幼児を驚かせる．このような体験をした幼児は，白ネズミを見ると後ずさりして，避けようとした．この事実は，驚愕反応が白ネズミに条件づけられたことを意味している．この条件づけは，白ネズミと大きな音の対呈示というレスポンデント条件づけにもとづいている．

　このような条件づけられた不快な情動は，多くは負の強化子（第4章「負の強化と罰」参照）に関連して，獲得されると考えられる．たとえば，餌で強化されるレバー押しを行っているネズミに，音を聞かせた後，電気ショックの呈示を何度か繰り返すと，やがてネズミは，音が呈示されるとレバー押しを止めるようになる．これは，**条件性抑制**（第3章「複合条件づけ」参照）とよばれる現象であるが，音が「不安」を生じさせるようになったと考えられる．同じように，2つの部分に区切られた実験箱（シャトル箱）の一方に置かれたネズミに，光の呈示後に電気ショックを与えることを何度か繰り返すと，光の呈示とともに，反対側の区画に移動する反応が起きるようになる．これは，電気ショックという嫌悪刺激（負の強化子）を避ける回避行動が形成されたことを示しているが，この場合も，やはり光が「不安」を生じさせるようになったと考えられる．前者の例は，獲得された「不安」が行動の遂行に影響すること，つまり情動操作（第4章「強化の概念」参照）の効果を示している．また，後者の例は，嫌悪刺激の除去という負の強化にもとづいている．しかし，こうした「不安」がどのような行動によっても解消できないときは，「絶望」に陥ることになるであろう．

　セリグマン（Seligman, M. E. P.）は，どのような行動を行っても電気ショックを避けられない状況で，繰り返し電気ショックの呈示を経験したイヌが，シャトル箱に置かれると，うずくまったまま電気ショックを回避しようとしないことを見いだした．この行動は，あたかも無力感を学習した結果のよう

に見えることから，これを**学習性無力感**（learned helplessness）とよんでいる．この現象は，ヒトの無気力症や鬱病の症状と類似していることから，これらのモデルとして考えられている（Seligman, 1975）．

このように情動の多くは，条件づけや観察学習などの「学習」により獲得されると考えられるが，無力感をはじめとする情動の障害が学習されたものであるとすると，その治療も学習の原理にもとづいて行われることになる．このような学習の原理にもとづく治療法は，**行動療法**（behavior therapy）とよばれ，臨床心理学の一分野になっている（第9章「治す」参照）．

読書ガイド

- 国友隆一『セブン−イレブン流心理学』三笠書房　1999
  コンビニエンス・ストア「セブン−イレブン」の成功を心理学の観点から見た一般書であるが，第3章「買いたくなる心理」は，動機づけの問題を考えるときに参考になる．
- Buchholz, A., & Wordemann, W. *What makes winning brands different: The hidden method behind the world's most successful brands.* Wiley 2000
  （井上浩嗣・松野隆一（訳）『あのブランドばかり，なぜ選んでしまうのか』東洋経済新報社　2002
  著者たちは心理学者ではないが，ブランドは作られたものであることを調査分析により明らかにしてくれる．

課題7-1：昨日の昼食（どこで何を食べたか）について動機づけの観点から考察しなさい．

課題7-2：情動の適応的意義について考察しなさい．

第2部 日常生活の中の学習

> 我々は自然科学の望ましい諸条件から見て妥当性を持つ個体の行動分析が，どの程度，社会現象の理解に貢献できるかに関心があるのである．これが適切かどうかを検証するには，集団現象に我々の分析を適用してみることである．
>
> ——B. F. スキナー「科学と人間行動」より

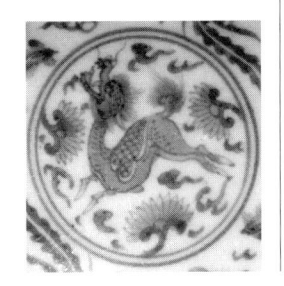

第2部では，ありふれた日常場面として，ある家庭の情景を眺めることから始めよう．

　日曜日の朝，山田たかし君の家では，お父さんが膝に愛犬のラルフを乗せ，タバコを燻らせながら，スポーツ新聞のタイガースが勝ったという見出しに何度も見入っている．たかし君が，保険金殺人事件を報じているテレビを切り替えて，テレビゲームを始めようとすると，朝食の準備をしていたお母さんが，すかさず「勉強をしてからにしなさい」と注意をしている．しかたなく，たかし君は，お父さんと同じように，あぐらをかいて，ノーベル賞受賞者を報じる新聞を読み始めたところ，お母さんから，「またお父さんの真似をして！　今日は何をするのかよく考えなさい」と叱責が飛んでくる．一方，たかし君の妹うららさんは，朝からスナック菓子を食べている．これを見て，お母さんが，「朝食の前に，お菓子を食べるの止めなさい．そんなことするから，肥満になるのよ．本当に意志が弱いんだから，お父さんと同じね」と叱るが，それでもうららさんは，食べるのを止めない．

　同じ日の夜，お父さんは，またラルフを膝の上に抱いて，長々と晩酌をしている．時々，かなり酩酊して，たかし君に絡んでくるが，家族は皆相手にしない．お母さんは，もはやあきらめ顔で眺めている．

　このような日常場面には，実に様々な学習の問題が含まれている．たとえば，お父さんは，昨夜の野球中継でタイガースが勝ったことを知っているのに，なぜスポーツ新聞に見入っているのだろうか．たかし君は，なぜお父さんの真似をしたのであろうか．お母さんが，勉強を済ませるまで，ゲームをさせないといっていることの根拠は，何であろうか．こうした疑問は，学習の原理から説明することができる．ここでは，日常場面に含まれている問題を取り上げて，学習の原理からどのように説明できるかを見ていこう．

第8章 日常場面にみる反射の原理

高等動物でえられた心臓や胃，その他の器官の機能についての知識は，人間と動物でこれらの器官の類似性が事実と合致するかどうかを検証しながら用心深く人間に応用することができる．しかしそうだとしてもいまはじめてえられた動物の高次神経活動に関する正確で自然科学的な知識を人間の高次神経活動に移すにあたっては，非常に大きな自制が必要である．

―I. P. パヴロフ「大脳半球の働きについて：条件反射学」より

◎ディスコの騒音

　1970年代から1980年代終わり頃にかけて，音楽に合わせて踊る場所であった「ディスコ」がブームになったことがある．入り口から中に一歩入ると，耳をつんざくような大音響とフラッシュとで度肝を抜かれる．しかし，時間が経つにつれて，この大音響がむしろふつうに聞こえてくるから不思議である．おそらくお酒も適度に入っているので，そのせいかもしれないとも思うが，これは，第3章で述べたように，**馴化**の過程によるものである．もし，このような過程がなかったとしたら，ものの十分もディスコには居られないであろう．私たちがディスコを楽しむことができるのは，馴化のおかげなのである．しかし，馴化はあくまで心理学的な過程であり，音の物理的強度が変わったわけではないので，このような大音響に長時間さらされていると，難聴などの聴覚障害を引き起こすことになりかねないので注意が必要である．

◎地震の恐怖

　1995年1月17日の早朝に起きた阪神・淡路大震災の大きな地震の揺れを経験した人々は，その後に続いた余震のたびに身を固くし，悲鳴さえも上げたという．知人のIさんもこの大きな地震の揺れを体験した1人であるが，余震のたびに身構え，「またか」というつぶやきが自然に出たという．時間が経つにつれて，しだいにこのような反応が出ることは少なくなったともいう．このような「身を固くする」，「身構える」，「悲鳴をあげる」などの反応は，情動反応の一部である．これらは，**鋭敏化**とよばれる過程である．Iさんの話から推測すると，鋭敏化は，本震の直後に最も顕著に生じたが，時間が経つにつれて，減少し，むしろ馴化が起きたようである．一般に，鋭敏化と馴化は，表裏一体をなすものともいえ，刺激の強さが大きいと鋭敏化が生じ，小さいと馴化が生じると考えられている．

◎梅干しとだ液分泌

　「梅干し」という言葉を聞くと，口の中にだ液が分泌されることがわかる．

もし，だ液が分泌されたとしたら，これは**レスポンデント条件づけ**の結果である．「梅干し」という言葉とともに，梅干しの色や形がCSとなり，梅干しを口に入れたときに生じる塩辛さ（あるいは酸っぱさ）がUSとなる対呈示が，過去に何度も行われたと考えられる．逆に，これまで梅干しを食べたことがないとしたら，このようなだ液分泌は起こらないであろう．このような条件づけは，「梅干し」に限らない．たとえば，「レモン」という言葉を聞いたり，レモンの黄色い色や形を見ると，だ液が分泌してくれば，やはりレスポンデント条件づけが成立しているといえる．「レモン」の酸っぱさと「梅干し」の塩辛さは違ってはいるが，UR（CR）としては，同じだ液分泌になる．どのような対象がだ液分泌を誘発するかは，個人の過去経験により異なるであろう．どのような対象によりだ液分泌が誘発されるかを，各人で列挙して相互に比べて見ると，それぞれの過去経験の違いが明らかになって興味深い．

◎坊主憎くけりゃ袈裟まで憎い

　坊主が憎いとは，ただ事ではないが，このことわざは，日常経験から得られた知識を例え話として表現したものであろう．坊主（ある対象）を憎いと思うと，坊主が身にまとっている袈裟（その対象の付属物）まで憎いと感じるというのである．本来，嫌いなのは坊主自身のはずであるが，その人の持ち物まで嫌いになるのは，**般化**の現象によるものである．般化とは，第3章「条件反射の分化と般化」で述べたように，ある刺激に条件づけられた興奮傾向または抑制傾向が，他の似た刺激にも見られることである．この例の場合には，嫌悪的な対象なので，対象の持つ抑制傾向が持ち物である袈裟に般化したことになる．これとは逆の意味で，「**愛は屋上の烏に及ぶ**」ということわざもある．これは，ある人を好きになったら，その人の住んでいる家にとまった烏まで好きになるという意味である．つまり，この場合は，好ましい対象であるので，対象のもつ興奮傾向が烏にまで般化したことになる．このように，これらのことわざは，般化が，好ましくない次元にも，好ましい次元にも対称的に生じることを示しているといえる．

◎好き・嫌い

　男が女を，女が男を好きになるというのは，ヒトという種が雌雄異体という繁殖形態をとったための宿命である．この宿命を，モーツアルトの歌劇「魔笛」では，パミーナとパパゲーノが「恋するこころは，人の世の華よ，女と男が愛し合う姿は，何という気高さ」と歌い，賞賛しているが，もっとも，現代は，このような生物学的宿命に従う人々ばかりではない時代でもある．それはさておき，原点に立ち戻って，ある男性がある女性を好きになるのはなぜだろうか．生物学的宿命というだけでは，特定の男女の結びつきは説明できないであろう（図8-1）．ここには，個体の何らかの学習（条件づけ）の過程が働いていると考えられる．

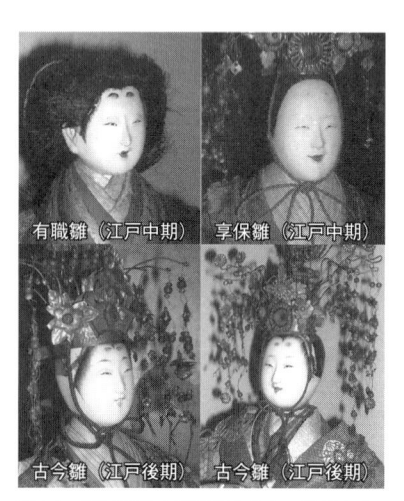

図8-1　江戸期雛人形の麗人たち．時代とともに美の基準も変わるようである．

　ある新聞の健康相談にこんな話が載っていた．事務職の独身男性のAさんは，仕事中にたびたび胸が苦しくなるとのことで，心臓発作ではないかと心配して来診したが，検査をしてみても身体的には異常な所見が得られなかった．そこで，胸が苦しくなるときの状況を詳しく聞いてみたところ，それは決まって別の課の女性が書類を届けに来たときであることが判明した．つまり，彼女の姿を見たり，香水の香りを嗅いだりすることで胸が苦しくなるという情動反応が起きていたのである．ご本人は，カウンセラーからこのように説明されて初めて恋煩いであることに気づいたという．

　これらは，**情動条件づけ**とよばれるレスポンデント条件づけの結果である．彼女の姿や香水の香りがCSとなり，CRとして何らかの情動反応（心臓がどきどきする）を誘発しているのである．ある特定の人を好きになるということには，このような条件づけが何らかの役割を果たしているのであろう．

上に述べた例は，快の情動であるが，不快な情動が誘発されるとしたら，そのCSは嫌悪する対象である．過去に野良犬に追いかけられたことがある人は，野良犬の姿を見たら怖くなるであろう．このような不快な情動条件づけをスタンリー・キューブリック監督は，近未来世界の姿として映画の中で描いている（コラム「時計じかけのオレンジ」参照）．

◎牡蠣が嫌いなわけ

　食物の嗜好（好き・嫌い）も，第3章で述べた**味覚嫌悪条件づけ**の過程にもとづいて獲得されたものといえる．たとえば，飢えや渇きを満たす摂食行動や摂水行動は，オペラント条件づけにもとづいて，食物や水により強化される．ある食物を食べた後，吐き気や嘔吐（身体的不調）が起きれば，その食物を避けるようになるであろう．これは，その食物と身体的不調がレスポンデント条件づけにもとづいて結びつくからである．

　ベルンスタイン（Bernstein, I. L.）は，ガンの治療中の子どもたちを被験者として，抗ガン剤投与の結果，特別な味付けのアイスクリームが嫌われることを見いだしている．抗ガン剤の投与は，吐き気や嘔吐を伴う身体的不快感を起こさせる（レスポンデント条件づけにおけるUS→UR）．実験では，最初に，特別な味付けのアイスクリーム食べた後，抗ガン剤投与治療を受けた．この後，このアイスクリームとゲーム（または別の風味のアイスクリーム）を選択させたところ，抗ガン剤投与だけの統制群やアイスクリームを食べただけの統制群と比べて，明

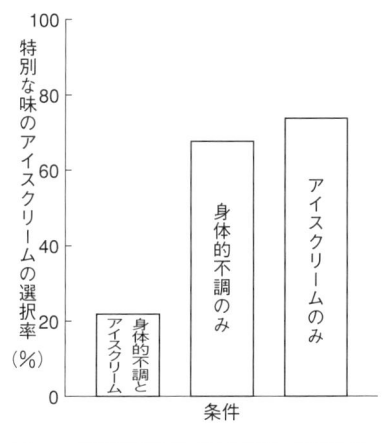

図8-2　味覚嫌悪条件づけの効果．特別な味のアイスクリームを食べた子どもたちは，抗ガン剤投与治療を受けた後，この味のアイスクリームを選ばなくなる．このデータはゲームで遊ぶことに対する選択率を表している．Bernstein (1978) の表から作図

第8章　日常場面にみる反射の原理　171

らかにこの特別な風味のアイスクリームを避けたのである（図8-2）．抗ガン剤が身体的不快感の原因である（アイスクリームが原因ではない）ことを子どもたちが理解しているにも関わらず，このアイスクリームを避けたという事実は，条件づけがいかに強力であるかを物語っている．

牡蠣が嫌いな人は，おそらく牡蠣を食べた後に食中毒を経験したことがあるであろう．ところが，知人のＩさんは，過去に３回も牡蠣を食べて食中毒になったにもかかわらず，牡蠣が相変わらず好物であるという．このように味覚嫌悪条件づけが生じるかどうかには，個人差があるようである．

◎単語を覚える

誰でも大学受験のときに，英単語を覚えるために，表に英単語，裏に意味を書いたカードを作ったり，そのような既成のカードを使ったりしたことがあるであろう．表の英単語を見て，日本語の単語を思い出すのである．思い出した単語が正しいかどうかは，裏を見ることでわかる．これは，英単語という刺激と日本語という刺激の連合，つまり刺激—刺激関係を学習することである．この方法は，**対連合学習**として記憶研究に用いられており，最初の項目を刺激項，次の項目を反応項という．この学習は，刺激項と反応項の類似性が高ければ学習が容易であるといわれているが，英語と日本語ではほとんど類似性がないので学習は，比較的難しいのである．この対連合学習は，刺激と反応の結びつき（S−R連合）と考えられているが，むしろ，ここで述べたように，刺激と刺激の結びつき（S−S連合）を学習することも含まれていると考えられる．

コラム

映画「時計じかけのオレンジ」：複合条件づけ

スタンリー・キューブリック監督が未来を描いた映画「時計じかけのオレンジ」(1971年) は，未来社会が決してバラ色のユートピアでない

ことを暗示している．この映画では，未来社会，つまり英国は，社会主義国家となっており，若者たちが，ロシア語まじりのスラングをしゃべり，暴力，性，薬物が支配する，すさんだ社会が描かれる．

　主人公アレックスの一人称で語られる物語は，このような背景をもって進行する．ある日，彼らは作家夫妻の家に侵入し，乱暴狼藉の限りを尽くす．このため，この作家は車椅子生活を余儀なくされてしまう．こうした窃盗，レイプ，喧嘩に明け暮れる生活のなかで，とうとう彼は，殺人を犯し，刑務所に送られてしまう．刑務所での生活は，単調で，表面上は熱心に聖書の勉強をし，真面目に牧師の手伝いをしているが，暴力的傾向が消えたわけではなかった．そんなある日，悪人を善人に変えるという新しい治療法の話を耳にして，被験者となることを申し出る．この新療法，ルドビコ式療法とは，レスポンデント条件づけにより，暴力的場面と身体的不快状態（嘔吐）を連合させることで，アレックスの暴力的傾向を抑えるものとして描かれている．しかし，意図せずに，暴力的場面の映像の背景音楽として流れていたベートーベンの第9交響曲第4楽章のメロディー（喜びの歌）にも条件づけされてしまったのである．

　これは，複合刺激の条件づけの問題（映像と音楽はCSとして同程度の強さであったらしい）であるが，ベートーベンのこのメロディーは，ア

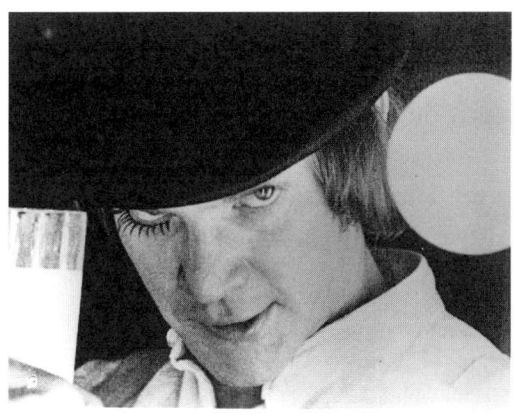

写真協力（財）川喜多記念映画文化財団

レックスがこよなく愛していたものであった．ここに，この映画の核心があり，ここからこの物語は急展開を始めるのである．その後，善人となったアレックスが，かつての仲間から暴行を受け，命からがら助けを求めた所は，例の作家の家であった．アレックスに気づいた作家は，喜びの歌を使って復讐するのである．苦痛にたえられなくなったアレックスは2階の窓から身を投げ，一命はとりとめたものの，条件づけられたものがこわれ，もとのアレックスにもどったところで映画は終わる．

読書ガイド

● 実森正子・中島定彦『学習の心理：行動のメカニズムを探る』
サイエンス社　2000
第2章から第5章までのレスポンデント条件づけの解説のなかに，日常例がいくつか取り上げられている．

課題8-1：日常場面におけるレスポンデント条件づけに関連する出来事を探してみよう．

課題8-2：映画「時計じかけのオレンジ」で描かれている条件づけはどのような条件づけであるかを説明しなさい．

第9章 日常場面にみる行為の原理

「よせやい！てめーがいくら犬より劣った生活をしたからって，なんで世間のやつらが恥じるもんか．．．．まあ，考えてもみねえな．てめえが働かなくなる．おれも働かなくなる．その上何百人も，何千人もの人間がみんな働かなくなる！いいか？みんなが働かなくなるんだぞ！だれ一人なんにもしなくなるんだぞ．そんときゃどうなると思うんだ？」

———— M. ゴーリキイ「どん底」より

◎やる気・意欲

　「彼はやる気のある人である」とか，「彼女は意欲的である」という表現は，肯定的な意味で使われているが，人物評価において「やる気」や「意欲」という動機づけの側面が重要であることを示している．やる気や意欲はどうしたら高められるのであろうか．これには外的条件が重要な役割を果たしていると考えられる．次のような日常場面の例を見てみよう．

　ある新聞記事によると，ある介護施設に入所中のAさんは，医学的には歩くこともできる段階にもかかわらず，いつもベッドで寝たきりであり，現状を何とかしようという意欲も感じられない状態であった．看護師たちが，散歩やリハビリ，あるいは，花を見に行きましょうと誘っても，ほとんど乗ってはこなかったAさんが，ある日を境に突然積極的に外出するようになったのである．このわけは，何とかベッドから出るようにしたいと思案していた看護師の一言であった．それは，「牛の様子を見に行きませんか」という誘いであった．実は，Aさんは，病気で倒れる前は，牛を飼っていて，牛の世話が毎日の日課になっていたのである．その後，Aさんは，元気を回復し，病院のなかの行事にも積極的に参加するようになった．

　この事例は，人は歩けるから歩くのではなく，歩くためには，環境（外的条件）を整えること（行動の目的を持つこと）がいかに重要であるかを示している．つまり，Aさんには意欲がなかったわけではなく，意欲を発揮する環境（機会）がなかっただけなのである．言い換えると，環境のなかに歩く目的を作ることによって，歩くようになったのである．このように考えると，やる気・意欲の問題は，行動を起こさせるために，いかに環境を整えるかという問題に帰着する．**やる気と意欲は環境づくりから**である．

◎欲望

　現代社会は，「欲望」を作り出す社会であるという．確かに，都会の繁華街には，たくさんの品物が並び，テレビや新聞は，新製品の宣伝・広告に満ちあふれている．資本主義経済体制にある現代社会では，必然的にモノを生

産・消費する仕組みを維持しなければならない．モノを生産してもそれが必ずしも売れるとは限らない．そこには消費者としての人々の動機づけの問題がある．したがって，現代社会では，善し悪しは別にして，いかに人々の欲望を喚起するか，あるいは，いかにして新たな欲望を作り出すかということが重要な意味を持つようになっている．これまでの経済学では，このような人々の欲望を十分には考慮してこなかったといえるが，これは，これまで本書でたびたび指摘してきた（第7章参照）ように，心理学者が扱うべき心理学的な問題なのである．

　新たな欲望を作るためには，これまでにない製品を人々に**見せる**ことが必要である．新製品発表会や新聞の全面広告などは，このような効果をねらっているのである．これは，いきなり全部見せることであるが，また，人々の期待をふくらませるために，事前に新製品についての情報を間接的かつ断片的な形でしか見せない方法がとられることもある．これは，ただ見せるのではなく，**いかに見せるか**という問題（見せ方の問題）でもある．この見せ方の問題は，モノの売り上げ，言い換えれば人々の購買意欲の喚起を左右することにもなる．このように，いかに見せるかという方法の問題は，あるモノを，強化子として働かせるための諸条件を整えることに他ならない．動機づけには，外的条件が重要な役割をはたしていることは，映画「羊たちの沈黙」にも描かれている．

コラム

映画「羊たちの沈黙」：内なるものは外にあり

　1995年度のアカデミー賞を5部門で受賞した映画「羊たちの沈黙」は，動機づけについて示唆を与えてくれる．

　猟奇的連続殺人犯を逮捕する手がかりを得ようと，FBI訓練生クラリス（ジョディ・フォスター）が収監中の元精神科医で殺人犯のレクター博士（アンソニー・ホプキンス）に面接に赴くところから映画は始まる．

映画は，クラリスと博士との問答を主軸に展開するが，映画の後段で，犯人の名前を教えてほしいと哀願するクラリスに，レクター博士は，諭すようにクラリスに語りかける．「犯人は，なぜ人を殺す？それは強い渇望だ．その渇望はどうして生まれる？」レクター博士の問いかけに，「性的抑圧，フラストレーション？」と答えるクラリス．レクター博士は「違うね！　人は，毎日見ているものをほしがることから始めるのだ」と犯人逮捕の糸口となるヒントを教えるのである．犯人は最初の被害者の近くにいたことに気がついたクラリスは，最初の被害者の居住地で犯人を探し当て，映画は，真っ暗な地下室で赤外線暗視眼鏡をかけた犯人とクラリスが対峙する最後のクライマックスへと向かう．

この映画に描かれたように，動機づけには，外的刺激が重要な役割を果たしている．

写真協力（財）川喜多記念映画文化財団

◎行為としての好き・嫌い

人を好きになるとは，どういうことなのであろうか．先に，第4章「正の特色価効果」で述べたサイン・トラッキングという考え方は，**個体が好ましい対象には接近し，好ましくない対象からは遠ざかるという行動原理**を前提

にしている．このような行動原理を定式化した一人は，レヴィン（Lewin, K.）である．彼は，対象の**誘意性**（valence）という概念を用いて，フロイトの概念のひとつである葛藤（コンフリクト）を扱う枠組みを提案した（Lewin, 1935）．また，ミラーは，動物実験を通して，対象への接近勾配と回避勾配として誘意性を実験的に実証しようと試みた（Miller, 1944）．これらの研究は，行動をいずれも空間的移動として扱う考え方を示しているが，第4章で述べたように，オペラント条件づけの考え方に含まれる行動の新しい見方は，行動を，空間的移動としてではなく，時間的な出来事，すなわち生起頻度として扱うのである．この観点から見ると，好ましい対象に接近するとは，好ましい対象に対する行動の頻度が高くなることである．

「深く愛する」とか「愛が深まる」という表現は，実は，**相手に対する行動の頻度が高まること**なのである．深く愛すれば愛するほど，好きになればなるほど，そのことは，行動に顕著に現れるであろう．実際，相手との交際が深まれば，デートやラブレター（現代では，手紙よりも電子メールであろうか）の頻度や，電話の回数が増えることは，日常的に見られることである．レハールの喜歌劇「メリー・ウィドウ」の中で，かつての恋人同士のダニロ伯爵と，メリー・ウィドウこと大金持ちの未亡人ハンナが歌う愛の二重唱「愛のワルツ」でも，「唇は何も語らないけれど，私のあなたへの愛の深さは，ステップを踏むごとにわかる」と歌われている．序章で述べた，ホフマンスタールの「深層は隠さねばならぬ．どこへ？　表層へ」というのは，まさにこのことを表しているといえよう．

◎**なぜブランド品を求めるのか**

ブランド品が好まれるのはなぜだろうか．ブランド品は，それを身につけること自体がある特別な価値を持つような条件性強化子であると考えられる．ブランド品とは，たとえば，バッグなら物入れという**物理的効用**（強化子としての働き）を持つと同時に，このバッグを持つことに伴う社会的地位や生活スタイルという**社会的効用**（社会的強化子としての働き）を持ったもので

ある．特に，社会的効用の形成・維持のため，そのブランドであることが分かる特別な紋様や標章などの弁別刺激の明確化や，王室御用達のような社会的効用を付与するような広告・宣伝活動（マーケッティング）が行われている．つまり，ブランド品とは，条件性強化子としての働きを形成・維持するための様々な仕組みから成り立っている，極めて心理学的な存在であるといえる．このような仕組みを**ブランド化**（branding）という（Foxall, 1999）．

　現代は，ブランド社会といっても過言ではないほど，様々なブランドが確立し，そのブランドの製品が購買されている．この社会現象の基礎には，ここで明らかにしたように，学習性動機づけがあり，しかもその効果が極めて強力であることを物語っている．

◎目的の手段化

　お金や物品は，様々なモノとの交換や，それ自体の用途という手段になっているが，手段ではなく，目的になってしまう場合がある．これを，動機の**機能的自律性**（functional autonomy）とよぶ．たとえば，モリエールの喜劇「守銭奴」に描かれているような，お金に執着して貯め込むことが目的となった，いわゆる守銭奴とよばれる人は，このような例になるであろう．これは，行動を維持する本来の強化子が別の強化子へ変化した例として理解することができる．こうした例は，私達の日常場面でもしばしば見られる．子どもがピアノを習う場合，最初はお小遣いや褒め言葉という強化子で強化されるが，やがて上達してくると，音楽それ自体が強化子となってピアノ演奏を楽しむようになることは珍しいことではない．また，生徒が先生から注目されたいと思って勉強に励むうち，やがて勉強自体が楽しくなることもあるであろう．このような状態になれば，もはや最初のお小遣いや褒め言葉，あるいは，先生の注目も必要なくなるわけである．このようにピアノ演奏や勉強それ自体が強化子としての働きを持つようになることは，プレマックの原理（第 4 章「プレマックの強化原理」参照）から肯ける．

◎見る・まねる

　たかし君がお父さんの真似をしたのは，これまでに親の様々な行動を真似して新しい行動を獲得してきた名残といえるであろう．**模倣**（imitation）とは，他者の行動と何らかの点で一致することであり，他者の存在によって引き起こされる学習事態であるといえる．特に，言語の獲得には，親の発話を模倣することが重要であると考えられている．

　模倣は，生後まもなく生じることから，模倣能力が生まれつきのものではないかという見方がある．メルツゾフ（Meltzoff, A. N.）とムーア（Moore, M. K.）は，生後2週間から3週間の新生児に，「舌を出す」，「口を開ける」，「唇を突き出す」という顔の表情模倣が起こることを見いだしている．しかし，これらの表情そのものの自発頻度が高いことや，母親を含む大人が強化している可能性もないとはいえないことから，模倣がすべて生まれつきであるとはいいきれない．

　一方，模倣が他者（モデル）に対する何らかの強化によって起こることが，バンデューラ（Bandura, A.）によって示されている．これを他者が強化（罰）されるのを観察することで強化（罰）されるという意味で，**代理性強化**（vicarious reinforcement）とよんでいる．彼は，子どもに，モデルが人形へ暴力をふるうのを**観察学習**させ，後に子どもが人形に同様な行為を行うかどうかを調べた．このとき，モデルの行為に対して賞賛する群と罰を与える群を設けたところ，モデルが賞賛された群では，効果は明らかではなかったが，罰を与えられた群では，明らかに模倣反応の抑制が見られた．この誤反応の観察学習は，ヒト以外の動物ではほとんど見られないヒト固有のものと考えられている．また，代理性強化という現象は，強化事象の多様性を示す一例といえるであろう（Bandura, 1971）．

◎よいニュースは何度でも聞きたい

　見るという行為を通して学習できる（観察学習）が，見るという行為は，何によって維持されるのであろうか．この問題は，継時弁別学習の手続きを

用いて研究することができる．2種類の刺激を用いた継時弁別の手続きでは，たとえば，反応すると間欠的に強化される赤色と，反応しても強化されない緑色が交互に一定時間呈示される．この場面から，赤色や緑色という弁別刺激が取り除かれると，いま強化される可能性がある時期なのかそうでないかがわからなくなる．そこで，強化子を得るためのキイやレバーとは別のキイやレバーを設置し，これに反応すると，いま作動している時期に対応する弁別刺激が短い時間呈示されるようにする．このような場面におかれた動物や人は，このキイやレバーに反応するようになる．これを**観察反応**とよぶ．私たちが外を見ようとして窓を開けるのは，このような観察反応の一例である．

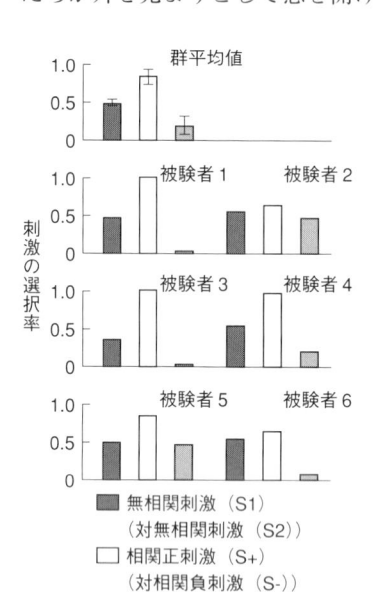

図9-1 観察反応を維持する要因．図中には，3つの条件（無相関刺激と無相関刺激，相関正刺激と負刺激，相関負刺激と無相関刺激）における各被験者の選択（観察反応）とその群平均値を示している．Fantino & Case (1983) を改変．

この観察反応が何によって維持されているのかを巡って，強化と結びついた刺激が呈示されるからとする強化説と，どちらの刺激もその場面の不確定性（あいまいさ）を減少できるからという情報理論にもとづく情報説が提唱されてきた．つまり，強化説では，赤色だけが，情報説では，赤色も緑色も観察反応を維持できると考えるのである．ファンティノとケース (Case, D.) は，上述の継時弁別の手続きと観察反応を用いてこの問題を検討した．その結果，被験者の大学生は，強化されない刺激が呈示されるレバーよりも強化される刺激または強化とは無関係な刺激が呈示されるレバーを選ぶことを見い出した（図9-1）．

このことから，観察反応は，強化と結びついた刺激の呈示により維持されていること，つまり，強化されるという「よ

い知らせ」の方が強化されないという「悪い知らせ」よりも好まれることが明らかになった．山田君のお父さんが，すでに勝敗を知っているのに，タイガースが勝ったというニュースを繰り返し見ているのは，このようなことから説明できる．ちなみに，タイガースが勝った翌日のスポーツ新聞が売れるのは，「よい知らせ」を好むという事実の証左である．

　以上のことから，強化説の方が正しいことになるが，「悪い知らせ」は，どんな場合でも嫌われるのであろうか．ハイキングに行く前日の「明日は雨」という天気予報は「悪い知らせ」には違いないが，しかし，これにより傘を持参するとかハイキングを中止するという対応が可能なことも事実である．このような場合には，「悪い知らせ」も行動を強める働き（強化機能）を持っているといえるであろう．ケースらは，強化を得るための反応に，労力を必要とする負荷をかけると，「悪い知らせ」のみが呈示される場合でも観察反応が生じることを示している．これは，強化されない時期に負荷の多い反応を節約できるという点で強化されていると考えられる．いずれにせよ，観察反応は，弁別刺激の呈示という条件性強化により維持されるといえる．

◎学ぶ・わかる
　弁別とは，先に述べたように，2つの刺激のもとで異なる行動が見られることであるが，犬のラルフが「お座り」や「お手」という言葉に適切に反応できることは，ラルフがこの2つの言葉を区別できることを示している．知能検査の項目にあるように，異同の区別（弁別）は，知的機能の基礎と考えられている．私たちの日常生活では，たとえば，食物の味から，環境変化，ブランド品の真贋，絵画鑑賞におけるモネとルノワールの違いなど，多岐にわたる弁別が必要とされる．このような弁別は，分化強化という経験を通して獲得されると考えられる．たとえば，ソムリエや利き酒を職業にしている人は，様々なワインやお酒を飲み比べるという経験（分化強化）を通して，一般の人よりも細かな違いについて区別できるようになったのである．バイオリンを始めとする様々な楽器を奏でる100人以上の奏者からなるオーケス

トラの細かな音の違いを聞き分ける指揮者も，こうした例である．分化強化という考え方は，正答に対する強化と誤答に対する消去という2つの過程を考えていることになるであろう．

「学ぶ」は，「学習する」と同じ意味であるが，学習が試行錯誤的に生じるとすれば，経験（試行）を通して，徐々に正答が増えていくこと，言い換えれば，誤答が減っていくことである．つまり，正答だけではなく，誤答からも学習ができると考えられる．一方，誤答なしでも学習ができることを示しているのが無誤反応学習（第4章「無誤反応学習」参照）である．このように，学習の成立には2つの考え方がある．かつて，ハーローは，学習セットの形成を誤反応の分析から考察した（Harlow, 1949）．彼の提唱した**誤要因理論**（error-factor theory）では，動物は過去経験や予備訓練により，すでにある刺激との結びつき（連合強度）を持っていると仮定する．そして，学習が進むにつれて，学習に関係ない刺激との結びつきが弱められていくと考えるのである．つまり，学習は，誤りから形成されることを強調するものといえる．

私たちの日常場面でも「失敗から学ぶ」ことが重要であるとしばしば指摘される（戸部・寺本・鎌田・杉乃尾・村井・野中, 1991）が，戸部らの組織論の観点からの分析では，旧陸・海軍のもつ組織としての欠陥の一部を戦後の日本社会も共有しているという．米国との2度にわたる「戦争」（1度目は太平洋戦争，2度目は経済戦争）に敗れた日本の私たちは，本当に過去の歴史にみられる失敗から学ぶことはできるのだろうか．

◎ほめる・しかる

山田君の家のテレビが報道していたように，お金を巡って殺人が起こるのはなぜだろうか．私たちの社会では，ノーベル賞を始め，様々な報奨が授与されているが，これらは心理学的にどの様な働きをしているのであろうか．

貨幣の問題を扱うのは経済学であるが，そこには心理学の問題が含まれている．このことは，たとえば，私たちが6ヶ月後にもらえる1万円よりも今すぐもらえる1万円を選ぶという事実を考えればよくわかる．「1万円」の

価値が，遅延時間を加えることで変わってしまうわけである．

お金には，モノとの交換のための道具としての働きがあるが，心理学にとって重要なのは，強化子としての働きである．私たちが使っているお金は，食物から衣料，車，家など，あらゆるモノと交換可能なことから，**般性強化子**(generalized reinforcer) とよばれている．このため，きわめて高い強化力をもっていると考えられる．お金は，国家が，あらゆるモノとの交換可能性を保証しているという点で，条件性強化子である．第4章「条件性強化と高次条件づけ」で述べたように，お金が強化力を持つようになる過程は，モノとの交換可能性にもとづくレスポンデント条件づけである．

ノーベル賞やオリンピックの入賞メダルは，優れた業績や競技における卓越性という行動的事実と結びついているという点で，いずれも条件性強化子といえる（図9-2）．私たちの社会では，学校の卒業証書や運転免許証を始めとした様々な免許証，職場での役職などの肩書きが，それを授与された本人には条件性強化子として働き，他者にとっては行動の弁別刺激として働くと考えられる．

このような条件性強化子の役割は，1939年に制作された映画「オズの魔法使い」の中にも見ることができる．この映画は，主人公の少女ドロシー（ジュディ・ガーランド）が，夢の中で，カンザスに帰るために，オズ大王に会いにいく冒険物語である．ドロシーと旅の途中で出会った仲間たち，頭脳がほしい案山子，心がほしいブリキ男，それに勇気がほしいライオンの願いを叶える前に，悪い魔女退治という試練がオズ大王から与えられる．やっとの思いで悪い魔

図9-2 2002年度ノーベル賞をダブル受賞した小柴昌俊氏と田中耕一氏．

女を退治した仲間たちに，オズ大王が与えたものは，案山子には頭脳の証明である大学の卒業証書，ブリキ男には心ある人（篤志家）であることを証明する善行功労賞，ライオンには魔女退治の活躍を讃える武勇勲章だったのである．これらは，いずれも条件性強化子である．

◎叱責と刑罰

　たかし君がお母さんにしかられていたように，「しかる」という行為は，個人から社会まで広く見られる．社会では，たとえば，駐車違反による罰金や犯罪行為に対する懲役刑など，法律に規定された刑罰がこれにあたる．刑務所は，矯正施設であると同時に，日常世界からの隔離という罰としての側面を持っている．個人では，言語的叱責から暴力的行為までさまざまなかたちで生じる．家庭や学校における虐待・体罰は，「しかる」という行為の極端な例である．社会問題化しているように，虐待や体罰が繰り返される理由には，心理学的要因と社会・文化的要因があると考えられる．

　一般に，「しかる」ことは「ほめる」ことよりも，よく使われているが，この心理学的理由は，罰の即効性にある．しかし，先に述べたように，罰の効果は，一時的であるため，罰が再び繰り返されることになる．また，虐待や体罰は，攻撃行動としての側面も持っているので，後で述べるように，学習された攻撃という観点から見ることもできる．一方，社会・文化的理由としては，近代社会が社会秩序維持のために，報奨よりも刑罰を組織的に使用してきたことが挙げられる，18世紀のイギリスの風刺作家スイフトは，『ガリバー旅行記』のなかで，刑罰よりも報奨を重視した法体系を持つリリパット国を紹介してイギリス社会の刑罰重視を批判したが，この批判は現代社会にも当てはまる．

　攻撃とは，他個体へ危害を加えようとするさまざまな行動に適用されるクラス名であるが，特定の刺激により本能的かつ自動的に誘発される**誘発性攻撃**（elicited aggression）と，経験を通して獲得される**学習性攻撃**（learned aggression）に大別することができる．前者の生まれつき（生得的）の攻撃は，

フラストレーションにより誘発されると考えられることから，**フラストレーション―攻撃仮説**とよばれている．たとえば，野球の選手が三振した直後に自分のバットを地面にたたきつけて折ってしまうのは，こうした例である．一方，後者の学習された攻撃は，攻撃行動が何らかの強化子により強められたものと考えられる．最初は，誘発された攻撃だったものが，何らかの強化子が随伴することで，学習性攻撃に変わる場合もあるであろう．たとえば，年長の子どもが年少の子どもを攻撃した結果，年少の子どもが持っていたオモチャを手に入れるような場合を指している．最近の社会問題となっている「いじめ」の問題には，このような攻撃が含まれていると考えられる．

コラム

ガリバー旅行記：信賞必罰

　18世紀のイギリスの風刺作家スイフトは，『ガリバー旅行記』のなかで，刑罰よりも報奨を重視した法体系を持つリリパット国を紹介してイギリス社会の刑罰重視を批判した．リリパット国では，信賞必罰が国の要になっており，過去73ヶ月，法律を守ってきたという充分な証拠を提出できる者なら誰でもある種の特権を求める権利が生ずるという．その特権とは，身分相応の金があたえられ，また，スニルポール（いわば順法卿）という称号も与えられるのである．このことを象徴する，裁判所にある正義の女神像は，右手には，口の紐をゆるめた金の袋を持ち，左手には，鞘に入った剣を持っている．これは，正義の女神が，罰を加えるよりも褒美を与えることを心がけていることを示すためだという．金という般性強化子と称号という条件性強化子を併用した行動の強化システムを作り上げていることは注目に値する．

◎「一罰百戒」は有効か

　町中を歩いてみると，出入り口をふさぐように止められた自転車や，歩道に乗り上げて止められた自動車が，よく目につく．このような路上に放置された自転車や違法駐車の自動車は，歩行者や車椅子の走行を妨げ，乱雑に放置されたままの状態は，都市の景観・美観上も問題であり，現代の深刻な都市問題のひとつとなっている．行政は，放置自転車の撤去や撤去保管料の徴収などを行っているにもかかわらず，現状はあまり変わっていないように見える．

　人は，なぜ路上に自転車や自動車を止めてしまうのだろうか．これには，心理学的理由が2つ考えられる．第1の理由は，人は自分にとって都合の良い場所に止めようとすることである．これは，第4章の「強化の原理」にもとづいた行動である．第2の理由は，放置自転車や自動車の撤去が，時々しか行われていないことである．これは，第4章で述べた罰の効果の問題である．自転車や自動車が撤去され，保管料や罰金を徴収されることは，所有者にとって罰になるが，これが間欠的罰になっているのである．間欠的罰は，罰がないときは，違法駐車（駐輪）することが強められることになる．また，罰自体も一時的な効果しか持たないことから，ほとんど違法駐車を抑制する効果はないと考えられる．

　「一罰百戒」とは，本来比較的軽い犯罪を重く罰することで，同じような犯罪が多発するのを未然に防ぐと言う意味であるが，違法駐車を時々取り締まるのは，「一罰百戒」としての意味も持たせているようである．しかし，上に述べたように，間欠的罰は，ほとんど効果がないので，心理学の観点からは，同じような違法駐車を未然に防ぐという意味の抑止力はないと考えられる．実際，町のなかの違法駐車や放置自転車の現状は，このことを如実に物語っているといえる．

◎行動原理にもとづく違法駐車（駐輪）対策

　それでは，心理学の観点から効果のある違法駐車（駐輪）対策とは，どの

ようなものであろうか．違法駐車（駐輪）をなくすためには，上に述べたように取り締まりの方法を変えることや，別の視点から，違法駐車（駐輪）をしなかった人に対する報奨の仕組みを考えることが必要であろう（コラム「ガリバー旅行記：信賞必罰」参照）．また，これらの方法の効果は，都市生活者の行動パターン（個人特性）によっても変わる可能性がある（伊藤・佐伯, 2003, 2004）．具体的な取り締まりの方法や報奨の仕組みを決めるには，根拠となるデータが必要である．ここでは，違法駐輪を抑制するための取り締まりの方法をシミュレーションゲームによる選択実験を用いて検討した佐伯・伊藤（2004）の研究を紹介しよう．

彼らは，被験者にシミュレーションゲームを用いて，自転車撤去の確率が異なる2つの歩道のどちらに駐輪するかを選択させた．図9-3の模式図は，このシミュレーションゲームの選択手続きを示したものである．このゲームは，会社の両側のどちらかの歩道に自転車を止め，会社で仕事（数字追従課題）

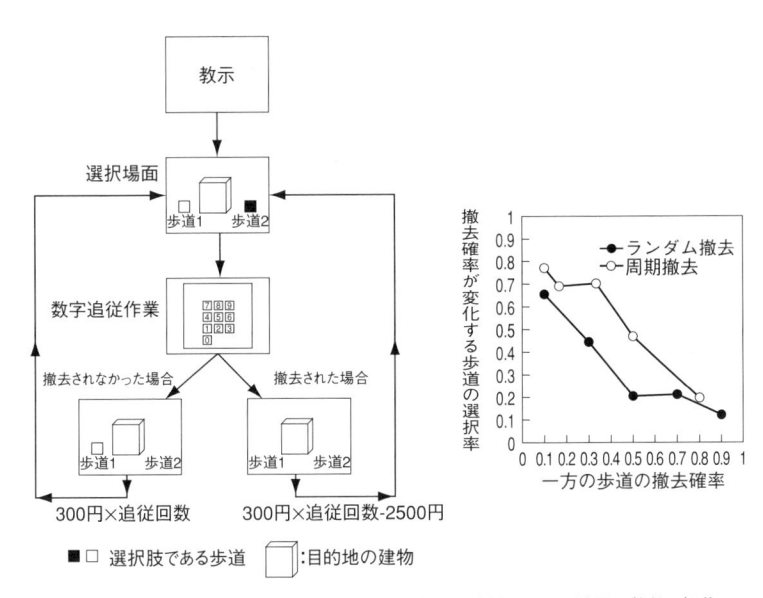

図9-3　駐輪行動シミュレーション実験の手続き（左）とその結果．佐伯・伊藤（2004）より．

第9章　日常場面にみる行為の原理　189

をして賃金を稼ぐことが目的であった．1日の終業時に，自転車が撤去されたら稼いだ賃金から撤去保管料（2,500円）が差し引かれ，被験者は，条件毎に，30日（試行）の合計賃金をできるだけ増やすことが求められた．一方の歩道は，撤去確率が0.1に固定され，他方の歩道の撤去確率を0.1から0.9の範囲で変化させた．確率は，日常場面と同じように，各確率条件とも30日間の経験から推定されるものとして設定した．また，撤去方法の要因として，ランダム撤去に対し周期性撤去の効果も検討した．この場合には，撤去されてからの日数が表示された．この結果，歩道の撤去確率が増加するとその歩道を選ばなくなること，周期的撤去は，ランダム撤去に比べて選択率が高く，抑止力が弱いことなどが明らかになった（図9-3）．

この実験結果から，撤去確率を0.5以上にしなくてもかなりの抑制効果のあること，撤去を予告したり撤去したことを通知したりすることは，撤去周期を推定する手がかりを与えることになり，抑止効果のないことなどがわかった．このようなシミュレーション実験からの予測の妥当性は，日常場面で検証していく必要がある．

コラム

日本の若者は他人を殺さない

　ある新聞の記事によると，日本の殺人者率（人口10万人当たり）を世代別に比較した統計データでは，20歳代男性が，1950年代には20人以上であったものが，年々減り続け，2002年には1.1人になったという．最近の犯罪の凶悪化と若年化という印象とは逆に，現代の若者，特に男性は，他人を殺さないのである．この事実は，若者の攻撃性の低下を示していると考えられるが，この理由には，不登校や引きこもりなどの増加に見られるような社会的接触回避の傾向，戦後約60年間戦争をしなかったという社会環境，などが考えられる．心理学の観点から見ると，戦争（殺人）という学習性攻撃を獲得（学習）する機会がなかったというこ

とが重要であるように思われる．いずれにせよ，若者の殺人者率の低下は，世界に誇るべき日本社会の特徴である．

◎選ぶ・決める

　私たちが何かをするということは，選択に関わることといえる．たとえば，夕食を中華料理にすることは，和食やフランス料理などを含む食事といういくつかの選択肢の中からの選択に他ならない．また，食事をするということは，映画を見る，読書をするなどの，質的に異なる選択肢の中からの選択といえるであろう．「知性は主として，選択に関わる事柄である」（Mead, 1934）といわれるように，私たちの知的活動の基礎となる選択も第5章で述べた対応法則に従っている．

　コンガー（Conger, R.）とキリーンは，相手への話しかけが対応法則に従っていることを小集団の討議場面で明らかにしている．2人のサクラ（実験者の指示に従って強化の仕方を変える人）を含む7人の集団が，ある話題について討議する場面を設定し，2人のサクラが相手の話しかけを「うなずき」や「そうですね」などの同意という強化子（第4章「強化の概念」参照）を異なる強化率で与えた場合の，相手の「話しかけ」という反応の頻度を調べた．その結果，強化頻度と話しかけ反応の関係は，対応法則に従うことが明

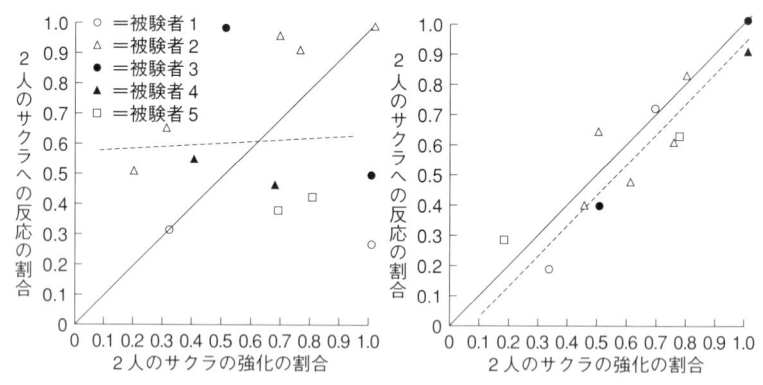

図9-4 「話しかけ」反応と「うなずき・同意」強化との間で成立する対応法則．左は強化子がランダムに呈示された場合，右は強化子が「話しかけ」反応に随伴した場合を示している．Conger & Killeen (1974) を改変．

らかになった．図9-4は，強化がランダムな場合（左図）と話しかけに随伴した場合（右図）を示している．この事実から，他者との相互作用は，対応法則から理解することができる．また，人は自分と同じ意見や態度（同意が得やすい）の他者と話をすることが多いという事実は，対応法則により説明できるといえる．

◎遊びと勉強のかねあい

遊びと勉強の選択も対応法則に従っているといえるが，対応法則は，どのような過程にもとづいているのであろうか．対応法則の成立を説明する理論として，長い時間単位の行動配分を考える**巨視的理論**（molar theory）と，短い時間単位の行動配分を考える**微視的理論**（molecular theory）が区別される（平岡，1997）．ここでは，前者の巨視的理論の**改善**（melioration）**理論**と**最適化**（optimality）**理論**を取り上げてみよう．最適化とは，2つの選択肢から得られる全体的強化率を最大化するように，行動を各選択肢に配分する過程である．一方，改善とは，各選択肢から得られる局所強化率の高い方に行動を配分する過程である．たとえば，高速道路を走行する場合を考えてみると，

ここでは，目的地に早く到着するために，2つの車線をどのような割合で走行するのがよいか（最適化理論），あるいは，その時々の空いている車線を選び，頻繁に走行車線を変える方がよいか（改善理論）という問題になるであろう．前者は，1つの車線を走り続けるよりも，全体強化率を最大化できるであろう．しかし，後者は，必ずしもすべての場合に最大化できるとは限らない（Mazur, 1994）．どちらの理論が妥当なのかは，実験的に検討すべき課題であるが，私たちの選択は，最大化の予測からしばしば逸脱することから，改善理論は，こうした現実の選択をうまく説明できる可能性がある．

　たかし君が家で，遊びと勉強をどのように配分するかという問題も，このような過程から理解できる．家でテレビを見たり，ゲームをしたりしていると，お母さんから小言をいわれる．このような条件のもとで，「勉強」と「遊び」の割合を様々に変えながら，やがて最適な勉強と遊びの組み合わせに到達するか，小言をいわれたら勉強し，いわれなかったら遊ぶことを繰り返しながら，ある勉強と遊びの組み合わせに到達すると考えられる．このような勉強と遊びの組み合わせは，お母さんの小言の頻度や，勉強の量あるいはゲームから得られる強化量などの強化スケジュールにより変わるであろう．

◎選択の自由

　知人のIさんは，K市のタクシーに乗るときは，NLタクシーに決めているという．この理由は，NLタクシーの料金の安さばかりではなく，接客態度の良さである．気持ちの良い「ありがとうございます」という挨拶を受けるとほっとした気持ちになるという．大都会のタクシーに乗ってこのような気分になることは滅多にないので，特別に感じるのだという．確かに，大都会のタクシーに乗ったときの印象は，あまり良くないことが多い．また，Iさんは，どこの駅前にもあるタクシー乗り場を決して利用しないという．タクシー乗り場では，タクシー会社を選べないからである．タクシー乗り場があるのは，便利なはずなのだが，利用者にとっては，順番に並んだタクシーに乗るだけで，タクシー会社を選べない仕組みになっているのである．よく考えてみれ

ば，この便利さは利用者のためではなく，タクシー会社のためのものだといえる．

　自由に選べること，いくつかの選択肢があるということは，私たちの生活において何にもまして重要である．選択の自由のある選択肢（自由選択）と，ない選択肢（強制選択）をハトに選ばせると，ハトは，前者を選ぶことが明らかになっている（Catania & Sagvolden, 1980）．このことは，選択の自由が生物としての系統発生的な起源を持つ可能性を示している．また，第1章「学習研究の被験体」で述べた心理学的幸福の具体的内容のひとつが，**環境の豊かさ**（enviromental enrichment）であるが，環境の豊かさは，動物の行動の選択肢があること（**選択可能性**）と，環境への動物の能動的な働きかけ（**操作可能性**）であるといわれている（森村, 2000）．これらのことは，人と動物にとって，選択の自由が必要不可欠なものであることを示していよう．

　スタンリー・キューブリック監督の映画「時計じかけのオレンジ」（コラム　映画「時計じかけのオレンジ」参照）の中で，恐らく彼がもっとも言いたかったことを，一見凡庸な牧師に語らせる一場面は，このことを如実に物語っている．悪い人間を良い人間に改造する実験の被験者になりたい，と申し出た主人公に牧師は，「（刑務所という選択できない状況のため）選ぶことのできない者は，真の意味で人間とはいえぬ」と，止めるように諭すのである．

◎「朝三暮四」の心理学

　荘子の斉物論に出てくる「朝三暮四」は，物事が同一であるのにそのことに気づかないこと，あるいは詐術により人をごまかすことを指しているが，ここでは，心理学的観点から，別の解釈を考えてみよう．「朝三暮四」の内容は，以下のようである．

　猿まわしの親方が，猿どもに，とちの実を分けてやろうとして，「朝に三つ，暮れに四つではどうか」と相談した．すると猿どもは，はらをたてて「それでは少なすぎる」といった．そこで親方が「それなら朝に四つ，暮れ

に三つではどうかね」といったところ，猿どもは大喜びしたという．名実ともに何の変更もないのに，喜怒の情が働くのは，おのれのあさはかな是非の心に従うからであると（森，1994）．

　私たちの日常生活では，すぐに手に入る小さな報酬と，待たされる大きな報酬との間の選択にしばしば直面する．たとえば，ダイエットをしている人にとっては，目の前のケーキを食べること（すぐに得られる小さな報酬）と，食べないで将来の健康な身体を手に入れること（遅延される大きな報酬）の間の選択は，このような問題である．こうした選択に直面した人は，衝動買いという言葉があるように，目先の小さな報酬をしばしば選んでしまう．言い換えれば，目先の小さな快楽の誘惑に負けてしまうのである．「朝三暮四」の猿たちもまた，目先（朝）のとちの実の量に惑わされたといえるであろう．さらに，この場合は，朝と暮れに報酬が与えられる場面なので，1度目（朝）の報酬と2度目（暮）の報酬の効果の違いとしても見ることができる．猿たちにとっては，1度目の報酬の効果が大きいので，朝に三つでは怒ったと考えられるのである．

　大山（1991）は，ニホンザルとネズミを用いて，上に述べたように分割された報酬の効果を調べたところ，どちらの種でも，1度目の報酬の効果は2度目の報酬の効果より明らかに大きいことを確かめている．同様な結果は，ハトを用いた研究によっても得られている（Shull & Spear, 1987）．したがって，これらの実証的データから，「朝三暮四」の猿たちの行動は，心理学的に理解できるのである．それでは，猿たちにとって，なぜ2度目の報酬は相対的に価値が低いのであろうか．これは，第5章「価値割引」で述べたように，遅延時間により報酬の価値が割引かれるためであると考えられる．

◎自己制御と社会的ジレンマ

　自己制御は，個人の選択の問題であるが，社会的文脈でも自己制御の問題を考えることができる．社会的文脈とは，個体間の関係を指すが，ここで問題となるのは，個体間の利害の対立である．社会的ジレンマとは，まさにこ

のような個人と個人の利害が対立する状況であり，個人の利益追求が集団全体に不利益をもたらすような状況に他ならない．たとえば，あなたがゴミを路上に捨てたとしよう．このことは，あなたのところからゴミが無くなるので，あなたにとってはよいことである．あなただけがゴミを捨てている限り，あまり大きな問題とはならないが，他の人たちも同様にごみを路上に捨て始めたとしたらどうなるだろうか．恐らく，路上がたちまちゴミだらけになり，結局，あなたも他の人たちも，不快な状況になってしまうであろう．これは，かつて社会学者のハーディン（Hardin, G.）が指摘したように，個人の利益追求が，結局，その個人を含む集団全体に不利益をもたらす悲劇的な結末になるという「**共有地の悲劇**」と呼ばれる寓話の一例なのである．この寓話は，そのまま現代の環境問題にもあてはまる．

　個人が，いまタバコを吸って束の間の快楽を得るのか，それともタバコを吸うのを止めて，将来の健康な身体を得るのかという問題は，上に述べたゴミ捨て問題と類似した構造を持っている．ゴミ捨て問題を最も単純な2人場面で考えれば，あなたがゴミを捨てる場合と捨てない場合，他者がゴミを捨てる場合と捨てない場合の4通りの組み合わせになる．これは，第5章「社会的行動」で述べたように，ゲーム理論の最も単純な2人ゲームの利得構造である．ゴミ捨て問題における，ある個人の選択と他者の選択を，同一個人内のある時点（今日）の選択と別の時点（明日）の選択に置き換えてみれば，個人の自己制御の問題になることは明らかであろう．このように，社会的ジレンマは，個人間の自己制御の問題として理解できる．したがって，自己制御研究の観点から見れば，社会的ジレンマも個人の利益追求（目先の利益追求）をいかに弱めるかという問題に帰着する．

コラム

イソップ物語「北風と太陽」とゲーム理論の帰結

　ゲーム理論の研究から，1回限りの選択か，繰り返しの選択かにより，

最適な選び方は異なることが明らかにされている．1回限りでは，「裏切り」を選ぶことが自分にとって利益が最大になる．一方，繰り返しの選択の場合には，相互に協力を選ぶことが，最終的な利益を最大にすることになる．しかし，多くの研究は，繰り返し型のジレンマ状況でも，「協力」選択が生じにくいことを示している．相互に協力を選ぶようにさせる方略として，「しっぺ返し（tit for tat）」方略が考えられている．これは，先の試行で相手の選んだ手と同じ手を，次の試行で選ぶことである．つまり，相手が「裏切り」を選べば，次試行で「裏切り」を選び，相手が「協力」を選べば，次試行で「協力」を選ぶのである．この方略の観点に立つと，しっぺ返しという言葉通りに，相手と同じように，すぐさま仕返しをすることがよいことになる．一方，イソップ物語「北風と太陽」の寓話は，相手の行動を変えるときに，強制よりも説得の方が有効であることを示唆している．つまり，裏切り続ける相手に対しても，協力し続けることが有効であるというのである．このように，2つの立場から正反対の結論が導き出されるのであるが，はたして，どちらの立場が有効なのであろうか．

◎自己制御を確立するには

　個人や社会のセルフコントロール問題の解決策として，選択行動研究からいくつかの提言を導き出すことができる．うららさんやお父さんに「意志が弱い」といっても何の解決にもならない．

　まず第1に，セルフコントロール選択の**弁別刺激を明確にする**ことである．たとえば，「己の欲せざる所，人に施すことなかれ」という「論語」の一節や「人に為られんと思うことは，人にも亦その如くせよ」という「マタイによる福音書」の一節などは，いずれも行動の弁別刺激といえるであろう．これらは，人々が守るべき黄金律（行動のルール）であり，先達の知恵として受け継がれてきたものなのである．現代社会でも様々な標語が弁別刺激とし

て使われているが，必ずしも行動の弁別刺激になっていない場合が多い．それは，行動の弁別刺激としての働きを形成・維持するために必要な学習性（社会的）動機づけが欠けているからである．

　第2の方法は，セルフコントロール選択のための**強化随伴性を設定する**ことである．将来の大きな報酬を待つことが出来るように，遅延時間を徐々に増加させていくフェイディング法は，子どものセルフコントロール確立のためによく使われている．また，第5章で述べた自己制御を確立する具体的な例として，私たちが行っている，居酒屋で焼き鳥を肴に一杯やってしまうのを避けるために，その居酒屋のある道を通らないこと（食欲をそそる焼き鳥の煙を嗅いだら，立ち寄らずに済ませることは至難の技である）や，給料を定期預金に預けること（手元に現金があると，つい使ってしまいがちである）などは，**自己拘束**というべき方法である．自己拘束の方法は，古くは，ギリシア神話に出てくるオディセウスとセイレーンの挿話にも見られる．オディセウスは，航海の途中で，セイレーンの妙なる歌声の誘惑にうち勝つために，まず，誘惑に負けたオディセウスが発する命令が聞こえないように，船員達には耳栓をさせ，自分自身を船のマストに縛らせたのである（ちなみに，耳栓をしなかったオディセウスは，マストに縛られながらも，セイレーンの妙なる歌声を楽しむことができたのである！）．

　第3の方法は，**全体的見方の教育**である．環境問題の解決には，私たち一人一人が，個人の利益追求が全体の利益を損なう，という「共有地の悲劇」の構造を理解することが必要である．このためには，局所―全体，目先―将来，短期―長期という見方を対比的に考察することが重要であると考えられる．

　「共有地の悲劇」の寓話は，悲劇という言葉が示すように，避けがたい結末を示唆しているが，しかし，この結末は，決して不可避ではない．たとえば，日本の最南端（宮崎県）のスキー場で実際に起きたリストラを巡るジレンマ状況の事例は，「話し合い」によって解決できることを示している．赤字経営が続いていた会社が，希望退職者を募集し，希望退職者が10人に達し

なければ，誰かを指名解雇すると通告したことから，社会的ジレンマ状況，特に志願者のジレンマ（この2人ゲームがチキンゲームである）とよばれるゲーム状況が生まれた．このようなジレンマに直面した従業員は，同僚が指名解雇されるのを避けるために，話し合いで全員が辞表を提出し，このジレンマ状況を解決したのである．

　ジレンマ状況を話し合いで解決するという，これと似たような事例が，黒澤明監督の「用心棒」（1961年）に描かれている．ある宿場町にやってきた素浪人桑畑三十郎（三船敏郎）は，青兵衛と丑寅という親分をいただく2つの博徒集団が対立し，毎日何人もの死者がでるという惨状を聞き，敵対する悪党どもを一掃する決意をする．彼が考えた方法とは，2つの集団を煽って戦わせること（全面戦争）であった．しかし，旅から戻った，丑寅の弟で切れ者の卯之助（仲代達也）が手打ちを考え，桑畑三十郎の思惑とは逆に，全面戦争を回避してしまうのである．この後，映画は，対立を煽る様々な策略のエピソードと，桑畑三十郎の絶体絶命の状況を経て，桑畑三十郎と卯之助が対決する最後のクライマックスへと向かう．この映画に描かれていたように，手打ち（話し合い）は，このようなジレンマ状況における合理的解（均衡状態）なのである．

◎ギャンブルにはまる

　遅延時間や報酬量のように，選択すれば結果が確実に得られる場合もあるが，現実には，選択の結果が確実に得られないことも多い．たとえば，競馬や競輪というギャンブルから，宝くじ，他者との約束，病気の診断，投資などは，こうした例である．企業の倒産や離婚が増えている現代社会では，職業や配偶者の選択も，こうした例になるであろう．選択の結果が確実に得られない場合をリスクとよぶが，不確実状況における意思決定の問題は，リスクに対する嫌悪性や指向性という観点から研究されている．

　人はなぜギャンブルにはまるのであろうか．この答えのひとつは，第4章で述べた間欠強化にある．ギャンブルにはまっている人は，変動比率強化ス

ケジュールの統制下にあると考えられるが，この強化スケジュールは，特に高い反応率を維持する効果が認められている．このため，ギャンブルを止めるのが難しいのである．また，先に述べた報酬の価値割引という観点から考えることもできる．一般に，確実な報酬に比べると，不確実な報酬は，その価値が割引かれることが知られている．不確実な報酬とは，実際に報酬が得られるか否かが確率的に決まることなので，これを確率による報酬の価値割引，すなわち**確率割引**（probability discounting）という．確率による価値割引率は，ギャンブルにはまっていない人よりも，はまっている人の方が低いと考えられる．言い換えれば，ギャンブルにはまっている人は，リスクに対する嫌悪性が低い（リスク指向）といえるであろう．

◎ガンの診断

　上に述べたギャンブルの問題とは異なり，病気の診断の場合は，確率的な事象が複数含まれる事例である．たとえば，ガン検診の場合を考えてみよう．あるガンの発生率は，1%（**基礎生起率**）であり，また，実際にガンを発症している人が検診を受けて，陽性と判定される確率は，80%（**検診の信頼性**）であるとしよう．いま，あなたが検診を受けて，陽性と判定されたとき，実際にガンである確率がどの程度かは切実な問題である．第5章「推論」で述べたように，2つの確率情報からひとつの結論を導き出すことを，ベイズ推論という．この問題の正しい答えは，ベイズの定理にもとづいて，条件付き確率を計算することで求められるが，ツベルスキー（Tversky, A.）とカーネマン（Kahneman, D.）は，被験者に，このような問題を解かせたところ，被験者の大部分が基礎生起率を無視して，検診の信頼度である80%を答えとすることを見いだした．これを**基礎生起率の誤り**（base-rate error）という．このような事実にもとづいて，彼らは，人が合理的な推論を行うのはかなり困難であると結論づけたが，最近のギガレンツアー（Gigerenzer, G.）とホフラーゲ（Hoffrage, U.）の研究は，確率を頻度形式（たとえば，1%という確率表現は，100人中1人という頻度表現になる）で記述することで，大幅に正

答率を増加させることが可能なことを明らかにしている．したがって，人は，合理的な推論が困難であるとは必ずしもいえない．また，グッディとファンティノは，伊藤と廣野が用いたのと似た見本合わせ手続きにより，大学生の「基礎生起率の誤り」が，すでに学習されたものにより影響をうけることを示し，「基礎生起率の誤り」は，学習性のものであることを明らかにしている (Goodie & Fantino, 1996)．

コラム

ガンの可能性

ベイズの定理とは，診断結果が陽性であるときに，本当にガンである確率を求めるための条件付き確率を表すものである．ガンであると判断される場合には，正しくガンと判断される事例と，誤ってガンと判断される事例が含まれている．したがって，ガンである確率（割合）は，これらの全体の事例に対する正しくガンであると判断された事例の割合になる．このとき，基礎生起率で重み付けをしておく必要がある．数式で示せば，以下のようになる．

$$P(C/T_c) = \frac{P(C) \cdot P(T_c/C)}{P(C) \cdot P(T_c/C) + P(NC) \cdot P(T_c/NC)}$$

$$= \frac{0.01 \times 0.8}{0.01 \times 0.8 + 0.99 \times 0.2} = 0.039$$

ただし，Cはガンである場合，NCはガンでない場合，T_cは検診結果が陽性である場合を表す．$P(T_c/C)$は実際にガンであるときに検診で陽性になる確率，$P(T_c/NC)$は，逆に，ガンでない場合に検診で陽性になる確率，$P(C/T_c)$は検診が陽性であるとき，実際にガンである確率をそれぞれ表す．

この事例では，検診で陽性と判定されたとき，実際にガンである確率は，約4％であることを示している．

◎群れる

　町へ出かけると，行列のできている店を見かけることがある．キップを買うのに，どの窓口に並んだらよいか迷うこともある．スーパーのレジでも，混んでいるときには早く進むレジがどこかを見極めて並ぶであろう．このように，人がある場所に集まるのは，集団における個体の分布の問題であるが，このような個体の分布を説明するのが，**理想自由個体分布理論**（ideal-free distribution theory）である．動物の分布を扱うこの理論の考え方（論理）は，最も単純化した2カ所の餌場の場合で考えると，2カ所の餌場に分布する個体の比は，各個体がこれらの餌場から得られる報酬を最大化する結果，これらの2カ所の餌場から得られる報酬量の比になるというものである．個体の比と報酬の比の関係は，ベキ関数を用いて一般化されるという点で，心理学の対応法則（第5章「選択行動と対応法則」参照）と似たところがある．対応法則が個体の行動配分を扱っているのに対し，理想自由個体分布理論は，集団における個体の分布を扱っているという相違はあるが，集団の中で，個体が2カ所の餌場へ集まる過程の基礎には，個体が行動を2カ所の餌場へ配分する過程があるとも考えられる．しかし，集団の過程は，個体の過程の単なる集積ではないという考え方もある．いずれの考え方が正しいかは，実験的に確かめる問題である．

　クラフト（Kraft, J. R.）とバウムは，円状に着席した大学生が，赤と青のカード（2つの場所）を示して選択するという実験手続きを用いて，理想自由個体分布理論の予測を検討した（Kraft & Baum, 2001）．実験では，赤と青にあらかじめ割り当てられていた得点を，赤と青を選んだ人数で均等配分するという手

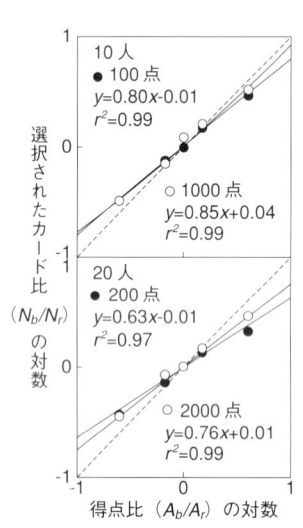

図9-5　得点比に対する選択されたカード比の対応関係．両軸とも対数表示である．上段は10人条件，下段は20人条件を表している．山口・伊藤(2005)より．

（図中：10人 ●100点 $y=0.80x-0.01$ $r^2=0.99$ ○1000点 $y=0.85x+0.04$ $r^2=0.99$　20人 ●200点 $y=0.63x-0.01$ $r^2=0.97$ ○2000点 $y=0.76x+0.01$ $r^2=0.99$　縦軸：選択されたカード比（N_b/N_r）の対数　横軸：得点比（A_b/A_r）の対数）

続きを用いていたが，彼らの実験には，集団の大きさ（人数）が変わっても，得点が同じであるという手続き上の問題があった．このため，山口・伊藤（2005）は，手続き上の問題点を修正した上で，彼らと同じような赤と青のカード（2つの場所）を示して選択する実験手続きを用い，大学生を被験者として集団の大きさと報酬（得点）の絶対量の効果を調べた．その結果，絶対報酬量の増加は，報酬に対して敏感になる（直線の傾きが大きくなる）こと，また，集団サイズ（人数）の増加は，逆に，報酬に対して鈍感になる（直線の傾きが小さくなる）ことが明らかになった．このように，集団における個体の分布は，個体の選択原理である対応法則と同じように，そこで得られる報酬の比に一致するように行われるのである．しかし，絶対報酬量の効果があることは，2つの場所から得られる報酬の比（相対的関係）を前提にしている対応法則の限界を示唆している（図9-5）．

◎癒す

癒すとは，本来，病気や苦痛を治すという意味であるが，現代の「癒し」という言葉の意味するところは，「治す」というよりも「ほっとする」や「息を抜く」ということのようである．人と動物の間にも，癒し，癒されるという新しい関係が生まれている．

たかし君のお父さんが，膝の上に愛犬のラルフを抱いていたように，私たちの生活のなかに，ペットとしての動物が，犬や猫から，カメ，カエル，魚，カブトムシやクワガタなどの昆虫（日本の子どもたちにとっては特別な存在である）まで，入り込んでいる．ペットとは，かわいがる対象動物（愛玩動物）のことであるが，人とペットとしての動物の関係は，かなり古くからあったと考えられる．たとえば，文化人類学的研究から，アマゾンのマセス族（the Matses）では，狩りの対象（食料）としての猿類とは別に，クモザル，タマリンなどをペットとして愛玩していることが知られている（Erikson, 2000）．

一方，人と動物の関係は，ペットとしてだけではなく，社会の変化に対応して，犬を例に挙げれば，狩猟や牧畜のための狩猟犬や牧羊犬，さらに，現

図9-6 頭上にペットであるタマリンを乗せているマセス族の子ども．後ろには食料となる猿類が吊されている．Erikson (2000) より．

代社会では，視覚障害者やその他の障害者を援助する盲導犬や介助犬として，私たちの生活の補助機能を果たすようになっている．また，サーカスの動物たちのように，娯楽のひとつとして私達を楽しませてくれている．日本では，サル廻しや，今では見られなくなったが，小型の鳥ヤマガラのおみくじ引き（小山，1999）などの大道芸もあった．こうした芸を始め，盲導犬や介助犬としての行動，ペットとしての躾は，どのようにして可能になるのだろうか．

　こうした行動の形成は，第4章で述べたオペラント条件づけにもとづく反応形成の方法を用いて行われる．たとえば，犬に「お手」といって，前足を手のひらに乗せる行動を行わせることを考えてみよう．これは，「お手」という言葉や，差し出された手のひらが弁別刺激になり，犬の行動レパートリにある前足を上げるという行動が，頭をなでたり，餌を与えたりすることで強化されるのである．これは1単位のオペラントの例であるが，複雑な行動は，第4章「条件性強化と高次条件づけ」で述べたように，行動の連鎖を形成することで可能になる．サーカスや大道芸の動物たちの芸は，このような行動連鎖の見事な例といえる．また，人が動物の行動を強化し，その動物の行動により人が強化されるという相互強化の過程が，人と動物の関係（癒し，癒され）の基礎にあるといえるであろう．

　現代社会においては，人と動物の関係を，人の手や足の代用や娯楽という経済的視点だけではなく，他者と同じように，他種の個体と共存すること（コンパニオン），あるいは動物による「癒し」の意味を心理学的視点から考察することが必要であろう．このために，心理学だけではなく，人類学，社会学，行動生物学，動物学との新しい学際的研究，人と動物の関係を扱う**人類動物学**（Anthrozoology）が構想されている（Podberscek, Paul, & Serpell, 2000）．

コラム

ペットとコンパニオン・アニマル

　山口・伊藤（2004）は，動物の知能観に加え，ペットらしさとコンパニオン・アニマルらしさを調べるために，中島（1992）が用いた動物60種類にクワガタ，カブトムシの2種類を加え，知能観については中島と同様な評定，ペットらしさとコンパニオン・アニマルらしさについては，もっとも典型的な動物を100とした評定を行わせた．

　その結果，知能観については，中島の結果とおおむね一致した．また，「ペット」という言葉はよく知られている（認知度100%）ものの，「コンパニオン・アニマル」という言葉の認知度は約13%程度であった．知能の高さと，ペットらしさ，あるいはコンパニオン・アニマルらしさとの関係を調べたところ，ペットらしさとコンパニオン・アニマルらしさとの間，さらに知能の高さとコンパニオン・アニマルらしさとの間には，高い正の相関が認められたが，知能の高さとペットらしさとの間には，相関は認められなかった．ペットと

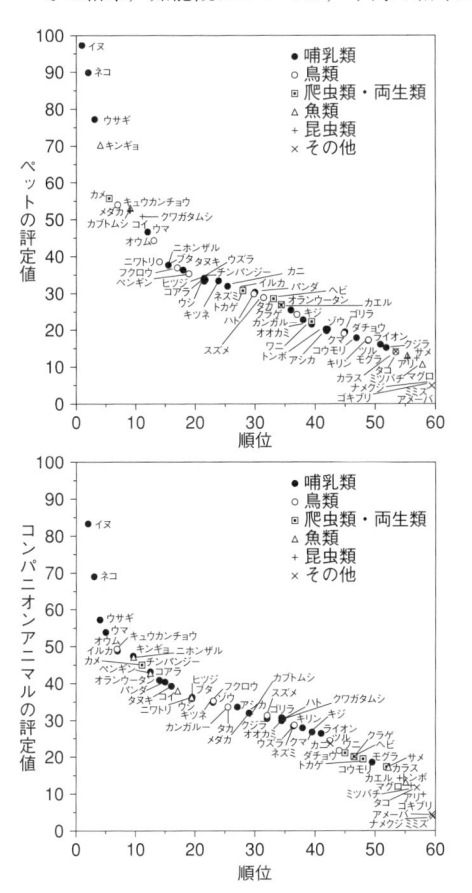

第9章 日常場面にみる行為の原理　205

> コンパニオン・アニマルともに，イヌ，ネコ，ウサギが上位を占め，ペットでは，カブトムシとクワガタムシがそれに続く位置を占めたが，コンパニオン・アニマルでは，ウマ，ものまね鳥，イルカであるという相違があった．図はペットの評定値の平均と順位（上）と，コンパニオン・アニマルの評定値の平均と順位（下）を示している．

◎治す

　たかし君のお父さんが喫煙や飲酒を止められないのはなぜだろうか．また，どうしたら止められるのだろうか．こうした問いは，喫煙・飲酒が社会的側面を持っていることから，観察学習の観点から考えなければならない．また，第5章「価値割引」で述べた，遅延時間による報酬の価値割引の観点から説明できるが，他方で，行動経済学の観点（第6章「選択行動と行動経済学」参照）から考察することもできる（伊藤，2001；坂上，1997, 2001；山口・伊藤，2001）．

　アルコール依存症患者やニコチン依存症患者が飲酒や喫煙を止められないのは，健常者以上に，目前のお酒やタバコの誘惑に勝てないからであると考えられる．言い換えれば，これらの依存症患者にとっては，将来の健康という大きな報酬の価値よりも，目先の一服や一杯という小さな報酬の価値が大きいことを表している．このことは，第5章「価値割引」で述べた遅延による価値割引の観点から説明することができる．つまり，アルコール依存症患者やニコチン依存症患者の時間割引率は，健常者よりも大きいことを示唆しているが，最近の研究から，これらの依存症患者の時間割引率は，健常者と比べて大きいことが認められている（Mitchell, 1999）．時間割引の観点に立つと，こうした問題の解決は，いかにして目先の快楽の強力な効果を弱めるか，という問題に帰着するといえる．

　喫煙・飲酒などの依存症の治療には，従来，行動療法の分野では，喫煙・飲酒以外の行動を強める**他行動強化**という方法が用いられてきた．この方法

は，第5章「選択行動の数理モデル」で述べた，ヘルンスタインの選択行動に関する双曲線モデルに理論的根拠を置いている．このモデルでは，ある行動の出現しやすさは，その行動に対する直接的な強化子の働きだけではなく，その行動以外の行動に対する強化子の間接的な働きにも依存している．他行動に対する強化子の呈示頻度が増加すれば，当該の行動は，生じにくくなることを予測するのである．喫煙者を被験者として，喫煙行動とその他の行動（ラジコンカー，ビデオゲーム，ピアノなどの娯楽道具で遊ぶ）を様々なコストのもとで比較した，ビッケル（Bickel, W. K.）らの研究では，喫煙以外の他の反応コストを400回の引き手を引く反応に固定し，タバコ2本の喫煙に必要なコストを50回から6400回の範囲で変化させたところ，喫煙だけの場合と比べて，タバコ2本のコストが増加すると，タバコの消費量は，減少することが示された（Bickel, DeGrandpre, Higgins, Hughes, & Badger, 1995）．このことは，タバコを止めさせるには，タバコの価格を上昇させる（コストを高くする）とともに，喫煙に替わる他の行動の選択肢を提供することが有効であることを示唆している．

　一方，行動経済学からは，別の新しい治療法を導出できる．たとえば，強化子間の関係，すなわち補完性と代替性の観点から，喫煙という問題行動を減らすために，タバコの価格を上げるだけではなく，補完関係にあるアルコールの摂取量を制限すること（補完財の直接的操作）や，タバコと代替関係にあるニコチンパッチやニコチンガムを呈示すること（代替財の直接的操作）を提案するのである．この新しい治療方法は，従来の他行動強化の方法と類似しているようにも見えるが，代替性と補完性という枠組みから有効な強化子を特定している点に大きな特徴がある．

　さらに，これら2つの治療法の相違を別の例で見てみよう（Green & Freed, 1993）．子どもが癇癪を起こすと，いっしょに遊んであげたり，特に理由もなくおもちゃを買い与えたりする親がいるとしよう．この場合は，子どもの癇癪が問題行動であり，子どもと一緒に遊ぶことがこの問題行動に対する強化子，おもちゃは，他行動に対する強化子と見なすことができる．従来の他

行動強化という治療法では，子どもに買い与えるおもちゃの数を増やせば，問題行動（癇癪）は減少すると考えられる．一方，補完性の観点から見ると，同時に消費される「おもちゃ」と「遊び」は補完関係にあると思われるので，おもちゃを買い与えることは，むしろ問題行動（癇癪）の生起頻度を増加させる結果になると考えられる．この例は，他行動強化という方法の限界とともに，行動経済学的枠組みから明らかになる強化子間の関係にもとづく新しい治療法の意義を示している．

　行動経済学の利点は，新しい客観的・数量的分析指標の提供という点にも認められる．図9-7の曲線は，価格の上昇に伴うタバコ消費量の変化（需要曲線）を示しているが，需要曲線の変化を消費の価格弾力性という観点から考察することができる．図のCは，Bよりも弾力性が高い（価格が高くなれば，タバコを止める）ことを，また，Bは，AやCよりも弾力性が低い（価格が高くなってもタバコをなかなか止めない）ことを表している．

　たかし君のお父さんが喫煙を止められないのは，価格弾力性が低いことによると考えられる．健常者と比べて，ニコチン依存症患者では，弾力性が低いことが指摘されている（Perkins, Hickox, & Grobe, 2000）．したがって，喫煙を止めさせるためには，価格弾力性を高めるようにすればよいことがわかる．このため，喫煙を決められた時間や場所に制限する刺激性制御の方法は，価格弾力性を高めるのに有効であることが指摘されている．また，ニコチンという強化子に替わる別の強化子（お金や宝飾品など）の呈示という機能的代替物を用いる方法も有効である．以上の喫煙に関する行動経済学的分析は，飲酒や薬物摂取にも当てはまる（山口・伊藤, 2001）．

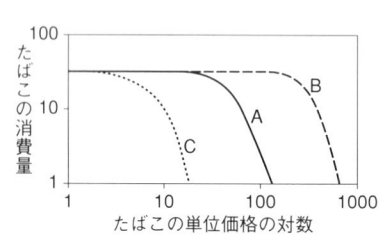

図9-7　タバコの価格の増加に伴うタバコ消費量の変化．Perkins et al. (2000) を改変．

読書ガイド

- Alberto, P. A., & Troutman, A. C. *Applied behavior analysis for teachers (2nd. Ed.).* Bell & Howell Company 1986（佐久間徹・谷 晋二（訳）『はじめての応用行動分析』二瓶社 1992）

  本書は，応用行動分析学の基本的考え方と基礎となる行動分析の概念の解説があり，応用行動分析学を体系的に学ぶことができる．

- 小山幸子『ヤマガラの芸』法政大学出版局 1999

  小型の野鳥ヤマガラの「おみくじ引き」という，今では見られなくなった大道芸を知ることができる．

- 中島定彦『アニマル・ラーニング：動物のしつけと訓練の科学』ナカニシヤ出版 2002

  ペット（動物）をしつけるための学習心理学の知見がわかりやすく解説されている．

- 広田すみれ・坂上貴之・増田真也（編）『心理学が描くリスクの世界──行動的意思決定入門』慶應義塾大学出版会 2002

  行動的視点から，不確実状況における選択行動と意思決定研究をまとめたもの．行動的アプローチの考え方がよくわかる．

- 佐伯啓思『「欲望」と資本主義：終わりなき拡張の論理』講談社現代新書 1993

  人の欲望をキイワードに，現代資本主義の問題を論じたものであるが，欲望というきわめて心理学的な題材が扱われていて興味深い．

課題9-1：親が子どもに「宿題を済ませてから，ゲームをしなさい」ということの心理学的意味を説明しなさい．

課題9-2：学習の原理が日常場面でどのように働いているか具体例を挙げて考察しなさい．

課題9-3：依存症の治療における他行動強化という考え方と，行動経済学的考え方の相違について述べなさい．

課題9-4：「共有地の悲劇」と自己制御の問題は，どのように関連するかを説明しなさい．

引用文献

- Abarca, N., & Fantino, E. 1982 Choice and foraging. *Journal of the Experimental Analysis of Behavior*, **38**, 117-123.
- Alberto, P. A., & Troutman, A. C. 1986 *Applied behavior analysis for teachers* (2nd. Ed.). Bell & Howell Company.（佐久間徹・谷 晋二（訳）『はじめての応用行動分析』二瓶社 1992)
- 青山謙二郎・岡市広成　1996a　ラットにおける他個体の悲鳴の嫌悪性に与えるショック経験の効果－オーバーシャドウ手続きを用いて－　心理学研究, **67**, 321-326.
- 青山謙二郎・岡市広成　1996b　他の個体の行動を手掛かりに用いたラットの弁別学習　動物心理学研究, **41**, 116-124.
- アポロドーロス　ギリシア神話　高津春繁訳　岩波文庫　1953
- 朝日新聞記事「チンパンジー自販機で買い物」2001
- 朝日新聞記事「歩けるから歩くのか？」2002
- 朝日新聞記事「日本人の若者は人を殺さない」2003
- Asahi Evening News "Heartfelt message to elusive young" 1999
- 浅野俊夫　1970　実験的行動分析 (experimental analysis of behavior) におけるデータ収録システム　心理学評論, **13**, 229-243.
- Asano, T. 1976 Some effects of a discrete trial procedure on differentiation learning by Japanese monkeys. *Primates*, **17**, 53-62.
- 浅野俊夫　1983　ニホンザル野生群における学習行動の伝播　昭和56・57年度文部省科学研究費（一般C）研究成果報告書
- 浅野俊夫　1993　個人の良識から集団監視機構へ　さいころじすと, **29**, 7-10.
- Asano, T., Kojima, T., Matsuzawa, T., Kubota, K., & Murofushi, K. 1982 Object and color naming in chimpanzees. *Proceedings of the Japan Academy*, **58**, 118-122.
- Baker, F., & Rachlin, H. 2002 Self-control by pigeons in the prisoner's dilemma. *Psychonomic Bulletin & Review*, **9**, 482-488.
- Bandura, A. 1971 *Psychological modeling: Conflifting theories*. Aldine Atherton.（原野広太郎・福島脩美（訳）『モデリングの心理学―観察学習の理論と方法』金子書房　1975)
- Baum, W. M. 1974a On two types of deviation from the matching law: Bias and undermatching. *Journal of the Experimental Analysis of Behavior*, **22**, 231-242.
- Baum, W. M. 1974b Choice in free-ranging wild pigeons. *Science*, **185**, 78-79.
- Baum, W. M. 1979 Matching, undermatching, and overmatching in studies of choice. *Journal of the Experimental Analysis of Behavior*, **32**, 269-281.
- ベルナール『実験医学序説』三浦岱栄（訳）岩波文庫　1970

- Beardsley, S. D., & McDowell, J. J. 1992 Application of Herrnstein's hyperbola to time allocation of naturalistic human behavior maintained by naturalistic social reinforcement. *Journal of the Experimental Analysis of Behavior*, **57**, 177-185.
- Bernstein, I. L. 1978 Learned taste aversions in children receiving chemotherapy. *Science*, **200**, 1302-1303.
- Bickel, W. K., DeGrandpre, R. J., Higgins, S. T., Hughes, J. R., & Badger, G. J. 1995 Effects of simulated employment and recreation on drug taking: A behavioral economic analysis. *Experimental and Clinical Psychopharmacology*, **3**, 467-476.
- Blough, D. S. 1958 A method for obtaining psychophysical thresholds from the pigeon. *Journal of the Experimental Analysis of Behavior*, **1**, 31-43.
- Boakes, R. 1984 *From Darwin to Behaviourism: Psychology and the minds of animals*. Cambrige: Cambridge University Press. (宇津木保・宇津木成介(訳)『動物心理学史』誠信書房 1990)
- Bolles, R. C. 1970 Species-specific defense reactions and avoidance learning. *Psychological Review*, **77**, 32-48.
- Breland, K., & Breland, M. 1961 The misbehavior of organisms. *American Psychologist*, **16**, 681-684.
- Brown, P. L., & Jenkins, H. M. 1968 Autoshaping of the pigeon's key-peck. *Journal of the Experimental Analysis of Behavior*, **11**, 1-8.
- Buchholz, A., & Wordemann, W. 2000 *What makes winning brands different: The hidden method behind the world's most successful brands*. Wiley. (井上浩嗣・松野隆一(訳)『あのブランドばかり,なぜ選んでしまうのか』東洋経済新報社 2002)
- Butler, R. A. 1954 Curiosity in monkeys. *Scientific American*, Feb. 70-75.
- Caraco, T., Martindale, S., & Whittam, T. S. 1980 An empirical demonstration of risk sensitive foraging preferences. *Animal Behaviour*, **28**, 820-830.
- Case, D., Fantino, E., & Wixted, J. 1985 Human observing: Maintained by negative informative stimuli only if correlated with improvement in response efficiency. *Journal of the Experimental Analysis of Behavior*, **43**, 289-300.
- Catania, A. C. 1998 *Learning* (4th ed.). NJ: Prentice Hall.
- Catania, A. C., & Latres, V. G. 1999 Pavlov and Skinner: Two lives in science. *Journal of the Expermental Analysis of Behavior*, **72**, 455-461.
- Catania, A. C., & Sagvolden, T. 1980 Preference for free choice over forced choice in pigeons. *Journal of the Experimental Analysis of Behavior*, **34**, 77-86.

- Cerella, J. 1980 The pigeon analysis of pictures. *Pattern Recognition*, **12**, 1-6.
- Charnov, E. L. 1976 Optimal foraging: Attack strategy of a mantid. *The American Naturalist*, **110**, 141-151.
- Church, R. M. 1959 Emotional reactions of rats to the pain of others. *Journal of Comparative and Physiological Psychology*, **52**, 132-134.
- Conger, R., & Killeen, P. 1974 Use of concurrent operants in small group research: A demonstration. *Pacific Sociological Review*, **17**, 399-416.
- Cumming, W. W., & Berryman, R. 1961 Some data on matching behavior in the pigeon. *Journal of the Experimental Analysis of Behavior*, **4**, 281-284.
- D'Amato, M. R., Salmon, D. P., & Colombo, M. 1985 Extent and limits of the matching concept in monkeys (*Cebus paella*). *Journal of Experimental Psychology: Animal Behavior Processes*, **11**, 35-51.
- ダーウィン『種の起源（上・下）』八杉龍一（訳）岩波文庫　1990
- Darwin, C. 1872 *The expression of the emotions in man and animals*. Chicago: The University of Chicago Press.
- de Villiers, P., & Herrnstein, R. J. 1976 Toward a law of response strength. *Psychological Bulletin*, **83**, 1131-1153.
- Dews, P. B. 1955 Studies on behavior I: Differential sensitivity to pentobarbital of pecking performance in pigeons depending on the schedule of reward. *Journal of Pharmacology and Experimental Therapeutics*, **113**, 393-401.
- Dinsmoor, J. A., Browne, M. P., & Lawrence, C. E. 1972 A test of the negative discriminative stimulus as a reinforcer of observing. *Journal of the Experimental Analysis of Behavior*, **18**, 79-85.
- Domjan, M. 2003 *The Principles of Learning and behavior* (5th Ed.). Belmont, CA : Wadsworth.
- Eibl-Eibesfeldt, I. 1972 Similarities and differences between cultures in expressive movements. In R. A. Hinde (Ed.), *Non-verbal communication*. Cambridge: Cambridge University Press.
- Epstein, R. 1981 On pigeons and people: A preliminary look at the columban simulation project. *The behavior Analyst*, **4**, 43-55.
- Epstein, R., & Skinner, B. F. 1981 The spontaneous use of memoranda by pigeons. *Behavior Analysis Letters*, **1**, 241-246.
- Epstein, R., Lanza, R. P., & Skinner, B. F. 1979 Symbolic communication between two

pigeons (*Columba livia domestica*). *Science*, **207**, 543-545.
- Erikson, P. 2000 The social significance of pet-keeping amoung Amazonian Indians. In Podberscek, A. L., Paul, E. S., & Serpell, J. A., (Eds.), *Companion animals and us: Exploring the relationships between people and pets*. Cambridge: Cambridge University Press.
- Fabre, J. H. 1879 Insect world of J. Henri Fabre（山田吉彦・林 達夫（訳）『ファーブル昆虫記』岩波文庫　1970）
- Falk, J. L. 1971 The nature and determinants of adjunctive behavior. *Physiology and Behavior*, **6**, 577-588.
- Fantino, E. 1969 Choice and rate of reinforcement. *Journal of the Experimental Analysis of Behavior*, **12**, 723-730.
- Fantino, E., & Case, D. 1983 Human observing: Maintained by stimuli correlated with reinforcement but not extinction. *Journal of the Experimental Analysis of Behavior*, **40**, 193-210.
- Fantino, E., Preston, R. A., & Dunn, R. 1993 Delay reduction: Current status. *Journal of the Experimental Analysis of Behavior*, **60**, 159-169.
- Ferster, C. B. 1953 The use of the free operant in the analysis of behavior. *Psychological Bulletin*, **50**, 263-274.
- Ferster, C. B., & Skinner, B. F. 1957 *Schedules of reinforcement*. New York: Appleton-Century-Crofts.
- Findley, J. D. 1958 Preference and switching under concurrent scheduling. *Journal of the Experimental Analysis of Behavior*, **1**, 123-144.
- Foxall, G. R. 1999 The substitutability of brands. *Managerial and Decision Economics*, **20**, 241-257.
- Friedman, D., & Sunder, S. 1994 *Experimental methods: A primer for economists*. Cambridge University Press. 1994（川越敏司・内木哲也・森 徹・秋永利明（訳）『実験経済学の原理と方法』同文舘　1999）
- 藤 健一　2002　野外におけるハトのオペラント条件づけ　動物心理学研究, **52**, 9-14.
- Fujita, K. 1983 Formation of the sameness-difference concept by Japanese monkeys from a small number of color stimuli. *Journal of the Experimental Analysis of Behavior*, **40**, 289-300.
- Fushimi, T. 1990 A functional analysis of another individual's behavior as discriminative stimulus for a monkey. *Journal of the Experimental Analysis of Behavior*, **53**, 285-291.
- Garcia, J., Ervin, F. R., & Koelling, R. A. 1966 Learning with prolonged delay of reinforce-

- ment. *Psychonomic Science*, **5**, 121-122.
- Gigerenzer, G., & Hoffrage, U. 1995 How to improve Bayesian reasoning without instruction: Frequency formats. *Psychological Review*, **102**, 684-704.
- Goodie, A. S., & Fantino, E. 1995 An experientially derived base-rate error in humans. *Psychological Science*, **6**, 101-106.
- Goodie, A. S., & Fantino, E. 1996 Learning to commit or avoid the base-rate error. *Nature*, **380**, 247-249.
- Green, L., & Freed, D. E. 1993 The substitutability of reinforcers. *Journal of the Experimental Analysis of Behavior*, **60**, 141-158.
- Green, L., Fry, A. F., & Myerson, J. 1994 Discounting of delayed rewards: A life-span comparison. *Psychological Science*, **5**, 33-36.
- Green, L., Price, P. C., & Hamburger, M. E. 1995 Prisoner's dilemma and the pigeon: Control by immediate consequences. *Journal of the Experimental Analysis of Behavior*, **64**, 1-17.
- Guthrie, E. R. 1935/1952 The psychology of learning. Mass.: Peter Smith. (富田達彦（訳）『学習の心理学』清水弘文堂　1980)
- 蜂屋 真　1983　ラットの継時弁別学習における正の特色価効果　動物心理学研究, **33**, 103-110.
- 蜂屋 真・伊藤正人　1990　ラットの観察反応に及ぼす刺激呈示時間，要素持続時間及び刺激呈示法の効果　心理学研究, **62**, 235-243.
- Hachiya, S., & Ito, M. 1991 Effects of discrete-trial and free-oprant procedures on the acquisition and maintenance of successive discrimination in rats. *Journal of the Experimental Analysis of Behavior*, **55**, 3-10.
- Hanson, H. M. 1959 Effects of discrimination training on stimulus generalization. *Journal of Experimental Psychology*, **58**, 321-334.
- Hardin, G. 1968 The tragedy of the commons. *Science*, **162**, 1243-1248.
- Harlow, H. F. 1949 The formation of learning sets. *Psychological Review*, **56**, 51-65.
- Harlow, H. F. 1976 Monkeys, men, mice, motives, and sex. In H. P. Zeigler (Ed.), *Psychological research: The inside story*. New York: Harper & Row.
- 長谷川真理子　2002『生き物をめぐる4つの「なぜ」』集英社新書
- 林　髞　1951『条件反射（第3版）』岩波全書
- Hearst, E. 1979 *The first century of experimental psychology*. Hillsdale, NJ: Lawrence Erlbaum Associates.

- Herrnstein, R. J. 1961 Relative and absolute strength of response as a function of frequency of reinforcement. *Journal of the Experimental Analysis of Behavior*, **4**, 267-272.
- Herrnstein, R. J. 1970 On the law of effect. *Journal of the Experimental Analysis of Behavior*, **13**, 243-266.
- Herrnstein, R. J., & Hineline, P. N. 1966 Negative reinforcement as shock-frequency reduction. *Journal of the Experimental Analysis of Behavior*, **9**, 421-430.
- Herrnstein R. J., & Loveland, D. E. 1964 Complex visual concept in the pigeon. *Science*, **146**, 549-551.
- 樋口義治　1992『ニホンザルの文化的行動』川島書店
- 樋口義治・望月昭　1983　社会的学習　佐藤方哉（編）『現代基礎心理学6 学習Ⅱ その展開』東京大学出版会
- 平岡恭一　1997　選択行動の巨視的理論と微視的理論　行動分析学研究，**11**, 109-129.
- 広田すみれ・坂上貴之・増田真也（編）2002『心理学が描くリスクの世界―行動的意思決定入門』慶應義塾大学出版会
- Honig, W. K., Boneau, C. A., Burstein, K. R., & Pennypacker, H. S. 1963 Positive and negative generalization gradients obtained after equivalent training conditions. *Journal of Comparative and Physiological Psychology*, **56**, 111-116.
- 堀　耕治・小川　隆　1977　デンショバトにおける時間弁別行動の分析　動物心理学年報，**27**, 87-94.
- Houston, A. 1986 The matching law applies to wagtail's foraging in the wild. *Journal of the Experimental Analysis of Behavior*, **45**, 15-18.
- Hull, C. L. 1943 *Principles of behavior*. New York: Appleton-Century-Crofts.（能見義博・岡本栄一（訳）『行動の原理』誠信書房　1960）
- Hursh, S. R. 1978 The economics of daily consumption controlling food and water-reinforced responding. *Journal of the Experimental Analysis of Behavior*, **29**, 475-491.
- Hursh, S. R. 1980 Economic concepts for the analysis of behavior. *Journal of the Experimental Analysis of Behavior*, **34**, 219-238.
- Hursh, S. R., & Natelson, B. H. 1981 Electrical brain stimulation and food reinforcement dissociated by demand elasticity. *Physiology and Behavior*, **26**, 509-515.
- 今田　恵　1962『心理学史』岩波書店
- 今田　寛（監修）中島定彦（編）2003『学習心理学における古典的条件づけの理論：パヴロフから連合学習研究の最先端まで』培風館
- Imam, A. A. 1993 Response-reinforcer independence and the economic continuum: A pre-

- liminary analysis. *Journal of the Experimental Analysis of Behavior*, **59**, 231-243.
- 印東太郎　1969　尺度構成　和田陽平・大山　正・今井省吾（編）『感覚・知覚ハンドブック』誠信書房
- Ito, M. 1975 A comparison of two different operanda for shaping and maintaining avoidance behavior in the pigeon. *Japanese Psychological Research*, **17**, 25-32.
- 伊藤正人　1976　動物に於ける時間弁別　大阪市立大学文学部紀要「人文研究」，**28**，498-522.
- 伊藤正人　1978　カラスの時間弁別　大阪市立大学文学部紀要「人文研究」，**30**，816-829.
- 伊藤正人　1980　動物における尺度構成：方法の考察　大阪市立大学文学部紀要「人文研究」，**32**，635-649.
- Ito, M. 1982 Control of monkey's spaced responding by sample durations. *Japanese Psychological Research*, **23**, 213-218.
- 伊藤正人　1983　選択行動　佐藤方哉（編）『現代基礎心理学6　学習Ⅱ　その展開』　東京大学出版会
- Ito, M. 1985 Choice and amount of reinforcement in rats. *Learning & Motivation*, **16**, 95-108.
- 伊藤正人　1991　ラットにおける採餌選択の実験室シミュレーション　大阪市立大学文学部紀要「人文研究」，**42**，917-929.
- 伊藤正人　1995　新しい心理学動物実験室　大阪市立大学文学部紀要「人文研究」，**47**，403-422.
- 伊藤正人　1996　心理学動物実験室鳥舎　大阪市立大学文学部紀要「人文研究」，**48**，263-422.
- 伊藤正人　1996「時計じかけのオレンジ：近未来社会の暗部を予言する」日本行動分析学会ニュースレター　No. 6 （http://www.behavior.nime.ac.jp/~behavior/）
- 伊藤正人　1997a　選択行動研究の意義と将来　行動分析学研究，**11**，2-8.
- 伊藤正人　1997b　見本合わせ課題における偏った見本刺激の推定はハトに可能か　動物心理学研究，**47**，205.
- 伊藤正人　1997c「オズの魔法使い：お家ほど良いところはない」日本行動分析学会ニュースレター　No. 7 （http://www.behavior.nime.ac.jp/~behavior/）
- 伊藤正人　1997d「羊たちの沈黙：内なるものは外にあり」日本行動分析学会ニュースレター　No. 8 （http://www.behavior.nime.ac.jp/~behavior/）
- 伊藤正人　1997e「2001年宇宙の旅：強化随伴性の壮大な実験」日本行動分析学会ニュー

- スレター　No. 9 (http://www.behavior.nime.ac.jp/~behavior/)
- 伊藤正人　1998a「こころの旅路：手がかりは文脈のなかで機能する」日本行動分析学会ニュースレター　No. 10 (http://www.behavior.nime.ac.jp/~behavior/)
- 伊藤正人　1998b「男はつらいよ寅次郎の青春：車寅次郎は行動主義者である」日本行動分析学会ニュースレター　No. 11 (http://www.behavior.nime.ac.jp/~behavior/)
- 伊藤正人　1998c「用心棒：ゲームの心理学」日本行動分析学会ニュースレター　No. 13 (http://www.behavior.nime.ac.jp/~behavior/)
- 伊藤正人　1999　セルフコントロールと衝動性　大阪市立大学文学部紀要「人文研究」, **51**, 1017-1028.
- 伊藤正人　2000a　他者との共有による報酬の価値割引　大阪市立大学文学部紀要「人文研究」, **52**, 547-562.
- Ito, M. 2000b　Pigeons can detect biased samples in a delayed matching-to-sample task.　平成9・10・11年度文部科学省科学研究費補助金（基盤研究（C））研究成果報告書
- 伊藤正人　2001a　ハトの人工集団を用いた採餌行動の実験室シミュレーション　大阪市立大学文学部紀要「人文研究」, **53**, 547-562.
- 伊藤正人　2001b　行動経済学は行動研究にどのような貢献をなしたのか：行動経済学特集にあたって　行動分析学研究, **16**, 86-91.
- 伊藤正人　2003　経験から学び，行動を変えること　金児暁嗣（編）『サイコロジー事始め』第6章　有斐閣
- 伊藤正人　2004　弁別と般化　中島義明・繁桝算男・箱田裕司（編）『新・心理学の基礎知識』有斐閣
- Ito, M., & Asaki, K. 1982　Choice behavior of rats in a concurrent-chains schedule: Amount and delay of reinforcement. *Journal of the Experimental Analysis of Behavior*, **37**, 383-392.
- Ito, M., & Asano, T. 1977　Temporal discrimination in Japanese monkeys. *Japanese Psychological Research*, **19**, 39-47.
- Ito, M., & Fantino, E. 1986　Choice, foraging, and reinforcer duration. *Journal of the Experimental Analysis of Behavior*, **46**, 93-103.
- 伊藤正人・廣野雅子　1995　ハトは確率を推論できるか：ベイズ的推論と経験的推論　日本動物行動学会第14回大会発表要旨集, 25.
- 伊藤正人・小林奈津子・佐伯大輔　2001　強化量選択の行動経済学の研究：絶対強化量，経済環境，体重レベルの効果　行動分析学研究, **16**, 122-140.
- Ito, M., & Nakamura, K. 1998　Humans' choice in a self-control choice situation: Sensitivity

to reinforcer amount, reinforcer delay, and overall reinforcement density. *Journal of the Experimental Analysis of Behavior*, **69**, 87-102.
- Ito, M., Nakamura, K., & Kuwata, S. 1997 Humans' choice between different reinforcer amounts and delays: Effects of choice procedures and monetary deduction. *Learning & Motivation*, **28**, 102-117.
- Ito, M., & Oyama, M. 1996 Relative sensitivity to reinforcer amount and delay in a self-control choice situation. *Journal of the Experimental Analysis of Behavior*, **66**, 219-229.
- 伊藤正人・佐伯大輔　2003　放置自転車問題に見る大阪人気質：都市生活者の行動パターンに関する地域比較研究　都市文化研究, **2**, 101-110.
- 伊藤正人・佐伯大輔　2004　利己性と社会性から見た都市生活者の行動パターン：大阪と他都市の地域比較　都市文化研究, **4**, 101-108.
- Ito, M., Saeki, D., Taniguchi, K., & Yamaguchi, T. 2004 Discounting of shared reward in pigeons. Paper presented at 27th *Annual Convention of the Society for Quantitative Analyses of Behavior*. Boston, USA.
- Ito, M., Takatsuru, S., & Saeki, D. 2000 Choice between constant and variable alternatives by rats: Effects of different reinforcer amounts, and energy budgets. *Journal of the Experimental Analysis of Behavior*, **73**, 79-92.
- 伊藤正人・内田善久・佐伯大輔・北村憲司　1999　ハトを用いた行動実験のための新しい視覚刺激呈示システム　動物心理学研究, **49**, 181-187.
- 伊藤正人・山口哲生　2002　商品購買の行動分析的研究：商品カテゴリー内のブランド間選択　日本行動分析学会第20回年次大会発表論文集，35.
- 岩本隆茂・高橋雅治　1988『オペラント心理学：その基礎と応用』勁草書房
- 巌佐庸　1998『数理生物学入門：生物社会のダイナミックスを探る』共立出版
- James, W. 1892 *Psychology, briefer course.*（今田寛（訳）『心理学上・下』岩波文庫 1992)
- Jenkins, H. M., & Harrison, R. H. 1960 Effect of discrimination training on auditory generalization. *Journal of Experimental Psychology*, **59**, 246-253.
- Jenkins, H. M., & Sainsbury, R. S. 1969 The development of stimulus control through differential reinforcement. In N. J. Macintosh and W. K. Honig (Eds.), *Fundamental issues in associative learning*. Harifax: Dalhousie University Press.
- Jenkins, H. M., & Sainsbury, R. S. 1970 Discrimination learning with the distinctive feature on positive or negative trials. In D. Mostofsky (Ed.), *Attention: Contemporary theory and analysis*. New York: Appleton-Century-Crofts.

- 実森正子　1978　最近の動物心理物理学的研究：視覚研究を中心として　心理学研究, **48**, 348-365.
- Jitsumori, M. 1993 Category discrimination of artificial polymorphous stimuli based on feature learning. *Journal of Experimental Psychology: Animal Behavio Processes*, **19**, 244-254.
- 実森正子・中島定彦　2000『学習の心理：行動のメカニズムを探る』サイエンス社
- Kamin, L. J. 1969 Predictability, surprise, attention, and conditioning. In B. A. Campbell and R. M. Church (Eds.), *Punishment and aversive behavior*. New York: Appleton-Century-Crofts.
- 河合雅雄　1969『ニホンザルの生態』河出書房新社
- 川合伸幸　2000　日本動物心理学会の動向：この10年間の大会発表からわかること　動物心理学研究, **50**, 195-197.
- 河嶋 孝　1968　デンショバトにおける条件性弁別：MatchingとOddityの比較　慶應義塾大学大学院社会学研究科紀要, **8**, 45-55.
- 河嶋 孝　1982　パブロフ型条件づけとオペラント条件づけの相互作用　佐々木正伸（編）『現代基礎心理学5　学習Ⅰ　基礎過程』東京大学出版会
- Killeen, P. 1985 Incentive theory IV: Magnitude of reward. *Journal of the Experimental Analysis of Behavior*, **43**, 407-417.
- 北村憲司　2001　ハトにおける複合的確率事象の推論に関する実験的研究　大阪市立大学大学院文学研究科修士論文
- Kline, L. W. 1899 Methods in animal psychology. *American Journal of Psychology*, **10**, 256-279.
- 小山幸子　1999『ヤマガラの芸』法政大学出版局
- Köhler, W. 1925 *The mentality of apes*. London: Kagan Paul.（宮 孝一（訳）『類人猿の知恵試験』岩波書店　1962）
- Köhler, W. 1939 Simple structural function in the chimpanzee and the chicken. In W. D. Ellis (Ed.), *A source book of gestalt psychology*. New York: Harcourt Brace.
- Kraft, J. R., & Baum, W. M. 2001 Group choice: The ideal free distribution of human social behavior. *Journal of the Experimental Analysis of Behavior*, **76**, 21-42.
- Krebs, J. R., & Davies, N. B. 1991 *Behavioural ecology* (3rd ed.) Oxford: Blackwell Scientific Publications.（山岸 哲・巌佐 庸（監訳）『進化からみた行動生態学（原書第2版）』蒼樹書房　1991）
- 国友隆一　1999『セブン―イレブン流心理学』三笠書房

- 黒田 亮　1936『動物心理学』三省堂
- Lea, S. E. G. 1979 Foraging and reinforcement schedules in the pigeon: Optimal and non-optimal aspects of choice. *Animal Behaviour*, **27**, 875-886.
- Lea, S. E. G., & Harrison, S. N. 1978 Discrimination of polymorphous stimulus sets by pigeons. *Quarterly Journal of Experimental Psychology*, **30**, 521-537.
- Lewin, K. 1935 *A dynamic theory of personality: Selected papers.* New York: McGraw-Hill. （相良守次・小川 隆（訳）『パーソナリテイの力学説』岩波書店　1957）
- Lindsy, D. B. 1951 Emotion. In S. S. Stevens (Ed.), *Handbook of experimental psychology*. New York: John Wiley & Sons.
- Lorenz, K. 1965 *Evolution and modification of behavior.* Chicago: The University of Chicago Press.（日高敏隆・羽田節子（訳）『行動は進化するか』講談社現代新書　1976）
- Lubinski, D., & Thompson, T. 1987 An animal model of the interpersonal communication of interoceptive (private) states. *Journal of the Experimental Analysis of Behavior*, **48**, 1-15.
- Manabe,K., Kawashima, T., & Staddon, J. E. R. 1995 Differential vocalization in budgerigars: Towards an experimental analysis of naming. *Journal of the Experimental Analysis of Behavior*, **63**, 111-126.
- 松沢哲郎　1989　チンパンジーの認知機能の基本特性　心理学評論, **32**, 91-103.
- 松沢哲郎　1996　心理学的幸福：動物福祉の新たな視点を考える　動物心理学研究, **46**, 31-33.
- 松沢哲郎　1991　『チンパンジー・マインド：心と認識の世界』岩波書店
- Mazur, J. E. 1987 An adjusting procedure for studying delayed reinforcement. In M. L. Commons, J. E. Mazur, J. A. Nevin, & H. Rachlin (Eds.), *Quantitative Analyses of behavior, Vol. 5: The effect of delay and of intervening events on reinforcement value.* Hillsdale, NJ: Lawrence Erlbaum Associates.
- Mazur, J. E. 1998 *Learning and behavior. (4th Ed.)* NJ.: Prentice-Hall.（磯 博之・坂上貴之・河合伸幸（訳）『メイザーの学習と行動』二瓶社　1999）
- Mazur, J. E., & Logue, A. W. 1978 Choice in a self-control paradigm: Effects of fading procedure. *Journal of the Experimental Analysis of Behavior*, **30**, 11-17.
- Mead, G. H. 1934 *Mind, self and society from the standpoint of a social behaviorist.* Chicago: The University of Chicago Press.
- Meltzoff, A. N., & Moore, M. K. 1977 Imitation of facial and manual gestures by human neonates. *Science*, **198**, 75-78.
- Miller, N. E., 1944 Experimental studies on confict. In J. H. Hunt (Ed), *Personality and*

- *behaviors disorder*. New York: Ronald Press.
- Miller, N. E., & Dollard, J. 1941 *Social learning and imitation*. Yale University Press.
- 南 博　1976『行動理論史』岩波書店
- Mitchell, S. H. 1999 Measures of impulsivity in cigarette smokers and non-smokers. *Psychopharmacology*, **146**, 455-464.
- Miyashita, Y., Nakajima, S., & Imada, H. 2000 Differential outcome effect in the horse. *Journal of the Experimental Analysis of Behavior*, **74**, 245-253.
- 森三樹三郎　1994『老子・荘子』講談社学術文庫
- 森村成樹　2000　飼育動物における心理学的幸福の確立：展示動物を中心に　動物心理学研究, **50**, 183-191.
- 室伏靖子　1979　チンパンジーの言語の習得とその脳内機構に関する研究　昭和52-54年度文部省科学研究費補助金（一般A）研究成果報告書
- 室伏靖子　1983a　チンパンジーにおける人工語の習得と利用に関する実験的研究　昭和55・56・57年度科学研究費補助金（一般研究B）研究成果報告書
- 室伏靖子　1983b　動物の記憶　佐藤方哉（編）『現代基礎心理学6　学習Ⅱ　その展開』東京大学出版会
- 室伏靖子　1992　単語と文の間に大きな溝があった　特集「言語の起源」科学朝日4月号　朝日新聞社
- 室伏靖子　1999 "等価な関係"の新展開―反応の機能について　動物心理学研究, **49**, 217-228.
- 中島定彦　1992　動物の「知能」に対する一般学生の評定　基礎心理学研究, **11**, 27-30.
- 中島定彦　1995　見本合わせ手続きとその変法　行動分析学研究, **8**, 160-176.
- 中島定彦　2002『アニマル・ラーニング：動物のしつけと訓練の科学』ナカニシヤ出版
- Nakajima, S., & Sato, M. 1989 Removal of an obstacle: Problem-solving behavior in pigeons. *Journal of the Experimental Analysis of Behavior*, **59**, 131-145.
- Neisser, U. 1967 *Cognitive psychology*. New York: Appleton-Century-Crofts.
- NIH 1978 *Guide for the care and use of laboratory animals*. NIH Publication.（鍵山直子・野村達次（訳）『1978年度版実験動物の管理と使用に関する指針』ソフトサイエンス社　1980）
- 新美良純・白藤美隆　1969『皮膚電気反射：基礎と応用』医歯薬出版
- Nisbett, R. E., Krantz, D. H., Jepson, C., & Kunda, Z. 1983 The use of statistical heuristics in everyday inductive reasoning. *Psychological Review*, **90**, 339-363.

- 小川 隆・杉本助男　1953　伝書鳩の道具的条件づけ：単一刺激継時呈示法の吟味（1）日本心理学会第17回大会発表
- 小川 隆（監修）杉本助男・佐藤方哉・河嶋 孝（編）1989『行動心理ハンドブック』培風館
- 岡野恒也　1954　シロネズミにおける同時弁別と継時弁別の比較　動物心理学年報, **4**, 35-44.
- Omino, T., & Ito, M. 1993 Choice and delay of reinforcement: Effects of terminal-link stimulus and response conditions. *Journal of the Experimental Analysis of Behavior*, **59**, 361-371.
- 小美野喬・渡辺 茂・伊藤正人・高田孝二　1973　デンショバトにおけるSpreading Depressionのレスポンデント行動におよぼす効果　慶應義塾大学大学院社会学研究科紀要, **13**, 85-90.
- 小野浩一　1989　帰納的判断の規定要因の検討―確信反応閾による行動論的分析　心理学研究, **59**, 334-341.
- 大山真理子　1991　分割された強化量と遅延時間におけるニホンザルとラットの選択行動に関する実験的研究　大阪市立大学大学院文学研究科修士論文
- Pavlov, I. P. 1927 *Conditioned reflex*. London: Oxford University Press.
- Pavlov, I. P. 1928 *Lectures on conditioned reflex*. New York: International Publishers. （川村 浩（訳）『大脳半球の働きについて：条件反射学（上・下）』岩波文庫　1975）
- Pepperberg, I. M. 1999 *The Alex studies*. Cambridge: Harvard University Press.
- Perkins, K. A., Hickox, M. E., & Grobe, J. E. 2000 Behavioral economics of tabacco smoking. In W. K. Bickel, & R. E. Vuchinich (Eds.), *Reframing health behavior change with behavioral economics*. Hillsdale NJ: Lawrence Erlbaum Associates.
- Podbersek, A. L., Paul, E. S., & Serpell, J. A. 2000 *Companion animals and us: Exploring the relationships between people and pets*. Cambridge: Cambridge University Press.
- Poundstone, W. 1992 *Prisoner's dilemma: John von Neumann, Game theory, and the puzzle of the bomb*. Doubleday. （松浦俊輔ほか（訳）『囚人のジレンマ：フォン・ノイマンとゲームの理論』青土社　1995）
- Premack, D. 1963 Prediction of the comparative reinforcement values of running and drinking. *Science*, **139**, 1062-1063.
- Premack, D. 1971 Catching up with common sense or two sides of a generalization: Reinforcement and punishment. In R. Glaser (Ed.), *The nature of reinforcement*. NewYork: Academic Press.

- Premack, D. 1983 Animal cognition. *Annual Review of Psychology*, **34**, 351-362.
- Rachlin, H. 1976 *Behavior and learning*. San Francisco: Freeman.
- Rachlin, H. 1993 The context of pigeon and human choice. *Behavior and Philosophy*, **21**, 1-17.
- Rachlin, H. 1994 *Behavior and mind: The roots of modern psychology*. New York: Oxford University Press.
- Rachlin, H., & Green, L. 1972 Commitment, choice and self-control. *Journal of the Experimental Analysis of Behavior*, **17**, 15-22.
- Rachlin, H., Raineri, A., & Cross, D. 1991 Subjective probability and delay. *Journal of the Experimental Analysis of Behavior*, **55**, 233-244.
- Rescorla, R. A. 1967 Pavlovian conditioning and its proper control procedure. *Psychological Review*, **74**, 71-80.
- Rescorla, R. A., & Wagner, A. R. 1972 A theory of pavlovian conditioning: Variations in the effectiveness of reinforcement and nonreinforcement. In A. H. Black & W. F. Prokasy (Eds.), *Classical conditioning II*. New York: Appleton-Century-Crofts.
- Ressler, R. K., & Shachtman, T. 1992 *Whoever fights monsters*. St. Martins Press.（相原真理子（訳）『FBI心理分析官：異常殺人者たちの素顔に迫る衝撃の手記』早川書房　1994）
- Reynolds, G. S. 1961a Behavioral contrast. *Journal of the Experimental Analysis of Behavior*, **4**, 57-71.
- Reynolds, G. S. 1961b Attention in the pigeon. *Journal of the Experimental Analysis of Behavior*, **4**, 203-208.
- Reynolds, G. S. 1975 *A primer of operant conditioning*. San Francisco: Foresman.（浅野俊夫（訳）『オペラント心理学入門：行動分析への道』サイエンス社　1978）
- Richards, J. B., Mitchell, S. H., de Wit, H., & Seiden, L. S. 1997 Determination of discount functions in rats with an adjusting-amount procedure. *Journal of the Experimental Analysis of Behavior*, **67**, 353-366.
- Richards, J. B., Zhang, L., Mitchell, S. H., & de Wit, H. 1999 Delay or probability discounting in a model of impulsive behavior: Effect of alcohol. *Journal of the Experimental Analysis of Behavior*, **71**, 121-143.
- Robinson, P. W., & Foster, D. F. 1979 *Experimental psychology: A small-N approach*. New York: Harper & Row.
- 論語　金谷 治（訳）1963　岩波文庫
- 佐伯大輔・伊藤正人　1997　不確実状況における意思決定を巡る「選択行動研究」と

「認知的意思決定研究」の融合　行動分析学研究, **11**, 56-70.
- 佐伯大輔・伊藤正人　2004　都市の放置自転車問題に対する心理学的アプローチ　都市文化研究, **4**, 45-56.
- 佐伯大輔・伊藤正人・佐々木恵　2004　青年期における遅延・確率・共有による報酬の価値割引　日本行動分析学会第22回年次大会発表論文集，56.
- 佐伯大輔・内田善久・伊藤正人　1998　Visual BasicとPCカードを用いた行動実験制御システム　行動分析学研究, **13**, 66-72.
- 佐伯啓思　1993　『「欲望」と資本主義：終わりなき拡張の論理』講談社現代新書
- 坂上貴之　1994　不確実性をめぐる動物行動研究　心理学評論, **37**, 294-319.
- 坂上貴之　1997　行動経済学と選択理論　行動分析学研究, **11**, 88-108.
- 坂上貴之　2001　行動分析学と経済学：進化的枠組みの中での共同作業をめざして　行動分析学研究, **16**, 92-105.
- Sakagami, T., Hursh, S. R., Christensen, J., & Silberberg, A. 1989 Income maximizing in concurrent interval-ratio schedules. *Journal of the Experimental Analysis of Behavior*, **52**, 41-46.
- 佐々木正伸（編）1982　『現代基礎心理学5　学習Ⅰ　基礎過程』東京大学出版会
- 佐藤方哉　1975　ハト　八木冕（編）『心理学研究法6　動物実験Ⅱ』東京大学出版会
- 佐藤方哉　1976　『行動理論への招待』大修館書店
- 佐藤方哉　1982　学習研究の現在　佐々木正伸（編）『現代基礎心理学5　学習Ⅰ　基礎過程』東京大学出版会
- 佐藤方哉　1983　『現代基礎心理学6　学習Ⅱ　その展開』東京大学出版会
- Savage-Rumbaugh, S., & Lewin, R. 1994 *KANZI: The ape at the brink of the human mind.* New York: Brockman.（石舘康平（訳）『人と話すサル「カンジ」』講談社　1997）
- Savage-Rumbaugh, E. S., Rumbaugh, D. M., & Boysen, S. 1978 Symbolic communication between two chimpanzees (*Pan troglodytes*). *Science*, **201**, 641-644.
- Schlosberg, H. 1952 The description of facial expressions in terms of two dimensions. *Journal of Experimental Psychology*, **44**, 229-237.
- Schultz, D. P., & Schultz, S. E. 2000 *A history of modern psychology (seventh ed.).* Fort Worth: Harcourt College Publishers.
- Schusterman, R. J., & Kastak, D. 1993 A California sea lion (*Zalophus californianus*) is capable of forming equivalence relations. *The Psychological Record*, **43**, 823-839.
- Schweitzer, J. B., & Sulzer-Azaroff, B. 1988 Self-control: Teaching tolerance for delay in impulsive children. *Journal of the Experimental Analysis of Behavior*, **50**, 173-186.

- Seligman, M. E. P. 1975 *Helplessness: On depression, development, and death.* San Francisco: Freeman.
- Shettleworth, S. J. 1988 Foraging as operant behavior and operant behavior as foraging: What have we learned? In G. Bower. (Ed.), *The psychology of learning and motivation: Advances in research and theory.* (Vol. 22). New York: Academic Press.
- 嶋崎まゆみ 1997 発達障害児の衝動性とセルフコントロール 行動分析学研究, **11**・**12**, 29-40.
- Shull, R. L., & Spear, D. J. 1987 Detention time after reinforcement: Effects due to delay of reinforcement? In M. L. Commons, J. E. Mazur, J. A. Nevin, & H. Rachlin (Eds.), *Quantitative analyses of behavior, vol. 5: The effects of delay and of intervening variables,* Hillsdale NJ: Lawrence Erlbaum Associates.
- Sidman M. 1953 Two temporal parameters in the maintenance of avoidance behavior by the white rat. *Journal of Comparative and Physiological Psychology,* **46**, 253-261.
- Sidman, M., Cresson, Jr. O., & Willson-Morris, M. 1974 Acquisition of matching to sample via mediated transfer. *Journal of the Experimental Analysis of Behavior,* **22**, 261-273.
- Sidman, M., Rauzin, R., Lazar, R., Cunningham, S., Tailby, W., & Carrigan, P. 1982 A search for symmetry in the conditional discriminations of rehesus monkeys, baboons, and children. *Journal of the Experimental Analysis of Behavior,* **37**, 23-44.
- Silberberg, A., Warren-Boulton, F. R., & Asano, T. 1987 Inferior-good and Giffen-good effects in monkey choice behavior. *Journal of Experimental Psychology: Animal Behavior Processes,* **13**, 292-301.
- Skinner, B. F. 1932 Drive and reflex strength. *Journal of General Psychology,* **6**, 22-37.
- Skinner, B. F. 1937 Two types of conditioned reflex: A reply to Konorski and Miller. *Journal of General Psychology,* **16**, 272-279.
- Skinner, B. F. 1938 *The behavior of organisms.* New York : Appleton-Century-Crofts.
- Skinner, B. F. 1950 Are theories of learning necessary? *Psychological Review,* **57**, 193-216.
- Skinner, B. F. 1956 A case history in scientific method. *American Psychologist,* **11**, 221-233.
- Skinner, B. F. 1969 *Contingencies of reinforcement: A theoretical analysis.* Englewood Cliffs, NJ: Prentice-Hall.
- Skinner, B. F. 1974 *About behaviorism.* New York: Knopf.
- Small, W. S. 1901 Experimental study of the mental processes of the rat. *American Journal of Psychology,* **12**, 218-220.
- Smith, C. A., & Ellsworth, P. C. 1987 Patterns of cognitive appraisal in emotion. *Journal of*

- *Personality ans Social Psychology*, **48**, 813-848.
- Spence, K. W. 1937 The differential response in animals to stimuli varying within a single dimension. *Psychological Review*, **44**, 430-444.
- スポーツニッポン新聞記事「希望退職募集に全従業員が辞表提出」平成10年6月22日号
- Staddon, J. E. R. 2001 *The new behaviorism*. Philadelphia: Taylor & Francis.
- 末永俊郎（編）1971 『講座心理学Ⅰ：歴史と動向』東京大学出版会
- 高橋雅治 1997 選択行動の研究における最近の展開：比較意思決定研究にむけて　行動分析学研究, **11**, 9-28.
- Takahashi, M., & Fujiwara, T. 1995 Self-control and choice in humans: Effects of type, amount, and delay of reinforcers. *Learning & Motivation*, **26**, 183-202.
- 高橋十九朗 2003 損失の遅延における割増反応　心理学研究, **74**, 235-243.
- 田中良久 1956 『動物心理学』共立出版
- Terrace, H. S. 1963 Errorless transfer of a discrimination across two continua. *Journal of the Experimental Analysis of Behavior*, **6**, 223-232.
- Thorndike, E. L. 1911 *Animal intelligence: Experimental studies*. New York: Macmillan.
- Tinbergen, N. 1950 *The study of instinct*. Oxford: Oxford University Press. (永野為武（訳）『本能の研究』三共出版　1959)
- Timberlake, W., & Allison, J. 1974 Response deprivation: An empirical approach to instrumental performance. *Psychological Review*, **81**, 146-164.
- 戸部良一・寺本義也・鎌田伸一・杉乃尾孝生・村井友秀・野中郁次郎　1991 『失敗の本質：日本軍の組織論的研究』中公文庫
- Tolman, E. C. 1932 *Purposive behavior in animals and man*. New York: Appleton-Century-Crofts. (富田達彦（訳）『新行動主義心理学』清水弘文堂　1977)
- Tomonaga, M. 1993 Use of multiple-alternative matching-to-sample in the study of visual search in a chimpanzee (*Pan troglodytes*). *Journal of Comparative Psychology*, **107**, 75-83.
- 友永雅巳 2000 21世紀の日本の「動物心理学」　動物心理学研究, **50**, 193-194.
- 津田彰 1982 学習の生物学的制約　佐々木正伸（編）『現代基礎心理学5　学習Ⅰ基礎過程』東京大学出版会
- 恒松伸 1999 行動経済学における価格研究の展開　動物心理学研究, **49**, 19-39.
- 恒松伸 2001 行動経済学における価格と所得の研究　行動分析学研究, **16**, 106-121.
- Tversky, A., & Kahneman, D. 1974 Judgment under uncertainty: Heuristics and biases. *Science*, **185**, 1124-1131.

- 内田善久・伊藤正人　1997　採餌行動の実験室シミュレーション：心理学と生物学の対話　行動分析学研究, **11**, 71-87.
- 内田善久・伊藤正人　1998　頻度依存捕食は実際に餌の頻度に依存するか？：心理学からの展望　動物心理学研究, **48**, 121-148.
- 内田善久・伊藤正人　2000　ラットの餌選択における相対強化率と全体強化率　動物心理学研究, **50**, 49-59.
- 内井惣七　1995『科学哲学入門：科学の方法・科学の目的』世界思想社
- 上野糧正・谷内通　2004　産業的な飼育条件下におけるブタのレバー押し反応の形成，獲得，消去，および自発的回復　動物心理学研究, **54**, 87-97.
- Urcuioli, P. J., & Zentall, T. R. 1986 Retrospective coding in pigeons' delayed matching-to-sample. *Journal of Experimental Psychology: Animal Behavior Processes*, **12**, 69-77.
- 漆原宏次　1999　古典的逆行条件づけに関する最近の研究動向　心理学評論, **42**, 272-286.
- von Neumann J., & Morgenstern, O. 1944 *The theory of games and economic behavior.* Princeton University Press.（銀林 浩ほか（訳）『ゲームの理論と経済行動』東京図書　1972-1973）
- Warden, C. J., Jenkins, T. N., & Werner, L. H. 1934 *Introduction to comparative psychology.* （小野嘉明・丘 直通（訳）『生物心理学概論』三省堂　1936）
- Watanabe, S. 1983 d-Amphetamine discrimination established under a conditional discrimination procedure in pigeons. *Japanese Journal of Psychopharmacology*, **3**, 45-50.
- 渡辺 茂　1985　薬物弁別の研究法と問題点　薬物・精神・行動, **5**, 289-302.
- 渡辺 茂　1995a『ピカソを見わけるハト：ヒトの認知，動物の認知』NHKブックス
- 渡辺 茂　1995b『認知の起源をさぐる』岩波書店
- 渡辺 茂　1998　実験動物の心理的快適さ　実験動物と環境, **6**, 42-47.
- 渡辺 茂　2000『心の比較認知科学』ミネルヴァ書房
- 渡辺 茂　2001『ヒト型脳とハト型脳』文春新書
- Watanabe, S., Sakamoto, J., & Wakita, M. 1995 Pigeons' discrimination of paintings by Monet and Picasso. *Journal of the Experimental Analysis of Behavior*, **63**, 165-174.
- Watson, J. B. 1913 Psychology as the behaviorist views it. *Psychological Review*, **20**, 158-177.
- Watson J. B. 1930 *Behaviorism* (revised Ed.). Norton.（安田一郎（訳）『行動主義の心理学』河出書房　1968）
- Williams, D. R., & Williams, H. 1969 Automaintenance in the pigeon: Sustained pecking

despite contingent non-reinforcement. *Journal of the Experimental Analysis of Behavior*, **12**, 511-520.
- Wright, A. A., Cook, R. G., Rivera, J. J., Sands, S. F., & Delius, J. D. 1988 Concept learning by pigeons: Matching-to-sample with trial-unique video picture stimuli. *Animal Learning & Behavior*, **16**, 436-444.
- Wyckoff, L. B. Jr. 1969 The role of observing responses in discrimination learning. In D. P. Hendry (Ed.), *Conditioned reinforcement*. Homewood, Ill: Dorosey Press.
- 八木 冕（編）1975『心理学研究法 5 動物実験Ⅰ』東京大学出版会
- 八木 冕（編）1975『心理学研究法 6 動物実験Ⅱ』東京大学出版会
- 山口哲生・伊藤正人 2001 喫煙・飲酒・薬物摂取の行動経済学 行動分析学研究, **16**, 185-196.
- 山口哲生・伊藤正人 2004 大学生による動物の知能，ペットおよびコンパニオン・アニマルの評定 日本基礎心理学会第23回大会発表
- 山口哲生・伊藤正人 2006 理想自由分布理論に基づく個体分布の実験的検討：絶対報酬量と集団サイズの効果 心理学研究, **76**, 547-553
- 山口哲生・北村憲司・伊藤正人 2003 ハトの絵画弁別に及ぼす刺激呈示装置の効果 動物心理学研究, **53**, 11-15.
- 山本淳一 1992 刺激等価性―言語機能・認知機能の行動分析 行動分析学研究, **7**, 1-39.
- 山崎由美子 1999 動物における刺激等価性 動物心理学研究, **49**, 107-137.
- Yamazaki, Y., Yamada, H., Murofushi, M., Momose, H., & Okanoya, K. 2004 Estimation of hearing range in raptors using unconditioned responses. *Ornithological Science*, **3**, 85-92.
- Yerkes, R. M., & Morgulis, S. 1909 The method of Pavlov in animal psychology. *Psychological Bulletin*, **6**, 257-273.
- 横瀬広樹・伊藤正人 2004 Ferster（1953）の提案したハトのキイつつき反応形成法の再検討 日本動物心理学会第64回大会発表
- Zentall, T. R., & Clement, T. S. 2001 Simultaneous discrimination learning: Stimulus interactions. *Animal Learning & Behavior*, **29**, 311-325.
- Zuriff, G. E. 1972 Behavioral interpretations of psychophysical scaling. *Behaviorism*, **1**, 118-133.132

● 図版出典

図0-1　Boakes（1984）より
図0-2　Boakes（1984）より
図0-3　Hearst（1979）より
図0-4　Hearst（1979）より
図3-1　Catania & Laties（1999）より
図4-3　Time - Life より
図4-20　朝日新聞社提供
図5-2　京都大学霊長類研究所提供
図7-1　早川聞多『春信の春，江戸の春』（文春新書）より
図9-2　代表撮影

17世紀から18世紀にかけて伊万里で作られた磁器に描かれた想像上の動物たち
カバー表・目次扉：龍（団龍花唐草文八角鉢　1670年代）
第1部扉：鳳凰（鳳凰楓文小皿　1690年代）
カバー裏・第2部扉：麒麟（鳳凰麒麟文皿　1760年代）

索引

あ

R－S理論 ……………………………………009
愛着行動 ……………………………………161
異種見本合わせ ……………………087, 106
1試行学習 …………………………………008
移調 ……………………………………081, 134
一般対応法則 ………112〜114, 125, 140, 141
逸話蒐集 ……………………………016, 031
因果関係 …………………………………019
隠蔽 ……………………………052, 054, 055, 067
ウイスコンシン一般テスト装置 …………100
飢え ……………………………………152, 153, 171
生まれつきの動機（生得的動機）…155, 156
鋭敏化 ………………………………043, 168
エネルギー収支 ……………………144, 145
延滞条件づけ ………………………049, 052
オペラント ………………………………066
オペラント条件づけ ……002, 025, 035, 036,
　　　　　037, 059〜062, 064〜066, 069,
　　　　　071〜074, 096, 098, 111, 126, 132, 141,
　　　　　142, 153, 157, 160, 171, 179, 204
オペラント弁別 …………………………077

か

改善理論 …………………………………193
概念弁別 ……009, 037, 096, 101, 103〜107
解発子 ………………………………032, 157
回避行動 ……………………068, 069, 162
開放経済環境 ……………………………138
価格弾力性 …………………137〜139, 208
鍵刺激 ……………………………………032
学習 ……002, 004, 006〜009, 016, 018〜020,
　　　　022, 025, 030〜037, 042, 047, 055,
　　　　058〜060, 072, 090, 101, 106, 132,
　　　　134, 153, 154, 157, 162, 163, 166,
　　　　170, 172, 184, 186, 187, 190, 201
学習曲線 ………………058, 059, 062, 078
学習性攻撃 …………………186, 187, 190
学習性動機 …………………155〜157, 180
学習性無力感 ……………………………163
学習セット …………………………100, 101, 184
学習の原理 ……002, 007, 030, 035, 163, 166
確率割引 …………………………………200
重ね合わせ法 ………………………084, 085
過剰飲水 …………………………………074
過小対応 ……………………………113, 114
過剰予期効果 ……………………………055
仮説演繹理論 ……………………………008
過大対応 ………………………113, 114, 125
価値割引 …………117〜119, 126, 195, 200, 206
渇き ……………………………………152, 153, 171
間欠強化 …………037, 065, 069, 070, 137, 199
観察 ……………007, 016, 019, 021, 030, 031,
　　　　　035, 074, 090, 114, 126, 141,
　　　　　143, 182, 183, 206
観察学習 …………089〜091, 153, 156, 163, 181
観察反応 ……………089, 091〜093, 156, 182, 183
感性予備条件づけ …………………053, 054, 088
間接的刺激性制御 ………………………134
機会設定刺激 ……………………………051
擬人的解釈 ………………………………031
基礎生起率の誤り ……………………200, 201
期待 ……………………………………008, 144, 177
機能主義 ………………006, 013, 030, 032, 033
機能的自律性 ……………………………180
帰納的推論 ………………………………109
逆行条件づけ ……………………………048
キャノン・バード説 ……………049, 068, 229

234

究極要因 …………………………………… 024
強化 ……… 008, 009, 047, 059, 060, 065〜071,
　　　　　　073, 075, 076, 078, 079, 081, 082,
　　　　　　084, 086, 087, 089, 090, 092, 101,
　　　　　　103〜106, 109, 116, 117, 119, 133,
　　　　　　135, 138, 139, 161, 162, 171,
　　　　　　180〜184, 191, 192, 204
驚愕反射 ………………………… 042, 043, 064
強化効果 ……………………………………… 136
強化子 ……… 037, 060, 065, 067〜069, 071,
　　　　　　074〜076, 083, 088, 089, 120,
　　　　　　136〜140, 150, 156, 157, 162,
　　　　　　180, 182, 191, 207, 208
強化随伴性 ……… 060, 065, 066, 072, 073, 076,
　　　　　　077, 098, 122, 132, 133, 134, 198
強化スケジュール ………………… 69〜71, 74,
　　　　　　76, 136〜138
共有地の悲劇 ………………………… 196, 198
巨視的分析 ………………………………… 022
巨視的理論 ………………………………… 192
巨視的レベル ……………………………… 022
切替反応後の強化遅延 …………………… 133
群間比較法 ………………………………… 020
継時弁別 ………… 062, 077, 079〜085, 091,
　　　　　　104, 105, 137, 181, 182
ゲーム理論 ……………………… 123, 124, 196
ゲシュタルト心理学 ……………………… 005
嫌悪刺激 ………………………… 066〜068, 162
効果の法則 ………………………………… 059, 113
交差価格弾力性 …………………………… 139
高次条件づけ ……………………… 053, 054, 088
構成主義 …………………………………… 005
行動価格 …………………………………… 138, 139
行動経済学 ……… 021, 037, 132, 137, 206〜208

行動主義 … 005〜012, 020, 030, 033, 035, 039
行動生態学 …………………… 114, 132, 141, 142
行動生物学 ……… 032, 037, 039, 157, 158, 204
行動対比 ……………………………… 074, 082
行動のベースライン ……………………… 019, 136
行動の連鎖 …………………………… 089, 157, 204
行動変容 ……………………………… 002, 019
行動薬理学 …………………………… 132, 135, 136
行動療法 …………………………………… 163, 206
行動レパートリ …………………………… 111, 204
興奮性条件づけ …………………………… 050, 054
興奮性般化勾配 …………………………… 080
刻印づけ …………………………………… 033
個体内比較法 …………………… 020, 069, 136
固定時間間隔（FI）強化 ………………… 070
固定比率（FR）強化 ……………… 070, 136, 138
誤要因理論 ……………………………… 184
痕跡条件づけ ……………………………… 046, 048

さ

採餌行動の実験室シミュレーション
………………………………………… 037, 142
最適餌場利用 ……………………… 141, 147
最適化理論 ………………………………… 193
最適採餌理論 ……………………… 141, 142, 145
最適食餌 ……………………………… 141〜145
サイン・ゲシュタルト理論 ……………… 008
サイン・トラッキング … 009, 083, 084, 178
3項強化随伴性 ……………………………… 065
ジェームズ・ランゲ説 …………………… 154
時間条件づけ ……………………………… 049
至近要因 ……………………………………… 024
刺激クラス ………………… 066, 101〜104, 106
刺激－刺激関係 …………………… 046, 172

索引 235

刺激性制御	084, 085, 134, 208
刺激等価性	096, 101〜103
刺激特定性	043
刺激般化	051
刺激－反応関係	046, 082, 103
試行間間隔	045, 062, 073, 084, 125, 140
試行錯誤学習	059, 099
試行反応場面	062, 071, 081, 084
自己拘束	116, 198
自己制御	115, 116, 120, 121, 195〜198
視床下部	152, 153, 155
視床下部外側部	153
視床下部腹内側部	153
自然概念	106
実験	004, 007, 016, 019〜023, 026, 030〜032, 034, 046, 047, 051, 052, 054, 058〜065, 071〜073, 075, 076, 083, 086, 088, 090, 097, 099, 100, 104, 107, 111, 113, 119〜126, 132, 136〜140, 142〜144, 156, 160, 162, 171, 179, 189〜191, 193, 202, 203
実験心理学	004, 005, 025, 036
実験的行動分析	009, 025, 212
自動反応維持	074, 083
自動反応形成	009, 037, 073, 074, 083
自発的回復	047, 229
社会的効用	179, 180
社会的動機	156
社会割引	127
遮断化	067, 076, 157
弱化	066
囚人のジレンマ	124, 125, 128
従属変数	019
自由反応場面	062, 064, 071
種に特有な防御反応	069

需要分析	138, 139
馴化	043, 168
消去	033, 047, 065, 066, 070, 077〜080, 082, 084, 109, 135, 137, 184
消去曲線	065, 078
消去抵抗	070, 137
条件刺激	037, 042, 045, 046
条件性強化	037, 088, 089, 091, 093, 096, 120, 122, 156, 161, 179, 180, 183, 185〜187, 204
条件性強化子	088, 089, 091, 093, 120, 122, 156, 179, 180, 185〜187
条件性弁別	086, 097, 101〜103, 137, 221
条件性抑制	052, 053, 162
条件づけ	009, 020, 030, 035, 044, 047, 048, 050〜055, 062, 068, 073, 078, 163, 170, 172, 173
条件反射	007, 025, 030, 035, 037, 042, 045〜048, 051, 060, 064
状態依存学習	136
象徴見本合わせ	087, 097, 103
情動	031, 047, 054, 066, 068, 069, 150〜152, 154〜156, 158, 159, 161, 162, 168, 170, 171
情動条件づけ	043, 054, 162, 170, 171
衝動性	115, 116, 120, 125
情動操作	066, 162
所得	139, 140
進化心理学	038
人工概念	106
新行動主義	007, 008, 035
人類動物学	204
随伴性空間	050, 051
随伴性モデル	054

スキナー箱 ……………………………… 060, 065
スケジュール効果 ……………………………… 136
スケジュール誘導性行動 ……………… 037, 074
精神分析学 ……………………………… 005, 151
生得的解発機構 ………………………… 032, 039
正の強化 ……………………………… 066〜068
正の強化子 ……………………………………… 067
正の特色価効果 …… 009, 074, 083, 084, 178
正の罰 …………………………………………… 066
接近原理 ………………………………………… 008
選好 ………………………………… 112, 116, 117
選好逆転 ………………………………………… 116
選択可能性 ……………………………………… 194
選択比 ……………………………………… 112, 113
選択率 ……………………… 110, 112, 116, 190
相関関係 ………………………………………… 019
双曲線関数 ………………………… 117〜119, 127
双曲線関数モデル ……………………………… 119
操作可能性 ……………………………………… 194
操作行動 ………………………………………… 156
走性 ……………………………………………… 032
ソーンダイクの問題箱 ……… 034, 058, 062
阻止 …………………………………… 052〜055

た

対応法則 …… 111〜115, 119, 121, 123, 125, 126,
　　　　　　　137, 140, 141, 191, 192, 202, 203
代替性 …………………………… 137, 140, 207
代理性強化 ……………………………………… 181
多形概念 ………………………………………… 106
他行動強化 …………………………… 206〜208
正しいランダム統制手続き ……………… 050
脱馴化 …………………………………………… 042
探索行動 ………………………………………… 156

遅延見本合わせ ………………………… 086, 109
チキンゲーム ……………………………… 124, 199
逐次接近法 ……………………… 071〜073, 096
注意 ……………………………………… 085, 086
仲介変数 ………………………………………… 008
中脳辺縁系 ……………………………… 153, 155
調整量手続き …………………………………… 126
頂点移動 ………………………………… 079, 081
対連合学習 ……………………………………… 172
定位反射 ……………………………… 042〜044
手がかり …… 036, 065, 066, 068, 085, 086, 091,
　　　　　　　104, 105, 107〜109, 160, 190
徹底的行動主義 ………………………… 009, 010
転移実験 ………………………………………… 134
同異概念 ………………………………………… 106
動因 ……………………… 008, 066, 067, 150, 152
動因操作 ………………………… 066, 067, 150
動因の低減 ……………………………… 008, 150
等価関係 ……………………………… 101〜103
動機づけ …… 025, 059, 067, 149〜152, 155,
　　　　　　　157, 163, 176〜178, 180, 198
道具的条件づけ ………………………… 062, 224
統合 ……………………………… 021, 022, 028
洞察 ……………………………… 096, 099〜101, 129
同時条件づけ …………………………… 048, 049
同時弁別 ……………………… 081, 082, 100, 102
同種見本合わせ ………………… 086, 087, 106
逃避行動 ………………………………………… 068
動物心理物理学 ………………………… 081, 132
独立変数 ………………………………………… 019
トラッキング法 ………………………………… 133

な

内観法 ………………………………… 004, 005, 007

内受容刺激 …………………………160
２次条件づけ ……………………053
認知心理学 ………………009, 010, 037
認知地図 …………………………008

は

バイオ・フィードバック …………160
媒介概念 …………………………008, 150
剥奪 ………………………………020
般化 ……………019, 051, 054, 078〜080,
　　　　　　084, 104, 105, 132, 134, 135, 169
般化勾配 …………………019, 078〜081
般性強化子 ………………………185, 187
反応クラス ………………………066
反応形成 ……………071〜073, 076, 204
反応遮断化説 ……………………076
反応率 ………020, 059, 061, 070, 093, 136, 200
比較 ……022, 087, 091, 102, 124, 146, 190, 207
比較刺激 ……………087, 103, 106, 109, 110
比較心理学 ………………006, 029, 037
比較認知科学 ……………009, 038, 128
微視的分析 ………………………022
微視的理論 ………………………192, 217
微視的レベル ……………………022
皮膚抵抗反射 ……………047, 155, 160
頻度依存捕食 ……………………141
封鎖経済環境 ……………138, 139, 144
フェイディング法 ………………085, 198
不確実状況下の採餌行動 ………141
複合条件づけ ……051〜055, 067, 162, 172
付随行動 …………………………074
物理的効用 ………………………179
負の強化 …………………066〜068, 162
負の強化子 ………………067, 068, 162

負の罰 ……………………066, 074
フラストレーション－攻撃仮説 ……187
ブランド化 ………………………180
プレマックの強化原理 ……075, 076, 156
分化強化 ……077〜079, 082, 096〜098,
　　　　　　103〜105, 132, 134, 137, 183, 184
分化条件づけ ……………………049, 051
分析 ………………021, 022, 096, 122, 123,
　　　　　　　　　141, 159, 184, 208
ベイズ推論 ………………………110, 200
ベイズの定理 ……………………110, 200, 201
並立スケジュール ………………111, 112, 115
並立連鎖スケジュール …………111, 113, 114,
　　　　　　　　　　　　116, 119, 120
変動時間間隔（VI）強化 ………070
変動比率（VR）強化 ……………070, 199
方法論的行動主義 ………………009
飽和 ………………………021, 067, 157
飽和化 ……………………………067, 157
補完性 ……………137, 140, 207, 208
ホメオスタシス …………………151, 152
本能行動 …………031, 032, 036, 039, 157
本能的逸脱 ………………………037

ま

味覚嫌悪学習 ……………………037, 048
見本時間付き反応潜時分化強化スケジュール
　　　　　　　　　　　　　　134
無誤反応学習 ……………084, 085, 184
無条件刺激 ………………037, 042, 045
無条件性強化子 …………088, 089, 122
無条件反射 ………………042, 045, 046
モーガンの公準 …………………031, 039
目的論的行動主義 ………………010

238

模倣 …………………………025, 090, 128, 181

や

薬物弁別 ……………………………136, 137
やる気と意欲…………………………176
誘因……………………………119, 150
誘発…………042, 045, 051, 052, 058, 065,
　　…………………157, 169〜171, 186, 187
誘発性攻撃 ……………………………186
要求 ……………………081, 097, 103, 150
抑制性条件づけ ……………………050, 055
抑制性般化勾配 ………………………080
欲望 ……………………………176, 177

ら

理想自由個体分布理論 …………………202
量的効果の法則 ………………………113
理論的行動主義 ………………………010
レスコーラ・ワグナーモデル …009, 054, 055
レスポンデント条件づけ ……002, 035〜037,
　　…………045, 051, 054, 058, 065, 074, 088,
　　…………153, 156, 162, 169〜171, 173, 185
レスポンデント弁別 ……………………051

◉著者略歴

伊藤正人 (いとう　まさと)

1981年3月　慶應義塾大学大学院社会学研究科博士課程修了　文学博士
現在　大阪市立大学名誉教授
この間，カリフォルニア大学サンジェゴ校訪問教授（1982年—1983年），京都大学霊長類研究所共同利用研究員（1989年—1990年），Journal of the Experimental Analysis of Behavior編集委員（1990年—1993年）などを務める。日本心理学会研究奨励賞受賞（1992年）

◉専門分野

学習心理学，行動分析学

◉研究業績

著書：
『行動と学習の心理学：日常生活を理解する』昭和堂（単著）2005
『心理学研究法入門：行動研究のための研究計画とデータ解析』昭和堂（単著）2006
『現代心理学：行動から見る心の探求』昭和堂（編著）2013
高橋雅治（編）『セルフ・コントロールの心理学：自己制御の基礎と教育・医療・矯正への応用』北大路書房（共著）2017

論文：

Ito, M., & Asaki, K.（1982）Choice behavior of rats in a concurrent-chains schedule: Amount and delay of reinforcement. *Journal of the Experimental Analysis of Behavior*, 37, 383-392. を始めとして，*Journal of the Experimental Analysis of Behavior, Learning & Motivation, Animal Behaviour, Japanese Psychological Research*, 心理学研究，動物心理学研究，行動分析学研究などで論文を多数公刊．

行動と学習の心理学－日常生活を理解する

2005年4月25日	初版第1刷発行
2023年3月31日	初版第9刷発行

著　者　　伊藤　正人
発行者　　杉田　啓三
発行所　　株式会社 昭和堂
〒607-8494 京都市山科区日ノ岡堤谷町3-1
振替口座　01060-5-9347
TEL075-502-7500 FAX075-502-7501

©伊藤正人　2005
印刷　亜細亜印刷
ISBN4-8122-0432-1
落丁・乱丁本はお取り替えいたします。
Printed in Japan

本書のコピー、スキャン、デジタル化等の無断複製は著作権法上での例外を除き禁じられています。本書を代行業者等の第三者に依頼してスキャンやデジタル化することは、たとえ個人や家庭内での利用でも著作権法違反です。